'요즘 애들'이라는 말을 들으면 사람들은 아마 본능적으로 '애들'이라는 단어에 꽂힐 것이다. 하지만 이 책은 '애들'이 아니라 '요즘'에 방점을 찍는다. 저자는 특정 세대의 싸움을 부추기거나 갈등의 틈바구니에서 이득을 꾀하고자 이 글을 쓴 게 아니다. '요즘 세상'의 번아웃을 만들어 낸 구조적이고도 복합적인 문제에 집중해, 이를 심층적으로 분석한다. 그것이 바로 《요즘 애들》이 '미국의 밀레니얼' 이야기를 다루고 있음에도 마냥 딴 나라 이야기처럼 느껴지지 않는 이유다. 책에서 다루고 있는 내용과 그를 통해 얻는 인사이트는 우리 사회에도 충분히 적용할 수 있다. 저자가 쓴 수많은 문장 중에서 내 마음을 후벼 파는 하나의 문장은 이것이었다. "반드시 이렇게 살아야 할 필요는 없다." 이것이 모든 문제의 시작 그리고 마지막을 엮어줄 열쇠다. 처음부터 마지막까지 놀라운 책이었다. 나중에 관련된 글을 쓸 때 책이 찢어질 정도로 밑줄을 그으면서 다시 볼 생각이다.

임홍택, 《90년생이 온다》의 저자

캠핑 가서 장작 태우며 '불멍'하고 싶지만, 벌써 그다음 날의 피로가 걱정된다. 마음이 바빠 휴식을 제대로 취하지 못한다. 내게 필요한 것을 내 힘으로 얻지 못하면 어떻게 될까? 하지만 개인의 불안을 심리 치료와 운동으로 해결한대도, 시대가 주는 불안은 다른 문제. 모두 다 괜찮다고 말하는 유튜버와 밤을 보낸 뒤, 해결되지 않는 피로와 함께 아침을 맞는 우리에게 이 책은 불안의 원인이 시대에 있으며 해방은 충분히 가능하다고 말한다. 한국의 공교육을 겪은 밀레니얼처럼 말하자면, 정답은 본문 안에 있다.

서한나, 《사랑의 은어》의 저자

이렇게 처절하고 슬픈 책은 처음이다. 《요즘 애들》은 무엇이든 될 수 있다고 독려받고 자랐지만 아무것도 될 수 없었던 밀레니얼의 우울을 무참히 파고든다. 인정받기 위해 노력하다 집단 번아웃을 겪고 있는 세대에게, 작가가 주는 메시지는 간단하고 강력하다. '네가 가진 울분을 동력으로 바꿔 봐!' 케이팝을 듣는 것 외에는 삶의 낙이 없는, 늙어가는 밀레니얼은 이 지침서를 품에 안고 눈물을 흘린다.

복길, 《아무튼, 예능》의 저자

밀레니얼로 불리는 '요즘 애들'은 녹아내린 심신으로 간신히 번아웃을 버티는 중이다. 당당하게 지치기 위해 미치기 직전까지 일해야 한다는 사실을 믿을 수 있는가? 노동력에 더해 불평하지 않는 쿨함에 실패에 연연하지 않는 열정까지 갖추라는 요구는 너무나 부당하다. 우리는 우리를 집어삼킨 거대한 과로에서, 기어코 버텨내라는 무책임한 강요에서, 통증과 맞교환되는 성공이 허상임을 깨닫고 있다.

"망했다"는 저자의 선언에 카타르시스를 느끼는 건, 우리가 실제로 망했기 때문이다. 여태까진 누구도 그 말을 정확하게 해주지 않았기 때문이다. 이 책은 너무나 '요즘 애들'다워서 기성세대의 노여움을 살 테지만, 그것이 바로 저자가 진실을 말하고 있다는 증거다.

나는 너무나 속 시원해 신기할 지경인 이 책에서, 밀레니얼로 살면서도 몰랐던 밀레니얼 세대의 절망을 보았다. 그러나, 무너진 후에만 재건될 수 있는 희망도 만났다. 밀레니얼은 너무 많이 고갈되었지만, 완전히 연소되진 않은 세대다. 이 책이 보다 많은 이에게 닿아 밀레니얼의 누명을 벗겨주기를, 그리하여 밀레니얼에 관한 합당하고 건강한 논의에 불을 지피기를 바란다. 밀레니얼이 번아웃의 장작으로 소모되지 않고, 세상을 밝히는 불꽃이 될 수 있기를.

정지음, 《젊은 ADHD의 슬픔》의 작가

요즘 애들

일러두기

1. 본문에 등장하는 밀레니얼(Millennials)은 밀레니얼 세대를 통칭하는 말로 쓰였다.
2. 도서는 《 》, 영화·드라마·잡지는 〈 〉로 표시했으며, 국내에 소개된 작품은 번역된 제목으로 적었다.
3. 브랜드 이름은 국내 공식 명칭으로 채택한 것을 적었다.

요

THIS
GENERATION
The Generation
who earns the
lowest salary ever
with the highest
education level
and longest
work hours

애

앤 헬렌 피터슨 지음

최고
학력을 쌓고
제일 많이
일하지만

가장 적게
버는 세대

박다솜 옮김

알에이치코리아

우리에겐 기회가 없다

"밀레니얼에겐 기회가 없다." 코로나바이러스감염증19(이하 '코로나19')의 유행으로 광범위한 격리가 시작된 지 몇 주가 지난 시점, 저널리스트 애니 라우리Annie Lowrey가 쓴 사설의 제목이다. 그녀는 밀레니얼 세대가 진짜로 망한 이유를 무수히 상술했다. "밀레니얼 세대는 대공황 이래 최악의 침체기에 취업 시장에 들어왔다. 빚을 짊어진 채 재산을 모을 수 없는 상태로, 급여가 낮고 발전 가능성도 없는 일자리에서 옴짝달싹할 수 없게 되었다. 그들은 부모, 조부모, 심지어 손위 형제들마저 누렸던 재정적 안정에 결코 다다르지 못했다." 그리고 생애 주기상 "소득이 정점을 찍는 시기"에 다가서야 하는 지금, 우리는 "대침체Great Recession(미국 서브프라임 모기지 사태로 2008년 이후 찾아온 세계적 경제 침체 – 옮긴이)보다 더 심한 경제적 대재앙"에 직면

하여 "현대 미국사를 통틀어 처음으로 부모보다 가난한 세대로 살 것이 거의 확실시"되고 있다.[1]

많은 밀레니얼에게 라우리의 사설이나 그와 비슷한 글들은 그리 새롭지 않다. 이미 알고 있던 걸 확인해 줄 뿐이다. 그렇다. 우린 망했다. 몇 년 전부터 이미 알고 있었듯.

평온했다고들 말하는 2010년대 말, 주가지수가 오르고 공식적으로는 실업률이 떨어졌지만 우리는 **안정** 비슷한 것조차 느끼기 힘들었다. 우리가 마음 졸이고 속 태우며 간절히 기다려 온 재정적 혹은 직업적 안정(혹은 그 비슷한 것)은, 가까스로 손에 잡히기는커녕 온데간데없이 사라질 수 있었다. 우리는 이 사실을 확실히 알게 되었고, 실제로 그렇게 되리라고 확신했다. 얼마나 열심히 일했든, 얼마나 오래 일했든, 얼마나 몸 바쳐 일했든, 얼마나 **마음을 썼든** 이는 아무런 상관이 없었다. 우리를 위해 준비된 로드맵이―가다 보면, **바로 여기**에 도착할 거라고 약속했던―어떻게 이 지경까지 잘못될 수 있는지, 얼마나 외롭고 황망한 길인지 알아버렸으니까.

하지만 이 역시 밀레니얼에게 놀랄 만한 사안은 아니다. 우리는 일자리가, 혹은 일자리를 제공하는 회사가, 오래갈 것이라 기대하지 않는다. 많은 사람이 언제든 빚더미의 폭풍에 집어삼켜질 거란 두려움 속에 산다. 우리는 출산과 육아에서, 사랑하는 이와의 관계에서, 삶의 재정 문제에서, 일종의 평형 상태를 유지하고자 고투하다가 결국 나가떨어지고 만다. 그렇게 우리는 불안정에 길들여졌다.

미국을 포함, 전 세계의 수백만 인구와 그들의 공동체 속에서 불안정은 삶의 방식 중 하나로 수십 년째 작용해 왔다. 빈곤하게 사는 것, 난민으로 사는 것 역시 불안정한 상태에 길들여지는 것이다. 그렇다면 밀레니얼의 불안정과 빈곤한 난민의 불안정의 차이는 무엇일까? 밀레니얼, 특히 백인 중산층 밀레니얼은 자신이 불안정한 상황에 놓일 수 있다는 서사를 믿지 못하게끔 길러졌다. 앞선 세대처럼 우리도 능력주의와 예외주의를 먹고 자랐다. 우리 모두는 각자 흘러넘치는 잠재력을 품고 있으며, 그 잠재력을 일깨우는 데 필요한 건 오로지 노력과 전념뿐이라고 믿었다. 열심히 노력하면, 현재 인생에서 어떤 지위에 있든, 결국엔 안정성을 쟁취할 거라고 믿었다.

코로나19가 유행하기 오래전부터 이미 밀레니얼 세대는 이 서사가 얼마나 공허하고 심히 환상적인지 받아들이기 시작했다. 아이들과 동료들에게, 〈뉴욕 타임스 *The New York Times*〉 사설과 자기계발서에서 이 판타지를 계속 들려주는 이유도 이해하게 되었다. 이 이야기를 그만두면 망가진 게 아메리칸드림뿐만이 아니라 미국이라는 나라 자체라는 걸 인정하는 셈이니까. 우리가 입에 달고 사는, 미국이 기회의 땅이자 자애로운 세계 초강대국이라는 후렴구는 결론적으로 틀렸다. 누군가에게 이 깨달음은 무척 당황스러울 것이다. 그러나 우리가 사는 세상을 백인, 중산층, 시민권자라는 특권 없이 살아온 사람들에겐 새로울 것 하나 없는 말이다. 미국이 얼마나 망가졌는지를 이제야 자각하는 사람들이 있다. 반면 평생 이 사실을 알고 한탄해 온 사람들도 있다.

팬데믹의 한가운데, 이 글을 쓰고 있는 지금, 코로나19가 위대한 정리자라는 사실은 분명해졌다. 코로나19는 당신 인생에서 무엇이 중요하고 누가 중요한지, 무엇이 필요하고 무엇이 욕구인지, 누가 남을 생각하고 누가 자기 생각만 하는지 명확하게 정리해 주었다. '필수 인력' 딱지가 붙은 노동자들이 실은 소모품처럼 취급되어 왔다는 사실을 투명하게 보여주었다. 수십 년 동안 지속된 구조적인 인종차별은, 같은 병에 대한 취약성이 인종에 따라 다르다는 통계 결과를 통해 실재하는 것으로 드러났다. 현재 연방 정권이 얼마나 부적격한지, 오랜 기간 구축되어 온 과학에 대한 불신이 어떤 위험을 초래하는지, 의료 장비 생산업에 이익을 최우선하는 민간 기업의 경영 방식을 허가한 것이 어떤 한계를 가져왔는지 알려주었다. 우리의 의료 체계는 망가졌다. 우리의 구호 프로그램은 망가졌다. 우리의 진단 역량은 망가졌다. 미국은 망가졌고 우리도 함께 망가졌다.

코로나19가 처음 중국에서 유행하기 시작했을 때 나는 이 책을 마무리하고 있었다. 도시들이 봉쇄되기 시작할 즈음 편집자와 나는 바이러스 유행에 동반되는 심대한 감정적, 경제적, 물리적 변화를 이 책에서 어떻게 다루면 좋을지 고민에 들어갔다. 모든 장에 해설을 끼워 넣어 이런 새로운 변화들을 조금이나마 염두에 둔 채 쓴 척하고 싶지는 않았다. 그건 무척 어려운 데다, 더 이상하고 거짓되게 느껴질 테니까. 그 대신 나는 독자들에게 이 책의 모든 주장, 모든 일화, 변화에 대한 희망을 더

증폭시키고 과장해서 읽어달라고 청하고 싶다. 우리의 일터는 전에도 시궁창이었고 불안정했다. 지금은 **더욱더** 시궁창이고 불안정하다. 육아는 이전에도 피로했지만 지금은 더 피로한 일처럼, 완벽하기란 아예 불가능한 일처럼 느껴진다. 끝없이 일해야 한다는 느낌, 24시간 내내 터져 나오는 뉴스들이 내면을 질식시킨다는 느낌, 지칠 대로 지쳐 진정한 여가나 휴식, 혹은 그 비슷한 것에도 접근할 수 없는 느낌 또한 그러하다. 다가올 몇 년 동안 우리가 겪을 코로나19의 여파에도 밀레니얼 세대와 번아웃의 관계, 연료를 지피는 불안정은 변함없을 것이다. 그나마의 변화라면, 번아웃이 우리 세대의 정체성에 더 깊게 뿌리내린다는 점 정도겠지.

하지만 낙담할 필요는 없다. 나는 이 책에서 반복해 주장할 것이다. 우리의 삶이 반드시 이럴 필요는 없다. 이 사실도 변하지 않을 것이다. 앞서 이야기한 느낌들에 대해 행동을 취하려면, 우리에게 필요한 조건은 딱 하나다. 반박 불가능한 중심점. 단지 반성에 머무르지 않고, 이번 팬데믹이 우리에게 준 명확한 사실들과 그 뒤에 남을 잔해들을 이용하는 것이다. 이는 새로운 일상을 디자인할, 새로운 삶의 방식을 건설할 기회다. 문자 그대로의 유토피아를 이야기하는 게 아니다. 내가 말하고자 하는 건 일과 개인적 가치와 이윤 동기에 대한 새로운 사고방식, 우리 각각이 의미 있는 사람이라는, **실제로** 필수적이며 보살핌과 보호를 받을 가치가 있는 사람이라는 급진적인 생각이다. 우리는 우리의 업무 역량 때문이 아니라, 단지 우리 존재만으로도 가치 있다. 만일 당신이 이 생각을 너무 과격하다고 여긴다면, 나는 어떻게 당신이 타인에게 관심을 갖도록 만들 수 있을지 모르겠다.

라우리가 표현했듯, 밀레니얼에게 기회가 없다는 건 사실이다. 적어도 현재는 그렇다. 그렇지만 이 지독한 예견은 다수의 X세대와 베이비붐 세대에게도 해당되며, Z세대에 이르러서는 더 나빠질 것이 불 보듯 뻔하다. 이번 팬데믹이 우리에게 보여준 대단히 중요하고도 명확한 사실은, 망가지고 실패한 게 단지 하나의 세대가 아니라는 거다. 망가진 건 체제 자체다.

목차

작가의 말   우리에겐 기회가 없다   **4**

머리말   **13**

1장   베이비부머의 번아웃   **35**

2장   가난부터 배우는 아이들   **65**

3장   그래도 대학은 나와야지   **99**

4장   좋아하는 모든 게 일이 되는 기적   **129**

5장   일터는 어쩌다 시궁창이 되었나   **167**

6장   일터는 왜 아직도 시궁창인가   **199**

7장   전시와 감시의 장, 온라인   **239**

8장   쉬면 죄스럽고 일하면 비참하고   **279**

9장   엄마처럼 살기 싫은 엄마들   **317**

맺음말   잿더미에 불을 지르시오   **369**

참고한 책   **385**

찾아보기   **396**

"번아웃을 겪고 계신 것 같아요." 버즈피드 *BuzzFeed* 에서 내 원고를 담당하는 편집자가 화상 통화 중에 매우 친절한 목소리로 말을 꺼냈다. "며칠 휴가를 내시는 게 어때요?" 솔직히 나는 그 말에 모욕감을 느꼈다. 나는 대답했다. "번아웃에 빠진 게 아니에요. 다음 글의 주제를 정하려고 고민하고 있을 뿐이에요."

기억이 닿는 한, 나는 거의 쉼 없이 일해 왔다. 대학원생으로 시작해 교수를 거쳐, 저널리스트로서 2016년과 2017년 내내 미국 내의 정치 후보자들을 따라다니며 기삿거리를 찾았고, 어떤 날들은 하루에 수천 단어를 썼다. 지난 11월에는 텍사스 총기 난사 사건 생존자들을 인터뷰한 뒤, 유타의 한 작은 마을에서 일주일을 보내며 일부다처제에서 도망쳐 나온 여성 수십 명의 사연을 들었다. 내 일은 매우 중요했으며 무척 즐겁기도 했다. 제대로 된 휴식을 갖는 일이 힘들게 느껴졌던 이유다. 게다가 선거가 끝나고 조금 쉬지 않았던가. 그때 재충전이 되었을 것이다. 하지만 편집자들과 이야기할 때마다 눈물을 참느라 애써야 한다는 사실은? 그거야 내 일과는 아무 상관없었다.

그럼에도 나는 추수감사절 직전에 며칠 휴가를 내겠다는 내 다짐을 굳혔다. 그러나 그 휴가 기간에 내가 무얼 했는지 아는가? 책 제안서를 쓰려고 시도했다. 지금 이 책을 위한 건 아니었지만 훨씬 못난 상태의, 억지로 쓴 제안서였다. 당연히 기분은 나아지지 않았다. 일을 더 한 셈이었으니까. 하지만 그 당시의 나는 사실상 아무것도 느끼지 못하는 상태였다. 수면은 도움이 되지 않았고 운동도 마찬가지였다. 마사지와 얼굴 관리도 받았는데, 나쁘진 않았지만 그 효과는 놀라울 정도로 잠깐이었다. 독서는 얼마간 도움이 되었지만 가장 흥미가 당기는 책들은 정치와 관련된 것이어서, 애당초 나를 피로하게 만든 근원으로 돌아가게 만들었다.

내가 느끼는 감정 중에 새로운 건 단 하나도 없었다. 그게 벌써 몇 달째였다. 자러 가야겠다는 마음만 먹어도 책임감 있는 어른이 소파에서 일어나 침대로 가기 위해 밟아야 할 단계들이 떠올랐다. 휴가는 아무런 감명이 없었다. 좀 더 정확히 말하자면, '해야 할 일' 목록에서 해치워야 하는 또 하나의 일거리로 느껴졌을 뿐이다. 친구들과의 만남을 아주 꺼리는 동시에 갈망했지만, 뉴욕에서 몬태나로 옮겨온 뒤엔 시간을 들여 새 친구를 만드는 일 자체를 거부했다. 나는 무감각해지고 둔감해졌으며, 모든 것이 밋밋하게 느껴졌다.

그때를 돌이켜 보면 나는 100퍼센트 번아웃이었다. 어이없지만 자각하지 못했다. 그때 내가 느낀 감정은 그동안 번아웃에 관해 들어온 설명이나 묘사와는 달랐으니까. 극적인 연소도, 붕괴도, 해변이나 외딴 오두막에서의 회복도 없었다. 나는 번아웃이 감기처럼 걸렸다가 낫는 거라고 생각했다. 그게 내가 번아웃 상태라는 걸 까맣게 몰랐던 이유다. 나는 몇 달째 잉걸불 상태로 연기를 피우고 있었다.

편집자에게서 번아웃 상태가 아니냐는 말을 듣고 나는 뜨끔했다. 다른 A 유형 과잉성취자들처럼(사람을 A 유형과 B 유형으로 분류하는 성격 유형론에서 A 유형은 경쟁심이 강하고 야심찬 일중독자의 전형적 성격에 해당한다.—옮긴이), 나는 벽에 부딪치지 않았다. 벽이 나오면 돌아서 갔다. 번아웃은 내가 지금껏 내 업무 능력과 저널리스트로서의 정체성에 대해 이해해 온 모든 것과 정반대였다. 내 상태를 번아웃이라고 명명하는 건 거부하더라도, 내 안의 무언가가 망가졌다는 것은 부정할 수 없었다. 내 할 일 목록, 특히 아래에 적은 일들은 새로운 한 주가 시작될 때마다 몇 번이고 재활용되었다. 나의 조그맣고 깔끔한 죄책감 덩어리들….

그중 진짜로 반드시 해야만 하는 일은 없었다. 대체로 일상을 잘 유지하는 데 필요한 단조로운 잡일들에 불과했으니까. 그렇지만 아무리 애를 써도 나는 부엌 칼을 갈거나, 제일 좋아하는 부츠의 굽을 교체하거나, 내 반려견을 지자체에 등록하기 위한 서류 작업 같은 것들을 해낼 수 없었다. 내 방구석에는 친구에게 보내려고 구입한 선물이 몇 달째 방치되어 있었고, 조리대에는 반납하면 적지 않은 돈을 돌려받을 수 있는 콘택트렌즈 영수증과 자료가 놓여 있었다. 품이 많이 들고 만족감은 적은 이런 잡일들이 전부 해결 불가능한 일처럼 느껴졌다.

내가 알기로는, 이처럼 '해야 할 일' 목록에 저항하고 있는 건 나뿐만이 아니었다. 온라인에는 투표 등록하는 법을 알아보거나, 보험 접수를 하거나, 온라인에서 구매한 의류를 반품할 수 없는 사람들의 이야기가 수두룩했다. 글로 쓸 만한 소재를 찾지 못하면 내가 우스갯소리로 '할 일 마비'라고 이름 붙인 것들에 관해 쓸 수 있겠다 싶다. 나는 일단 어마어마한 양의 글들을 분류하는 작업부터 시작했다. 대부분 밀레니얼이 필진으로 참여해 밀레니얼 사용자를 타깃으로 한 웹사이트에 올라온, "어른 되기adulting(부모의 영역에 속한다고 여겼던 일들을 스스로 해내는 것에 대해 두려움 또는 해냈다는 뿌듯함을 묘사하기 위해 만들어진 단어)"의 일상적 스트레스에 관한 글들이었다. 어떤 글의 표현을 빌리자면 "현대의 밀레니얼은 대체로 성년기를 존재의 상태가 아니라 행동의 연속으로 여긴다. 그리하여 '어른 되기'는 동사가 되었다." 어른 되기의 일부는 할 일 목록 맨 끝의 일들까지도 처리하는 것이다. 아무리 힘들더라도.

글들을 읽어나가다 보니 어른 되기에 속하는 일은 사실상 세 가지 유형으로 나뉘는 듯했다. ①처음 해보는 것이라 짜증나는 유형(세금 납부, 학교 밖에서 친구 사귀기), ②어른이 되는 것은 하나도 재미없는 곳에 돈을 써야 하는 일임을 알게 만드는 유형(진공청소기, 잔디 깎는 기계, 면도기 구입), ③단지 짜증 나는 걸 넘어 시간을 잡아먹고 쓸데없이 복잡한 유형(심리치료사 찾기, 의료비 변제 청구서 접수하기, 케이블 TV 서비스 취소하기, 헬스장 끊기, 학자금 대출 통합하기, 주에서 지원하는 프로그램의 혜택을 받을 수 있는지, 어떻게 받을 수 있는지 알아보기).

어른 되기, 나아가 '해야 할 일' 목록을 완료하는 것이 어려운 까닭은 현대 세상에서 사는 일이 그 어떤 시대보다도 쉬운 동시에 **헤아릴 수 없이** 복잡해서다. 이 틀을 통해 보니 내가 '해야 할 일' 목록에 붙박아 놓은 일들을 기피해 왔던 이유가 뚜렷해졌다. 우리에겐 매일 해야만 하는 일들의 목록이, 우리의 정신적 에너지가 제일 먼저 할당되어야 하는 영역이 있다. 정신적 에너지는 유한하다. 아닌 척하려고 애쓰다 보면, 그때 번아웃이 찾아온다.

▼　▼　▼

그러나 내 번아웃은 단순히 하지 않은 일들의 총합이 아니라, 그 이상이었다. 솔직히 말하면—불편할 정도로 정말로 솔직해지자면—그 일들은 훨씬 더 큰 병에 속하는, 형체가 매우 뚜렷한 지표였다. 잘못된 건 단순히 내 일상이 아니었다. 내 성년기의 대부분이, 어딘지 모르게 점점 더 잘못되어 가고 있었다.

사실 중요한 건, 그 모든 잡일이 나를 비롯한 젊은이들의 궁극적 과업을 방해하고 있다는 점이었다. 우리의 궁극적 과업이란 바로 '계속 일하는 것'이다. 계속 일해야 한다는 걸 우린 어디서 배웠을까? 학교에서 배웠다. 나는 왜 계속 일했을까? 직업을 갖지 못할까 봐 두려워서였다. 직업을 얻은 뒤에도 쉬지 않고 일한 까닭은 뭘까? 얻은 직업을 잃을까 봐 두려웠다. 노동자로서의 내 가치와 인간으로서의 내 가치가 아주 곤란할 지경으로 뒤엉킨 시기였다. 나는 **불안정함**이라는 느낌을—내가 지금껏 노력을 쏟아온 목표가 하루아침에 사라질 수 있다는 느낌을—떨칠 수 없었다. 노력하기만 하면 모든 게 잘될 거라는, 어릴 적부터 믿어온 생각과 화합시킬 수도 없었다.

그래서 나는 읽을 책 목록을 만들었다. 빈곤과 경제적 불안정이 어떻게 우리의 의사결정 능력에 영향을 미치는지 알기 위해서였다. 먼저 학자금 대출과 주택 소유와 관련된 구체적인 경향 분석을 조사했다. 80년대와 90년대에 유행했던 "집중 양육 concerted cultivation" 육아가 자유롭고 비구조적인 놀이에서 조직된 활동, 스포츠 리그로의 변화와 어떻게 관계되어 있는지 살펴봤다. 하나의 틀이 서서히 윤곽을 드러내기 시작했다.

나는 그 틀을 내 삶에 직접 갖다 대고 억지로라도 나 자신의 역사를, 그리고 내가 내 삶을 서사화한 방식을 재고해 보았다. 나이 든 밀레니얼인 나와 달리 '밀레니얼스러움'의 절정에서, 학업적으로나 재정적으로나 더 경쟁적인 환경에서 자란 반려자와 긴 산책길에 올라 의견을 교환했다. 내 아동기와 그의 아동기 사이의 짧은 몇 년 동안 무엇이 변했는가? 우리 부모들은 게걸스럽게 삶의 모든 영역을 집어삼키는 '일'이라는 개념을 어떻게 모범 삼아 홍보했는가? 우리는 '여가'의 목적이 무엇이라고 생각하는가? 대학원에선 어떤 일이 일어났기에 나의 워커홀릭 경향이 가중되었는가? 나는 왜 크리스마스에 학위 논문을 쓰면서 기분이 좋았는가?

나는 이 모든 질문에 답해보고자 글을 쓰기 시작했고 멈출 수 없었다. 초고가 점점 불어났다. 3천 단어에서 7천 단어로, 이윽고 1만 단어로. 하루에 4천 단어를 쓰고서도 아무것도 쓰지 않은 느낌이었다. 나는 너무나 친숙하고 보편화된 나머지 더 이상 문제라고 인식조차 못하게 된, '어떤 상태'에 형체를 부여하고 있었다. 지금까지는 내 인생이 그저 이 모양이라고 생각했다. 하지만 이제는 내 인생을 묘사하기 위한 언어를 그러모으고 있다.

내가 쓰는 글은 노동이나, 할 일 마비나, 나의 개인적 번아웃에 대한 것이 아니었다. 내가 자란 세계, 내가 대학에 지원하고 취업을 시도한 맥락, 대공황 이래 최악의 경제 붕괴 속에서 살아간다는 현실, 빠르게 퍼져나가 자리잡아 버린 디지털 테크놀로지와 SNS — 이들의 시대에 고유한 노동관과 불안과 탈진에 관한 글이었다. 요컨대 '밀레니얼 세대로 사는 것에 대한 글'이었다.

아무리 달려도 도달할 수 없는 곳

번아웃은 1974년 정신과 의사 허버트 프로이덴버거Herbert Freudenberger에 의해 과로의 결과로 신체적 혹은 정신적 붕괴를 겪는 환자들에게 처음으로 진단되었다.[1] 번아웃과 탈진exhaustion은 관련이 있긴 하지만 실질적으로는 다른 범주에 속한다. 탈진은 더 이상 나아갈 수 없는 지점에 다다르는 걸 의미한다. 번아웃은 그 지점에서 며칠 동안, 몇 주 동안, 또는 몇 년 동안 더 나아가라고 스스로 몰아붙이는 걸 의미한다.

번아웃의 한복판에서는 고단한 과제에 뒤따르기 마련인 성취감이 영영 오지 않는다. "번아웃에 수반되는 탈진은 완성 상태에 대한 강렬한 열망과 그 상태에 도달할 수 없다는, 잠재울 수 없는 요구나 불안이나 방해물이 반드시 발목을 잡을 거라는 고통스러운 감각을 결합시킨다." 번아웃 전문 정신분석가 조시 코언Josh Cohen은 이처럼 적고 있다. "모든 내적 자원을 소진하고도 그와 무관하게 전진해야 한다는 초조한 강박에서 벗어날 수 없을 때, 번아웃을 느낀다."[2] 번아웃은 잠을 자고 휴가를 가도 진정으로 털어버릴 수 없는, 무딘 탈진의 감각이다. 가까스로 머리를 수면 위에 내놓고 있지만 아주 사소한 변화 하나가—질병, 자동차 고장, 망가진 온수기가—당신과 당신 가족을 저 깊은 물속으로 가라앉힐 수 있음을 아는 것이다. 끝이 보이지 않는 해야 할 일들로 납작해진 인생이다. 스스로가 신체 기능이 장착된 노동 로봇으로 최적화됐다는 느낌을, 당신은 아무리 최선을 다해 무시하려 해도 떨쳐낼 수 없다. 코언이 표현했듯 당신의 정신이 잿더미가 된 기분이 그러하다.

코언은 번아웃에 대한 글에서 신중하게 그 선조에 주목한다. 그가 "멜랑콜리한 염세"라고 부르는 그것은 전도서에 적혀 있으며, 히포크라테스에 의해 진단되었다. 르네상스 시대에는 "쉼 없는 변화"의 느낌을 동반한, 당혹감이라는 증상을 가진 고질병이었다. 1800년대 말에는 신경쇠약, 신경소진이 "현대 산업시대 생활의 속도와 압박"에 지친 환자들을 괴롭혔다. 그러니 번아웃 증상은 (전적으로) 새로운 건 절대 아니다.

그러나 우리 시대의 번아웃은 그 강도와 만연함의 격이 아예 다르다. 소매업에 종사하며 변덕스러운 스케줄 속에서도 짬을 내어 우버 택시를 몰고, 어떻게든 아이 맡길 데를 찾아야 하는 사람들이 번아웃에 빠진다. 고급 케이터링 점심 식사와 무료 세탁 서비스를 누리며 통근에 70분을 쓰는 스타트업 종사자도 번아웃에 빠진다. 강의 4개를 연속으로 수업하고 식권을 지원받아 끼니를 해결하면서, 종신 교수직으로 이어질 만한 일자리를 잡기 위해 논문 제출에 애쓰는 학자도 번아웃에 빠진다. 건강보험이나 유급 휴가 없이 스스로 정한 스케줄에 따라 일하는 프리랜서도 번아웃에 빠진다. 이렇듯 만연한 번아웃은 2019년 5월 "성공적으로 관리되지 못한 만성적인 직장 스트레스에서 기인한 직업적 현상"으로 세계보건기구로부터 공식 인정받았다.[3] 번아웃은 가면 갈수록, 밀레니얼 세대에선 더더욱, 단순한 일시적 병증이 아니다. 번아웃은 우리 시대의 상태다.

밀레니얼이 이 현상을 제일 예리하게 느끼고 있는 건 어떤 면에선 너무 당연하다. 밀레니얼 세대는 흔히 학력 미달 대학생 무리로 묘사되지만, 사실 지금 우리는 대단히 변덕스럽고 불안 가득한 성인기를 살아가고 있다. 퓨 리서치 센터^{Pew Research Center}에 의하면 1996년생인 최연소 밀레니얼은 2021년에 25세가, 1981년생인 최연장 밀레니얼은 40세가 된다. 인구추계에 따르면 현재 미국에서 밀레니얼은 인구 7천 3백만 명으로 최대 다수를 차지하는 세대다.[4] 우리는 이제 첫 직장을 구하던 시기를 지나 다음 단계로 나아가려 노력하고 있으며, 현재 직장에서 임금 상한선에 직면해 있다. 학자금 대출을 갚아나가면서 자녀를 위한 저축 방법을 알아보고 있다. 하늘 높이 치솟는 집값과 양육비, 의료보험료 사이에서 균형을 잡고 있다. 체계적으로 살아보려 아무리 열심히 애써도, 이미 빠듯한 살림살이에 허리띠를 더 졸라매려 노력해도, 성년기에 주어지리라 기약했던 안정은 찾아올 기미조차 없다.

우리 세대에 '밀레니얼'이라는 딱지가 붙여지기 전까지, X세대 이후 태어난 수백만 명에게 이름을 붙여보려는 여러 시도가 있었다. 그 이름들을 살펴보면 대중의 상상 속에서 우리가 어떻게 정의되어 왔는지 감이 온다. 우리의 자기중심성을 콕 집어 꼬집는 '나 세대^{Generation Me}'가 있었고, 우리 부모의 대다수가 미국사를 통틀어 최대 다수인 (그리고 가장 영향력 있는) 베이비붐 세대에 속한다는 사실에 착안한 '에코 부머^{Echo Boomers}'도 있었다.

　밀레니얼이라는 이름은—그리고 지금까지도 이 이름에 결부된 불안의 대부분은—2000년대 중반, 우리 세대의 첫 타자들이 노동 인구로 진입하고 있던 시기에 등장했다. 우리는 기대치가 너무 높다고, 반면 직업윤리 수준은 바닥이라고 꾸짖음을 받았다. 우리는 온실 속 화초였고, 순진해 빠진 데다가, 세상이 어떻게 돌아가는지 배우지 못했다. 이는 우리 세대에 대해 굳어진 합의들로, 우리가 대침체를 어떻게 맞서고 견뎠는지, 우리가 얼마나 많은 학자금 부채를 떠안고 있는지, 성년기의 수많은 이정표가 우리에게 얼마나 도달 불가능한 것이 되었는지에 대해서는 고려하지 않는다.

　아이러니하게도 밀레니얼 세대의 가장 잘 알려진 특징은, 우리가 경주에서 아무리 형편없이 뛰었더라도 모든 참가자에게 메달이 주어져야 한다고 믿는다는 거다. 우리 세대는 모두가 각각 독특하고, 어떤 식으로든 가치 있는 사람이라는 생각을 떨치려 애쓴다. 그러나 대부분의 밀레니얼에게 성장기를 어떻게 보냈는지 물으면, 자기 자신이 특별하다고 생각했다는 대답보다는 세상에서 가장 중요한 것이 '성공'이라 배웠다는 대답이 더 많이 돌아올 것이다. 대학에 입학하려고 노력하고, 대학에서 노력하고, 직장에서도 노력하고, 그러면 성공한다는 생각. "동틀 때부터 해질녘까지 밭을 일구는" 직업윤리와는 다르지만, 이 생각이 우리의 직업윤리가 아니라고는 할 수 없다.

그럼에도 밀레니얼 세대에 대한 평판은 그대로다. 평판이 쉽사리 바뀌지 않는 이유 중 하나는 오래전부터 싹터온 80~90년대 육아 관습에 대한 불안의 결과로 볼 수 있다. 베이비붐 세대가 우리를 양육한 방식에 대해 속으로 가지고 있던 일말의 죄책감을, 세대 전체에 대한 비판으로 변환시킨 것이다. 하지만 또 다른 이유는, 밀레니얼 다수가 실제로 높은 기대치를 가지고 있으며, 세상의 순리에 대해 모순된 사고를 갖고 있다는 사실이다. 이런 기대와 사고는 우리를 둘러싼 부모, 교사, 친구들, 미디어의 복잡한 자기 강화적 결합체로부터 배우고 내면화한 것이다. 밀레니얼이 그동안 받아온 양육의 주된 메시지는 기만적이라고 느껴질 만큼 단순하다. 우리의 모든 길은 대학으로 향해야 하며, 그곳에 다다른 뒤 더 노력하면 아메리칸드림을 이루게 된다는 것이다. 과거의 말뚝 울타리가 아닌, 가족과 재정적 안정 그리고 행복 비슷한 것을 결실로 얻게 된다는 거다.

▼　　▼　　▼

우리는 충분히 노력하면 자본주의와 능력주의로 대표되는 미국의 체제 안에서 승리할 수 있다고, 아니면 적어도 그 안에서 편하게 살아갈 수 있다고 믿으며 자랐다. 그러나 2010년대 말에, 사건이 일어났다. 일에 치여 살다가 문득 고개를 들어보니, 체제 자체가 망가진 상황에선 승리할 방도가 없다는 걸 깨달았다. 우리는 대공황 이래 처음으로 다수가 부모보다 못살게 되는 세대다. 모두에게 영향을 미쳤던 계층 상향 이동의 경향이, 우리의 생애 주기상 경제적으로 가장 주요한 시기에 하필 제자리로 돌아갔다. 우리는 평생 우리의 재정 생활을 위축시켜온 학자금 대출에 ─ 채무자당 대략 3만 7천 달러로 추산되는 부채에 ─ 빠져 허우적대고 있다. 우리 중 점점 더 많은 사람이 치열하고 선망받는 꿈의 일자리를 찾아 미국에서 가장 비싼 동네로 이사한다. 우리는 이전의 노동 인구보다 훨씬 적은 금액을 저축하고, 월급의 훨씬 많은 부분을 육아와 월세(운 좋게 계약금을 마련한 경우 주택 융자 상환)에 쓰고 있다. 우리 중 가장 가난한 이들은 더욱 가난해지고 있으며 중산층은 자리를 지키느라 애면글면하고 있다.

지금까지의 이야기는 우리가 처한 상황 중 재정적인 부분만 살짝 다뤘을 뿐이다. 여기에 더해, 우리는 더 불안하고 더 우울하다. 스마트폰을 들여다보는 것 대신 독서를 더 하고 싶지만, 너무 지쳐서 멍하니 화면을 스크롤할 에너지밖엔 남아 있지 않다. 혹시 몰라 들어놓은 보험이 있다 해도 별로 좋지 않을 공산이 크며, 은퇴 계획은 아예 없는 거나 다름없다. 이에 우리 부모들은 재정뿐만 아니라 다른 면에서도 우리의 도움을 점점 더 필요로 하는 나이에 가까워지고 있다.

모든 일이 잘 돌아가게 만들 유일한 방법은 집요하게 초점을 맞추고 사는 것, 멈춰 서서 쉬지 않는 것이다. 그러나 언젠가는 어딘가에 구멍이 뚫린다. 우리에겐 학자금 대출이 남았지만, 그게 다가 아니다. 경제 침체를 겪고 있지만, 그게 다가 아니다. 좋은 일자리가 부족하지만, 그게 다가 아니다. 문제는 우리가 모든 면에서 흘러내리는 모래 위에 견고한 토대를 지으려 애쓰는 기분이 든다는 점이다. 사회학자 에릭 클리넨버그^{Eric Klinenberg}가 표현했듯, "취약함이 공기 중에 감도"는 느낌이다.[5] 밀레니얼은 자신이 영원히 일하며 살 것이고, 죽을 때까지 학자금 부채를 갚지 못할 것이며, 아이를 키우느라 돈을 탕진해 물려줄 재산이 없는 채로, 세계적 대재앙에 휩쓸려 죽을 거라 예측되는 현실을 받아들이며 산다. 과장처럼 들릴지도 모르겠다. 그러나 이게 '뉴 노멀^{New Normal}', 새로운 정상이며 이런 종류의 감정적·신체적·재정적 불안정의 한복판에서 개개인은 가히 압도적인 무게를 짊어지고 살아가야 한다. 교회부터 민주주의까지, 과거에 사람들을 지도하고 안정을 주었던 사회 제도 대부분이 우리를 실망시키는 현실마저 더욱 불안하게 만든다. 우리와 우리 가족의 삶을 질서정연하게 유지하기가, 안정적인 재정 능력을 갖추기가, 미래를 대비하기가 그 어느 때보다도 힘들다. 까다롭다 못해 종종 서로 모순되는 기대들을 고수하도록 요청받기 때문에 한층 더 힘들다.

우리는 열심히 일해야 하지만, '워라밸(워크&라이프 밸런스)'을 잘 잡고 있다는 분위기도 함께 풍겨야 한다. 우리는 아이에게 대단히 세심한 어머니여야 하되, 헬리콥터 부모가 되어선 안 된다. 남자들은 아내와 동등한 반려 관계로 지내면서도, 남성성을 유지해야 한다. SNS에서 자기 브랜드를 구축해야 하지만, 삶을 진정성 있게 꾸려나가야 한다. 숨 가쁘게 터져 나오는 뉴스들을 시시각각 알고 의견을 표해야 하지만, 뉴스에서 다루는 현실이 앞서 말한 해야 하는 일 중 하나라도 저해하게끔 놔두어선 안 된다.

우리는 사회적 지원이나 안정망을 거의 누리지 못하는 상태에서 이 일을 전부 해내려고 아등바등한다. 그래서 밀레니얼 세대는 번아웃 세대가 된다. 다른 세대 사람들도 틀림없이 번아웃에 빠진 적이 있을 것이다. 번아웃은 현대 자본주의 사회를 살아가는 사람들이 겪는 증상 중 하나이니까. 사실 다른 세대와 비교할 때 우리의 역경은 무색해진다. 우리는 대공황이나 세계대전에 수반된 비극적인 인명 손실을 견딘 적이 없다. 과학의 진보와 현대 의학은 여러 방식으로 우리 삶의 기준을 높여주었다. 그럼에도 우리가 겪은 재정적 재난은 분명 우리 삶의 경제적 궤적을 어렵게 바꿔놓았다. 우리 세대의 전쟁은 '대전'이 아니라, 정부에 대한 신뢰를 차차 고갈시키는 대단히 인기 없고 끝이 보이지 않는 전쟁으로, 군 입대가 안정으로 향하는 유일한 길인 이들이 참전한다. 기후 변화 문제도 있지만 여기엔 하나의 세대, 아니 하나의 국가가 홀로 해결하는 게 불가능할 정도로 광범위한 체제 정비와 전 지구적 노력이 필요하다.

현대사회로부터 '경이'라고 불러 마땅한 것들을 선사받았음에도, 우리에겐 잠재력이 막혀버렸다는 분위기가 널리 퍼져 있다. 그럼에도 우리는 고투한다. 다른 방법을 모르니까. 밀레니얼에게 번아웃은 밑바탕이다. 우리가 어떤 사람으로 길러졌는지, 우리가 세상과 어떻게 상호작용했고 세상을 어떻게 생각하는

지, 그 세상에서 우리가 어떤 일상을 살아가는지 가장 잘 묘사하는 말은 번아웃이다. 번아웃은 우리를 둘러싼 기온과도 같다.

번아웃은 고립된 경험이 아니다

온라인에서 700만 명 이상의 독자에게 읽힌, 밀레니얼 번아웃에 대한 내 글은 사적인 이야기로부터 출발했다. 하지만 확장을 통해 한 세대의 경험을 망라하려는 의도도 있었다. 반응을 살펴보니 몇 가지 중요한 방식으로 목표를 달성한 듯했다. 어떤 여자는 내게 명문대 대학원에서 도저히 버티지 못해 자퇴하고, 작년 한 해는 개 사육장에서 똥을 푸고 청소를 하며 보냈다고 말했다. 앨라배마의 한 초등학교 교사는 점점 줄어드는 자원을 그러모아 온갖 일을 해낸다는 이유로 "성인聖人" 소리를 듣는다고 말했다. 두 아이를 둔 어머니는 내게 이렇게 말했다. "최근 저는 심리치료사에게 저 자신을 '목 아래로는 존재하지 않는, 걸어 다니는 스케줄러' 같다고 묘사했습니다." 페이지를 꽉 채워 열변을 토하는 수천 통의 이메일이 도착했다. 하루하루 지날수록 더 많은 메일이 쌓여 갔다. 그때 나는 지금까지 우리가 대체로 말할 수 없었던 무언가를 콕 집어 말했다는 사실을 깨달았다. 우리 세대에겐 공통된 어휘가 없었다. 그래서 우리 세대 바깥 사람들에게 지금 우리에게 벌어지고 있는 일들을 상세히 표현하는 게 어려웠던 거다.

하지만 이제 시작이다. 여러분이 앞으로 읽을 이 책은 광범위한 학술적·역사적 연구와, 이를 토대로 만든 설문에 돌아온 3천 개 이상의 답변과 셀 수 없이 많은 인터뷰를 통해 내 사적인 이야기를 확장하고 상술하려는 시도의 결과물이다. 현재 우리가 살아가는 방식을 이해하려면 우리 유년기를 빚은 경제적·문화적 힘을, 우리 부모가 우리를 키울 때 직면했던 압박들을 깊이 들여다봐야 한다. 그래서 그 부분을 검토할 것이다. 노동이 조직되고 가치가 매겨지는 방식에 어떤 큰 변화가 있었는지, 직업과 재정 면에서의 '리스크'가 회사와 직원들 사이에 어떻게 분배되어 있는지 검토할 것이다. SNS가 왜 이렇게 피로한 존재가 됐는지, 여가와 휴식은 어쩌다 사라졌는지, 육아가 어쩌다 "기쁨이 가득하나 재미는 없는" 일이 되었는지(현대 육아의 역설을 다룬 제니퍼 시니어Jennifer Senior의 책《부모로 산다는 것All Joy and No Fun》을 염두에 둔 것. ─옮긴이), 우리에게 일터가 어쩌다 이렇게 시궁창이 되었는지, 왜 여전히 시궁창인지 탐구할 것이다.

이 책은 저자 개인의 번아웃 경험을 바탕으로 하되, 번아웃이라는 느낌에 대한 이해를 지금껏 당연하게 여겨 온 부르주아 계급의 경험 너머로까지 확장하려 했다. 지금껏 밀레니얼이라는 단어의 전형적인 쓰임은 ─높은 기대치와 게으름, 냅킨이나 결혼반지 같은 산업 하나를 "파괴하는" 경향(밀레니얼 세대의 소비 경향 분석을 살펴보면 그들은 냅킨보다 더 다용도로 쓸 수 있는 페이퍼타월을 선호하며, 결혼을 덜 하고, 결혼을 하더라도 결혼반지를 비교적 사지 않는 편이다.—옮긴이)에 대해 말할 때 이 단어의 쓰임은—밀레니얼 세대 인구 중 특정 하위 집단의, 거의 언제나 중산층이며 백인인 하위 집단의 행동을 묘사하기 위함이었다.

사실 이는 수백만 밀레니얼의 현실과 완전히 동떨어져 있다. 2018년 미국에 거주하는 밀레니얼 7천 3백만 명 가운데 21퍼센트가 히스패닉으로 정체화한다. 25퍼센트는 가정에서 영어가 아닌 언어를 사용한다. 밀레니얼 중 대학 학위를 가진 비율은 39퍼센트에 불과하다.[6]

번아웃이 밀레니얼을 정의하는 경험이 되었다고 해서, 모든 밀레니얼의 번아웃 경험이 동일하다는 뜻은 아니다. 중산층 백인이 신문을 읽으며 피로를 느낀다면, 밀입국자로서 세상을 헤쳐 나가는 사람은 무엇을 견디고 있겠는가? 직장 내 암묵적 성차별에 대처하는 게 지긋지긋하다면, 여기에 더해 별로 암묵적이지 않은 인종차별까지 겪어야 하는 사람은 어떻겠는가? 기성 세대가 일궈놓은 재정적 성과에 접근할 수 없는 사람의 번아웃은 어떻게 다른가? 가족 중 처음으로 대학에 진학한 사람에게, 학자금 대출의 부담은 얼마나 더 쓰라리게 다가오는가?

▼　▼　▼

중산층 백인 밀레니얼의 경험 위주에서 벗어나 밀레니얼 **전체**의 경험으로 확장하는 것이 내 프로젝트의 핵심이다. 이는 현재 진행형이다. 시인 티아나 클라크Tiana Clark가 내 온라인 기고문에 답하여 쓴 문장이 자꾸 머리에 맴돈다. "번아웃은 시대와 사회 동향을 막론하고 지난 수백 년 동안 이 나라 흑인들의 꾸준한 상태였다."[7] 많은 백인 미국인이 경제적 안정을 되찾고자 노력해 온 반면, 흑인 미국인들에게 이런 종류의 안정은 늘 손에 넣을 수 없는 것이었다. 사회학자 트레시 맥밀런 코텀Tressie McMillan Cottom이 명쾌하게 표현했듯 오늘날 경제에서는 "테크 업계의 일자리와 민간 자본을 유치하고 전국적인 인지도를 높이려 경쟁 중인 번창한 도시에서조차, 계층 상승을 이뤄내는 일이 1962년만큼이나 어렵다." 1962년은 워싱턴 행진이 벌어진 해다. 코텀은 설명한다. "당시 흑인 미국인들은 백인 미국인들을 위해 아껴놓은 기회에 접근하지 못하도록 자신들을 저지한 법적 인종 분리와 사회적 낙인 앞에서 몸을 아끼지 않고 분투했다. 2020년, 흑인 미국인들은 대학, 직장, 공립학교, 주거지, 교통 수단, 선거 정치 등 기회를 향하는 주요한 오르막길에 법적으로 접근할 수 있다. 하지만 다른 모두와 마찬가지로 고군분투하고 있음에도 내보일 만한 성과는 별로 없다."[8]

한 2세대 중국인 이민자는 내게 보낸 메시지에서, 어릴 적 '불안'이나 '우울' 같은 단어를 집에서 한 번도 듣지 못했다고 했다. "부모님은 다른 누구보다도 백인들을 우선시하는 사회에서, 안정적인 일을 찾으려 애쓰며 처음 캐나다로 이주한 사람들이 흔히 그렇듯 우울을 느꼈습니다. 하지만 그때 제가 들은 단어는 '츠쿠吃苦(괴로움을 삼키다)'와 '싱칭性情(성품)'이었습니다. 하지만 제가 번아웃에 빠지고, 우울해지고, 불안을 느낄 수 있다는 사실을 받아들이는 지금까지의 과정은 험난했습니다."

퓨 리서치 센터의 한 연구에서는 세대 간 학자금 부채와 주택 소유의 차이를 조사했다. 통계를 통해 한 세대 전체를 살펴보면 미처 알려지지 못한 또 다른 이야기가 등장하기 마련이다. 밀레니얼 전체 인구의 학자금 부채가 급증했지만, 흑인 미국인들, 그중에서도 특히 이윤을 지나치게 추구한 대학에 다닌 이들의 부채가 폭등했다. 2004년 학생들이 신청한 학자금 대출 상황을 조사한 최근 연구에 의하면, 2015년 시점에 백인 채무자는 21.4퍼센트, 흑인 채무자는 48.7퍼센트가 채무를 불이행했다.[9] 이는 중대한 통계적 차이지만, 그 이상이기도 하다. 밀레니얼의 서사에 또 다른 버전이 있다는 뜻이다.

서로 다른 유형의 밀레니얼들은 번아웃으로 가는 길 역시 각자 **다르게** 경험했다. 계급, 부모의 기대, 지역, 문화적 공동체 등 특정 부분이 각각 다르기 때문이었다. 결국 세대 정체성의 아주 많은 부분은 거대한 문화적, 기술적, 지정학적 사건이 벌어진 시점과 연관되어 있다. 예를 들어, 나는 대학 시절에 비비타르Vivitar 카메라로 사진을 찍고 몇 주 뒤 사진을 인화하며 시간을 보내곤 했다. 그러나 또 다른 많은 밀레니얼은 대학과 성년기가 무엇인지 알아가는 동시에 페이스북과 온라인에서 자신을 표현한다는 게 어떤 의미인지 탐색해야 했다. 어떤 밀레니얼에게 9·11 테러는 쉽게 이해할 수 없는 추상적인 사건으로 남아 있지만, 또 다른 밀레니얼에겐 종교 혹은 인종 정체성으로 인해 몇 년씩 이어지는 괴롭힘과 의심을 견뎌야 했던 계기이기도 하다.

대침체 이야기를 빼놓을 수 없다. 나이 든 밀레니얼인 나는 은행에 대한 긴급 구제와 압류가 일어나기 시작했을 때 이미 대학원생이었다. 그러나 나보다 어린 밀레니얼은 고등학교나 대학을 졸업하자마자 재정 위기 속으로 직행해야 했고, 훗날 우리 세대가 대대적으로 비웃음을 산 결정을 어쩔 수 없이 내려야만 했다. 바로 부모의 집으로 돌아가는 것이다. 같은 시기 수만 명의 밀레니얼은 부모가 일자리와 자녀들을 키운 집과 은퇴 자금을 잃는 걸 지켜보았다. 그들에게 부모님 댁으로 돌아가는 건 전보다 어려워지거나, 혹은 아예 불가능해졌다. 밀레니얼에게 대침체란 경험은 자신에게 안전망이 있어 얼마나 다행인지 깨닫는 시기였다. 한편 안전망이 없으면 얼마나 멀리까지 추락할 수 있는지 깨닫는 계기이기도 했다.

따라서 우리가 밀레니얼에 관해 말할 때 무엇을 꺼내놓을지는, 이를 이야기할 사람이 누구냐에 달렸다. 지금까지 겪은 사건들과 그로 인한 여파는 우리를 지금의 우리로 만들었다. 그러나 한편으로는 우리를 각자 다른 사람으로도 만들었다. 이 책은 어떤 밀레니얼의 경험도 완전히 다루지 못한다. 중산층 백인의 경험조차도 그렇다. 책임을 회피하려는 게 아니다. 한계를 인정하는 것이다. 이 책은 대화의 시발점이자 더 많은 이야기로의 초대다. 불행을 전시하고 비교하려는 목적이 아니다. 우리가 타인을 위해 할 수 있는 가장 관대한 일은, 타인이 어떤 경험을 했는지 알아보는 데 그치지 않고 진심으로 그 경험을 이해하는 것이다. 요컨대 남의 번아웃을 인정한다고 해서 당신 자신의 번아웃이 퇴색되는 건 아니라는 말이다.

이 책을 쓰면서 나는 누군가의 번아웃을 치유하지는 못했다. 하물며 나 자신의 번아웃조차도 그렇다. 그러나 명확해진 사실 하나가 있다. 번아웃은 개인의 문제가 아니라는 것이다. 번아웃은 사회적 문제다. 생산성 앱, 불렛 저널, 마스크팩 피부 관리, 망할 놈의 오버나이트 오트밀 따위로 치유되지 않는다. 우리가 이런 치유책에 끌리는 건 우리 힘으로 이겨낼 수 있는 일처럼 보이기 때문이다. 몇 가지 규율과 새 앱, 더 나은 이메일 정리법, 또는 식사 준비에 대한 새로운 접근법만 더하면 우리 삶이 다시 중심을 잡고 기반을 다질 수 있다고, 미디어가 쉽게 장담하기 때문이다. 하지만 이건 벌어진 상처에 반창고를 붙이는 정도에 불과하다. 일시적 출혈은 멈춰줄지 몰라도 반창고가 떨어지면, 기분은 더 가라앉을 것이다.

이 싸움을 시작하려면 우선 밀레니얼의 번아웃이 매우 구조적인 문제임을 이해해야 한다. 쉽게 써먹을 수 있는 인생 꿀팁이나 당신의 시궁창 인생을 구원하겠노라 약속하는 책은 문제 해결을 지연시킬 뿐이다. 앞으로 나아가기 위한 유일한 방법은 우리 자신을, 우리의 번아웃에 기여한 체제들을 명징하게 보여주는 어휘와 틀을 창조하는 것이다.

대단한 성과처럼 보이지 않을 수 있다. 하지만 이것은 꼭 필요한 시작이자, 인정이자, 선언이다. **반드시 이렇게 살아야 할 필요는 없다.**

1장

베이비부머의
번아웃

"번아웃이 온 것 같다고? 대공황이랑 제2차 세계대전을 겪고도 너네가 그렇게 말할 수 있나 보자!"

밀레니얼 세대의 번아웃에 관한 글이 공개된 후 내 메일 수신함에는 이런 비판의 말들이 쏟아졌다. 이런 정서를 표출한 건 주로 베이비붐 세대('부머'라고도 부른다)였는데, 아이러니하게도 그들은 대공황도 제2차 세계대전도 겪지 않았다. 또 다른 명문으로는 다음과 같은 것들이 있다. "정신 차리쇼. 인생은 원래 힘든 거요." "80년대에 꿍무니 빠지게 일했던 사람이 번아웃 운운하며 불평하는 거 본 적 있는지?" 이런 문장은 내가 부머들이 입에 달고 사는 후렴구라고 여기게 된 메시지의 변주들이다. 밀레니얼들아, 그만 좀 징징대라. 힘든 게 뭔지도 모르면서.

본인들은 인식하고 있는지 모르겠지만, 우리에게 커리어에 대해 더 많은 걸 기대하라고 가르친 게 부머들이다. 그들은 일에 대한 우리의 생각과 피로를 중요하게 여기라고, 그것들이 (특히, 점차 정상 영역으로 편입되고 있던 심리 치료에서) 표현되어야 할, 다뤄야 할 가치가 있다고 가르쳤다. 우리가 유년기 내내 귀에 못이 박히도록 들은 것만큼 '특별하고 독특하며 중요한' 사람이라면, 우리가 삶에서 그런 사람이라는 느낌을 받지 못할 때 가만히 있어서는 안 된다. 그런데 그게 사람들에겐, 특히 부머들에겐 자주 **불평**처럼 들리는 모양이다.

실로 밀레니얼은 부머의 제일 끔찍한 악몽이다. 왜냐고? 대체로 한때 그들이 가장 좋은 마음으로 키워낸 꿈이, 바로 우리이기 때문이다. 부머와 밀레니얼에 대한 대화에서 이 내용은 자주 생략된다. 어렸을 때부터 베이비붐 세대는 말 그대로 우리의 부모, 교사, 코치였다. 비유적으로 표현하자면 그들은 우리를 빚은 이데올로기와 환경을 만든 사람들이다. 따라서 그들은 우리의 현재 상황에 대해, 다방면으로 책임을 져야 한다.

수년 동안 밀레니얼과 X세대는 부머가 쏟아내는 비판에 분통을 터뜨렸지만 어쩔 도리가 없었다. 부머들은 우리보다 다수였고, 우리를 사방팔방으로 에워싸고 있었다. 우리 부모들은 베이비붐 세대였고, 수많은 상사와 교수, 직장 선배들도 마찬가지였다. 그러니 우리가 할 수 있는 일이라곤 온라인에서 '밈'을 사용해 그들을 신랄하게 조롱하는 게 전부였다. 2012년 미국 온라인 커뮤니티 레딧^{Reddit}에서 처음 등장한 "늙다리 노랑이 스티브^{Old Economy Steve}" 밈은 1970년대 남자 고등학생의 졸업 사진에 그가 이제 시장을 사랑하는 아빠가 되어 한시라도 빨리 401k(매달 과세 대상 소득의 일부분을 적립해 노후에 대비하는 확정기여형 연금제도로, 미국인들에게 인기가 좋다. −옮긴이)에 돈을 넣기 시작하라고 귀 아프게 잔소리한다는 설명을 달았다. 뒤이어 나온 버전들은 그가 누린 경제적 특권을 서사화했다. "30년 동안 연방 적자를 차곡차곡 모아서/아이들에게 고지서를 넘겨주었음." 한 버전에선 스티브가 이렇게 소리친다. "나 때는 여름방학에 일해서 대학 등록금을 냈다." 그때 등록금이 400달러였다는 사실은 또 다른 버전에서 설명한다.[1]

좀 더 최근에는 Z세대가 동영상 공유 플랫폼 틱톡TikTok에서 고루한 성격에 생각을 바꾸기 어렵거나, (또는 그와 동시에) 편협한 관점을 지닌 사람을 칭하는 'OK 부머'라는 유행어를 만들어 냈다. 저널리스트 테일러 로렌츠Taylor Lorenz가 〈뉴욕 타임스〉에서 지적했듯, 이 유행어는 "젊은 사람들을, 그들이 관심 갖는 이슈들을 깔보며 잘난척하는 서른 넘은 사람 누구에게나" 쓰일 수 있다. 그러나 부머라는 말에 거들먹거리는 외골수라는 뜻이 내포되었음은 눈여겨볼 만한 사실이다.[2]

▼　▼　▼

부머가 나이 먹고 쿨하지 못하다는 게 문제가 아니다. 날이 갈수록 나이 먹고 쿨하지 못해지는 건 모든 세대가 똑같다. 하지만 현재 밀레니얼에게 부머는 점점 더 위선적이고, 공감 능력이 떨어지며, 자신들이 얼마나 쉽게 모든 걸 손에 넣었는지 전혀 자각하지 못하는 존재로 그려지고 있다. 3루에서 태어났으면서 자기가 3루타를 쳤다고 생각하는 세대랄까.

이런 비판은 2019년에 등장했다. 부머가 가장 머릿수 많은 세대라는 지위를 밀레니얼에게 넘겨준 것으로 추정되는 해다. 공정하게 따져보면, 베이비붐 세대에 적대해 온 길고 영광스러운 역사를 지닌 건 밀레니엄 세대가 아닌 X세대다. 그러나 베이비붐 세대에 대한 위의 주장이 힘을 얻고 특히 온라인에서 크게 유행한 건, 부머와 밀레니얼의 재정적 측면에 분명 실재하는 차이가 있다는 게 확연히 드러나면서부터였다.

2018년에 연방준비제도이사회Federal Reserve System, FRS에서 의뢰한 연구 결과, 밀레니얼 세대의 순자산은 베이비붐 세대 때보다 20퍼센트 적다고 한다. 현재 밀레니얼 세대와 같은 연령이었을 때 베이비붐 세대 가족의 수입은 현재 밀레니얼 세대보다 14퍼센트 높았다. 이런 통계를 알든 모르든, 현재 우리의 세대 간 분열만 봐도 부머의 역할을 직감할 수 있다. 코미디언 댄 시한Dan Sheehan이 2019년에 '좋아요'를 20만 개 넘게 받은 트윗에 적은 내용처럼. "베이비붐 세대는 화장실 두루마리 휴지를 마지막 한 칸만 남겨놓고선 자기가 휴지를 갈 차례가 아닌 척했다. 그것도 사회 전체에."

나 역시 이런 반감을 공유하고 있었다. 부머들에게서 온 허다한 이메일을 읽고 나니 분노에 더욱 불이 붙었다. 그러나 미국 중산층의 대확장에 기여한 흐름들에 대해 더 많은 자료를 찾아 읽고 나니 입장이 조금 달라졌다. 베이비붐 세대 전체가 전례 없는 경제적 안정기에 **성장**하긴 했으나, 그들의 성년기는 우리 세대가 겪고 있는 것과 똑같이 여러 압박들로 얼룩져 있었다. 베이비붐 세대 역시 그들의 부모 세대에게 싸잡아 조롱받았고, 특히 특출난 권리 인식을 지닌 듯 보였다. 또한 부모들은 삶에 뚜렷한 목적이 없다고 사회로부터 경멸받았다. 중산층 자리를 유지하려는 (혹은 차지하려는) 능력을 두고 공황에 빠지기도 했다.

부머들은 불안했고, 과로했으며, 자신들을 겨냥한 비판에 대해 마음 깊이 분노했다. 그럼에도 부머들을 너그럽게 여기기가 어려운 것은, 그들이 우리와 비슷한 경험을 했는데도 우리 세대의 감정에 공감하지 못하기 때문이다. 그렇다고 해서 그들의 불안이나 일을 대하는 태도가 밀레니얼들에게 영향을 미치지 않았다는 뜻은 아니다. 80~90년대 베이비붐 세대의 정신은 우리 유년기의 배경에 스며들었다. 우리가 우리의 미래에 대해 품었던 기대들의 토대에도 녹아들었고, 그 미래를 쟁취하기 위한 로드맵이 되기도 했다. 그러니 밀레니얼 세대의 번아웃을 이해하려면, 우리는 우리를 만든 베이비붐 세대가 어떤 배경에서 어떻게 자라왔는지 그리고 그들이 어떻게 번아웃에 빠졌는지 이해해야 한다.

배은망덕한 세대

　　베이비붐 세대는 1946년에서 1964년 사이 제2차 세계대전 이후 경제적 회복기에 시작되어 군인들의 귀가 기간에 가속화된, '베이비붐' 시기에 태어난 사람들이다. 그들은 미국에서 역대 최대 규모이자 가장 영향력 있는 세대를 이루었다. 오늘날 미국의 베이비붐 세대는 7천 3백만 명이며, 그중 72퍼센트가 백인이다. 도널드 트럼프^{Donald Trump}는 부머다. 엘리자베스 워런^{Elizabeth Warren}도 그렇다. 이제 그들은 60, 70대에 접어들었고, 부모이자 조부모이자 때로는 증조부모이며, 은퇴한 뒤 노화와 씨름하고 있다. 그러나 1970년대엔 그들도 현재 밀레니얼들과 같은 위치에 있었다. 처음 일터로 나갔고, 짝을 만나 결혼했고, 가족을 이룬다는 게 어떤 건지 알아가는 중이었다.

　　70년대에 대해 우리가 가진 진부한 고정관념은, 사회가 전체적으로 퇴행하던 시기였다는 거다. 사람들은 흠뻑 취한 상태로 60년대를 보낸 뒤 숙취에서 아직 회복 중이었고, 사회 운동에서 물러나고 있었으며, 자신에게 초점을 맞춘다는 새로운 관점을 포용하기 시작했다. 〈뉴욕 매거진^{New York Magazine}〉에서 작가 톰 울프^{Tom Wolfe}는 70년대에 "'나' 시대^{The Me Decade}"라는 유명한 별명을 붙였다. 그는 스리섬, 강신론, 사이언톨로지, 유기농 협동조합을 통해 자기계발을 시도한 부머들의 집착을 몽환적으로 세세하게 묘사했다.[3] "옛날 연금술의 꿈은 비금속을 금으로 바꾸는 것이었다. 새로운 연금술의 꿈은 자신의 성격을 바꾸는 것—자신의 **자아** 그 자체를 새로 만들고, 리모델링하고, 고양시키고, 윤이 나게 닦는 것… 그리고 그것을 관찰하고, 연구하고, 애지중지하는 것이다. (바로 나를!)" 완전 70년대 풍의 자기 관리 방식이다.

울프가 글에서 부드러운 풍자를 담아 묘사한 대상이 전문직 중산층임은 그리 놀랍지 않다. 이는 식료품에 돈을 더 지급할 수 있거나, 호텔 연회장에서 열리는 심호흡 세미나에 쓸 재정적·시간적 여유를 지닌 사람들의 주된 경향이었다. 그러나 자기 집착적으로 여겨지는 이 변화의 물밑에는 미국 전역으로 퍼져나가고 있던 공통의 불안이 깔려 있었다. 수십 년의 번영이 지나고, 미국이 모든 면에서 명백히 나빠지고 있다는 깨달음이 서서히 퍼지고 있었던 거다.

더 구체적으로 말하면, 당시 베이비붐 세대의 인생을 특징지은 성장과 진보의 기차는 이미 속도를 상당히 늦춘 뒤였다. 기차가 감속한 데에는 다수의 이유가 서로 얽혀 있었는데, 사실 그 이유들이란 모두 동일한 서사로, 버전만 각각 다를 뿐이다. 그 서사는 이런 식으로 시작한다. 대공황 시기, 프랭클린 D. 루스벨트Franklin D. Roosevelt 대통령이 법제화한 중요한 법안 중 하나는 1935년의 전국노동관계법이었다. 이 법은 노동조합을 조직하거나 조합에 가입하려는 민간 부문의 많은 노동자에게 법적 보호를 보장했다. 전국노동관계법은 조합에 '이빨'도 주었다. 법안이 통과된 이래, 사업주들은 노동조합 대표와 협상하여 모든 조합원에게 적용되는 급여 및 복지 구조를 결정하는 집단 교섭에 참여하도록 **법적으로 요구**받았다. 합의에 이르지 못하면, 조합원들은 합의에 이를 때까지 파업할 수 있었다—해고당하지 않게끔 법적으로 보호받으면서. 1935년까지는 노동조합을 조직하거나 가입할 때 상당한 위험부담을 떠안아야 했다. 1935년 이후에는 노동조합을 조직하거나 가입할 때 법이 노동자의 편에 섰다.

노동자 한 사람은 결코 경영진의 변덕에 맞서지 못하지만, 조합원으로 뭉쳤을 때엔 훨씬 큰 힘이 주어졌다. 그리고 1934년과 1950년 사이에 노동조합들은 그 힘을 우호적인 노동 조건을 조성하는 데 쏟았다. 직장에 따라 '우호적'이란 단어가 의미하는 바가 다르긴 했지만, 모두 노동자의 전반적인 건강과 안녕에 관련된 것이었다. 예를 들어 조립 라인에서의 안전 증진, 부당 대우를 받았을 경우 의지할 수단, 규칙적인 휴식 시간 등이 그러했다. 중산층의 생활 방식을 감당하기에 충분한 수준의, 흔히 '가족 임금'이라고 불리는 시급도 마찬가지였다. 또한 1938년 공정노동기준법에서 규정한 것처럼, 주당 노동 시간이 44시간을 넘으면 초과근무에 대한 보수를 지급하게 했다. 이는 회사에 비용을 추가로 발생시켰고, 결론적으론 초과 근무가 줄어들게 만들었다. 우호적인 노동 조건이란 의료비를 내느라 파산하거나 그런 일이 일어날까 봐 걱정하느라 정신적 에너지를 허비하는 걸 막아주는 건강보험이기도 했고, 나이가 들더라도 빈곤으로 미끄러지는 걸 막아줄 연금이기도 했다(오늘날 고용주가 회사가 위치한 도시의 월세만 감당하기에도 빠듯한 급여를 준다는 사실을 은폐하고자 들이미는, 사옥 내 탁구대 설치나 야근 후 퇴근 시 택시비 지원, 월요일/수요일 케이터링 점심 제공 같은 특전을 뜻하진 않았다).

▼　▼　▼

우호적인 노동 조건은 강건한 노동조합이 낳은 결과였으나, 사회학자 제이크 로젠펠드^Jake Rosenfeld^가 "적극적 국가"라고 부른, 건전한 대형 고용주들과 합심해 경제적 중산층 육성에 투자한 정부가 없었다면 불가능했다. 이 기간을 전례 없는 성장으로 "사방의 보통 사람들에게 기분 좋을 이유를 안겨준", "경제 기적"의 시기로 꼽는 이유다.[4] 나이 들고 지치면, 회사 연금 혹은 사회보장연금(또는 둘 다)에 기대어 은퇴함으로써 자녀들의 부담을 덜어줄 수 있었다. 이 시기는 소득 분배가 중산층으로 '압착'되면서 부자가 덜 부유해지고 빈자가 덜 빈곤해졌다는 데 초점을 맞추어 "대압착"의 시기라고도 불린다.

이 시기에 위대한 세대^Greatest Generation^(제2차 세계대전 후 재건에 힘쓴 핵심 세대를 말한다.—옮긴이)는 부의 평등 분배에 미국 역사를 통틀어 가장 근접했다. 회사는 임금과 복지에 더 많은 돈을 할당했다. CEO는 비교적 적은 보수를 받았는데, 특히 오늘날과 비교하면 그렇고, 회사 평직원 급여와의 비율을 따져봐도 그렇다(1950년에 CEO와 평직원의 임금 격차는 대략 20배였다.

2013년에 격차는 204배로 벌어졌다).[5] 기업들은 '비할 데 없는 진보'를 누렸고, 꾸준히 이윤을 창출했으며, 직원에게 투자했고, 실험하고 혁신했다. 이게 가능했던 이유 중 하나는 그들이 무한한 기하급수적 성장을 예견하지 못한 주주들에게 졌던 빚의 규모가 지금만큼은 아니었기 때문이다. 경제사학자 루이스 하이먼[Louis Hyman]이 적었듯, "같은 일을 반복해야 했을지는 몰라도, 월급도 꼬박꼬박 반복해서 들어왔다. 자본주의는 거의 모두를 위해 돌아가고 있었다."[6]

정확히 말하자면, 대압착의 혜택이 균등하게 분배된 건 아니었다. 노동조합이 싸워 얻어내고 미국 정부가 보장한 보호 장치들은, 가정과 밭에서 일하는 수백만 노동자들에게는 미처 확장되지 않았다. 사회보장연금이 처음 법제화되었을 당시 연방 및 주에 고용된 노동자, 농업 종사자, 가정 및 호텔 노동자, 세탁업 종사자들은 제외되어 있었다. 그들은 1954년에야 범주에 포함되었다. 하이먼이 지적하듯 1930년대의 개혁은 백인 남성들에겐 "전환점"이었을지 몰라도, 짐 크로 법[Jim Crow laws](미국 남부에서 인종차별을 강화시킨 법들로 20세기 중반까지 잔존했다.-옮긴이) 지배하의 흑인들에겐 그렇지 못했다. 미국 도처에 극심한 빈곤에 시달리는 지역이 존재했다. 소규모 침체가 닥칠 때마다 직원들은 조합 가입 여부와 무관하게 주기적으로 정리해고되었다. 가족 임금은 대기업이 아닌 곳에서 근무하는 이들에게 그림의 떡이었다.

1950년대와 1960년대가 티끌 하나 없는 황금 시대였던 건 아니다. 그러나 회사의 — 그리고 회사에 고용된 직원들의 — 변동성은 오늘날보다 눈에 띄게 낮았다. 대공황이 미국에 어떠한 경제적·사회적 재난을 일으켰는지 추적한 정치학자 제이콥 해커Jacob Hacker는 다음과 같이 주장한다. "정치·사업 지도자들은 은퇴 후 빈곤에 빠질 위험, 실업과 장애를 겪을 위험, 가장의 이른 사망으로 인한 위험을 비롯해 기본적인 경제 부담을 널리 분산시키려 새 제도를 마련했다."[7] 그중 일부는 사회보장연금처럼 모든 월급 명세서에 함께 불입되었고, 다른 일부는 회사 연금처럼 근로 계약에 포함되었다. 하지만 둘 다 기본 원리는 같았다. 어떤 위험은, 개인의 힘으로 이겨내기엔 너무 컸다. 그러므로 위험을 훨씬 많은 사람에게 분산시켜 개인에게 재난이 닥칠 때의 영향을 둔화시키는 것이 제도의 목적이었다.

제2차 세계대전 이후 중산층의 성장에 관해 이야기할 때, 우리는 일종의 경제적 유토피아에 대해 이야기하는 셈이다. 당시엔 대학 학위 유무와 무관하게 자신과 가족의 경제적 안정과 상대적 평등을 이룰 수 있는 인구 수가 전국적으로 크게 증가했다(백인이 대부분이었지만 예외도 있었다).[8] 해커가 설명하듯 이는 잠시 동안 아메리칸드림의 "근본적 기대"를 수백만 명에게로 확장시켰다.

▼   ▼   ▼

바로 이 시기에, 중산층 베이비붐 세대가 성장기를 보냈다.

그들 중 일부가 대학에 들어갈 나이가 됐을 때 체제에 저항하는 걸 점점 더 편안하게 느낀 이유이기도 하다. 역사학자 마크 레빈슨Marc Levinson이 설명하듯 경제적으로 안정되었던 이 시기는 부머들에게 "공적 분노를 거의 사지 않고 장기간 존재한 —젠더 차별, 환경 파괴, 동성애자 억압과 같은— 불공평에 강경하게 이의를 제기할 자신감을 초래했다."[9] 그러나 부머들이 인종 분리나 가부장제 규범, 미국의 베트남 전쟁 참전, 혹은 순응적으로 보이는 교외 생활에 대해 저항하기 시작하자, 그들에겐 배은망덕하고 버릇없다는 딱지가 붙었다. 명성 높은 신보수주의 사회학자 에드워드 실즈Edward Shils는 이 시대 학생 운동가들을 "독특한 응석받이 세대"라고 불렀다. 또 다른 사회학자 로버트 니스벳Robert Nisbet은 "부모들에게서 받은 대단한 양의 애정, 과한 칭찬, 헌신, 관대함, 젊음의 '총기'에 대한 끊임없고도 유아적인 인식"을 탓했다.[10]

대공황과 제2차 세계대전의 상실을 견딘 세대에게 부머들은 그저 배은망덕한 세대였다. 그들은 아메리칸드림으로 가는 열쇠가 주어졌는데도 어떤 종류의 노동윤리도 남기지 않았고, 중산층 지위를 다음 세대로 물려줄 만큼의 능력도 일구지 못했다. 그 대신 그들은 20대 초반에 사회에서 중퇴했다. 화이트칼라 직업 대신 택시 운전수나 주택 도장업자 같은 일을 택했다. 일에 대한 사회적 관습을 무시했고, 어엿한 **커리어**를 추구하는 대신 도무지 끝이 없어 보이는 대학원 과정에 머물렀다.

부머를 바라보는 이러한 관점은 1975년에 출간된 미지 덱터^{Midge Decter}의《진보적 부모, 급진적 자녀^{Liberal Parents, Radical}
^{Children}》에 적혀 있다. 덱터는 부모의 실망스러운 전형을 낱낱
이 상술했다. "한때는 잘생기고 건강하고 재능 있고 예의 바르
며 하버드대학교에 장학금을 받고 들어가 부모가 모두의 부러
움을 사게 했던" 사회 초년생이 "지금은 병원에 머물면서 심리
치료사들에게서 몇 달 지나면 몇 가지 과제를 시도할 수 있고
예후가 좋으므로 궁극적으로는 직장에서 버틸 수 있으리라는
평을 듣는다." 또 다른 사람의 아들은 "최근에 누나에게 사진
일을 시작했으며 일거리가 좀 생기자마자 땅을 사서 거기에 집
을 한 채 지을 계획이라고 알리는 엽서를 썼다." 누군가의 딸은
나이 든 이혼남과 살고, 또 다른 딸은 "세 번째인가 네 번째 대
학원 학위" 과정에 있다.[11]

　백인 부르주아 부모들이 특정 측면에서 유약해졌다는 공포
를 표현하는 이 담화엔, 육아 및 다음 세대에 대한 기대를 다룬
대화들과 비슷한 점이 있었다. 이 대화들은 설교하는 어조였지
만 계급 불안에 깊게 뿌리를 두고 있었다. 어쨌든 중산층의 독
특한 점은, 중산층이라는 속성이 매 세대에 재생산되어야, 다
시 **쟁취**되어야 한다는 것이다. 바버라 에런라이크^{Barbara Ehrenreich}
는《추락 공포: 중산층 내면의 삶^{Fear of Falling: The Inner Life of the Middle}
^{Class}》에서 다음과 같이 적었다. "다른 계급의 신분은 단순히 상
속으로 이어져 내려간다. 상류층으로 태어나면 평생 상류층으
로 살 거라고 기대한다. 슬프게도, 하류층으로 태어난 사람 대
부분은 시작한 위치에 그대로 머무를 거라 기대한다."[12] 그러

나 중산층은 다르다. 중산층이 가진 자본 형태는 "새로운 노력과 헌신을 통해 각 개인에게서 갱신되어야 한다. 이 계급에선 누구도 자기 규율과 자발적 노동의 요건에서 벗어나지 못한다. 매 세대, 부모들이 그러했듯 젊은이들도 그 요건들을 마주해야 한다."[13] 예를 들어 변호사의 아들은 사회에서 아버지와 같은 지위를 유지하기 위해 아버지가 일했던 만큼 오랜 시간 동안 일해야 한다.

그 길을 거부한 중산층 부머들은 중산층에 머물고자 하는 일생의 고투를 도외시한다고 비난받았다. 이는 '요즘 애들'을 개탄하는 저널리스트 데이비드 브룩스David Brooks나 브렛 스티븐스Bret Stephens 사설의 1970년대 버전을 써낸, 편견 가득한 보수 비평가들 몇몇의 관점이었다. 그러나 알고 보면 이런 정서는 후에 부머들이 성년이 되어 내면화하는, 훨씬 더 큰 사회적 불안 중 일부에 불과했다. 전후의 팽창과 미국 중산층의 응결은—사람들이 영원히 끝나지 않을 거라고 믿을 만큼 지속된 후에—끝났다.

이러한 침체가 미국 노동자에게 미친 심리적 영향을 숙고해 보자. 임금 정체 덕분에 매달 손에 들어오는 월급은 동일하거나 상승하지만, 그것의 실질적인 **가치**는 저축액과 함께 하락하고 있다. 미국의 기업들이 적은 보수에 (더불어 노동조합 없이) 유사한 제품을 제조할 수 있는 해외로 천천히 일자리를 옮겨놓으면서 1975년에 실업률은 8.5퍼센트를 기록했다. 하지만 그게 다가 아니었다. 민권 운동과 여성 운동의 결과, 더 많은 유색

인종과 여성이 기존에 (백인) 남성에게만 해당되었던 일자리 경쟁에 뛰어들었다. 이 모든 일이 베트남 전쟁, 워터게이트, 닉슨 대통령의 사임, 정부에 대한 일반적인 환멸을 배경으로 벌어졌다. 주요한 인구학적 변화, 공공기관에 대한 신뢰 감소, 재정적 불안정. 전부 익숙하게 들릴 거다.

그리하여 대공황과 제2차 세계대전 이후 집산주의가 팽배한 지 몇 년 뒤, 많은 중산층이 내면으로 방향을 틀기 시작했다. 문화적 차원에서, 다소 피상적인 수준에서 그들의 모습은 울프가 "나 시대"라고 부른 것과 아주 비슷해 보였다. 하지만 이러한 변화는 정치적 우경화로도 드러났다. 레이건주의, 정부 개입 없이 시장이 문제를 해결하도록 놔두어야 한다는 "시장지향적 사고" 그리고 그에 수반되는 노동조합 파괴와 공공 프로그램 대폭 삭감을 수용한 것이다.

해커는 《위험의 대이동*The Great Risk Shift*》에서 "개인 책임의 십자군"이라는 개념을 소개한다. 이는 경제 분야뿐만 아니라 문화·사회 전역에 다양한 형태로 표현된, "정부는 자리를 비켜준 채 사람들이 스스로 알아서 성공하거나 실패하게 놔두어야 한다"는 생각으로 인기몰이 중이었다. 해커의 책은 이 개념이 어떻게 발전해 나갔는지 보여준다.[14]

해커의 주장에 따르면 이러한 생각의 핵심은 "위기를 다함께 공유해야 한다는 체제의 오만한 개입이나 그에 관한 지불 비용 없이, 스스로 경제적 위기에 대처하는 방식이 미국인들에게 더 낫다"는 개념이었다. 다시 말해 고등 교육을 위한 탄탄한

자금 지원의 형태든, 회사에서 운영하는 연금의 형태든, 위기를 공유한다는 건 주제넘은 일이고 지나치게 관대한 처사이며 불필요한 조치라는 말이었다. 이제는 너무나 익숙해져 보수의 보편적 입장이 된, '사회 안전망이 사람들을 게으르거나 배은 망덕하거나 방종하게 만든다'라는 생각이었다(따라서 본질적으로 비미국적이라는 주장도 있었다). 해커는 "자신이 내린 선택에 대해 온전히 책임지지 않도록 우리를 보호함으로써" 보험이 "생산적이고 신중하게 행동할 동기를 앗아갔다"라고 설명한다.[15]

같이 누려놓고 각자 책임지라니

위기의 이동이 초래한 또 다른 형태의 착취는 직업 훈련에 따르는 부담을 개인의 몫으로 떠넘기는 것이었다. 과거에는 많은 회사가 대학 학위 유무에 상관없이 노동자들을 고용했고, 특정 직무에 맞게끔 훈련시키면서 급여를 지급했다. 공장에서는 포장 담당으로 고용된 사람이 훈련을 받아 감독관으로 승진할 수 있었다. 회계 회사의 접수 담당이 CPA를 딸 수도 있었다. 광산 회사를 예로 들면, 지역 대학의 공학 프로그램에 자금을 대고 학생들이 등록하도록 장학금을 설립함으로써 회사가 직접 직원을 교육시키지 않더라도 실질적으로 비용을 부담할 수 있었다. 위기, 즉 비용이 노동자가 아닌 회사의 몫이었다.

오늘날 대다수의 고용주들은 지원자들이 스스로 훈련의 부담을 지게끔 종용한다. 우리는 대학 학위, 자격증, 대학원 학위를 따려고 돈을 낼 뿐만 아니라 인턴십과 익스턴십externship(학점을 인정받을 수 있는 학외 연수-옮긴이) 비용도 지급한다. (수업으로 쳐주는 인턴십에서 무급 노동을 제공함으로써) 대학 학점을 위해 돈을 내는 형태든, 아니면 그저 무보수 노동을 제공하는 것이든, 개인이 "직장에서 직접 자기 훈련비용을 댄"다는 점은 같다.**16**

일부 회사들은 (태양 전지판 작업처럼 고도로 특화된 업종에서) 여전히 필요에 의해 직원들을 교육시킨다. 화이트칼라 업종의 고용주 중에는 직원의 MBA 비용을 대는 이들도 있다. 그리고 물론, 언제나 훈련을 책임지는 군대도 있다. 그러나 직업 훈련의 대부분은 노동자의 몫이다. 그렇다고 해서 일자리가 보장되는 것은 아니다. 이런 위기 이동은 너무나 점진적으로 일어나서 변화가 얼마나 심원한지, 얼마나 많은 학자금 부채가 기인하는지 알아보기 어렵다. 이처럼 매우 조용하게 이루어진 변화는 부머가 성년에 접어들던 시기에 시작되었다.

위기 이동의 가장 명백한 부산물은 오늘날에는 너무나 희귀해진 데다 우리가 상상할 수 있는 범위에서 아예 벗어나 있다. 따라서 많은 이에게 기대는 물론이요 생각하는 것만으로도 탐욕스러워지는 존재가 있는데, 그것은 바로 연금의 운명이다. 우리 할아버지가 59세의 나이로 3M에서 은퇴하고 받기 시작한 연금을 생각했을 때, 내 머릿속에 즉시 떠오르는 말은 그게 정말 **가당찮다**는 것이었다. 그러나 연금이라는 개념은 본래 사치스럽지 않았고 물론 지금도 그러하다. 연금은 노동자가 회사에서 창출해 낸 이윤이 주주나 CEO가 아닌 장기근속 노동자들에게도 일부 돌아가게 만듦으로써, 은퇴 후에도 봉급의 일부를 받게 된다는 개념이 전제로 깔려 있다. 노동자가 회사가 수익을 내도록 인생의 일정 시간을 바쳤으니, 회사에서도 직원에게 얼마간의 더 수익을 바친다는 것이다.

모든 노동자가 일하는 내내 불입해야 하는 사회보장연금과 회사 연금을 결합하면, 직업을 갖고 조합에 가입한 대부분의 노동자들은 안락하게 은퇴할 수 있었다. 적어도 전후에는 그랬다. 그들은 대공황과 사회보장법 이전의 노인들처럼 문자 그대로 '구빈원'에 보내지지 않았고 자녀들에게 의존해야 하는 신세에 처하지도 않았다. 그러나 1970년대에 경제가 변화하기 시작하자 회사들에게 연금은 골칫거리로 취급받았다. 1981년부터 몇몇 회사들은 연금 대신 노동자가 은퇴 후를 대비해 세전 월급을 저축하게 해주는 401k 프로그램을 도입했다. 그중 일부 회사는 노동자가 이 프로그램에 넣는 돈에 소정의 돈을 짝지어 함께 넣어주었다. 노동자가 1달러를 넣으면 회사가 5센트에서 50센트를 넣는 식이었다.

하지만 점점 더 많은 회사가 은퇴 대책에 관해 아무것도 제공하지 않기 시작했다. 1980년에 민간 영역 노동자의 46퍼센트는 연금 계획에 가입되어 있었다. 2019년에 그 비율은 16퍼센트로 하락했다.[17] 2012년 퓨 공인신탁Pew Charitable Trusts의 소득 및 제도 참여 조사 자료 분석에 따르면, 민간 영역 고용자 53퍼센트가 401k나 로스 401k IRA와 같은 '확정 기여형 연금 제도'에 접근할 수 있었다. 많은 사람이 연금 혜택을 최대치로 받기 위해 한 회사에 말뚝을 박기보다 일자리를 자유롭게 옮길 능력을 더 추앙한다. 이런 유동성은 401k에 유의미한 누출을 야기한다. 피고용자들은 401k를 연장하는 걸 잊거나, 대학 학비부터 응급 의료비까지 다양한 역경의 비용을 대기 위해 연금을 중도 인출한다.[18] 어떤 프로그램에 접근권이 있다는 건 참여하는 것과는 다르다. 확정 기여형 연금 제도에 실제로 등록된 민간 영역 노동자의 비율은 38퍼센트에 불과하다. 어쨌든, 현재가 너무 불안정하다고 느끼는 사람에게 미래의 안정을 위해 저금하라고 강제하는 건 어려운 일이다.

나의 조부모님은 80년대 말에 은퇴했고, 사회보장연금의 혜택에 의지해서 살 수 있었다. 호화롭게는 아니어도 기본적인 생활은 해나갈 수 있었다. 오늘날, 사회보장연금 하나에만 의지해 산다는 건 최소한의 비용으로 겨우 생활한다는 의미다. 그럼에도 개인 책임이라는 개념은 끈질기게 명을 이어나갔다. 은퇴 후 재정 문제가 잘 계획되었다면, 처음 일하기 시작할 때 저금을 시작한다면, **이론적으로** 당신은 괜찮을 것이다. 그러나 평생을 열심히 일하고도 사회보장연금 수령액으로 근근이 살아가야 할지도 모른다. 대공황 전 미국인의 삶이 그러했듯이, 국민 대다수가 비참한 불안정에 시달렸던 때처럼. 그게 위대한 세대가 겪은 일이자, 그들이 전쟁 무용담에 필적할 경건함을 담아 베이비붐 세대의 자녀들에게 들려준 이야기였다. 그러니 이 두 세대가 기꺼이 과거의 방식으로 돌아가려는 건, 우리 입장에선 너무나 이해 불가능한 일이다.

참으로 많은 이데올로기의 변화가 굉장히 모순적이었던 것처럼, 우리 입장에서 두 세대의 선택은 전혀 믿어지지 않는다. 하지만 자세히 보면 단박에 이해되기도 한다. 어쨌거나 미국인들은 자신이 어떤 장벽에도 굴하지 않고 끈덕지게 견뎌서 성공한, 신발 끈을 질끈 동여매고 일어나 자수성가한 사람임에 자부심을 느낀다. 그러나 전적으로 자수성가한 미국인의 신화는, 다른 신화가 그렇듯 일종의 고의적 무지에 기대고 있다. 또한 이미 이 신화의 혜택을 입은 사람들에 의해 지속된다.

예를 들어 "신발 끈을 질끈 동여매고 일어나는" 서사의 내구성은, 누구에게 신발이 주어졌으며 누구에게 동여맬 끈이 주어졌는지를 무시하는 사람들에게 달렸다. 개인주의 숭배는 홈스테드법(남북전쟁 당시 제정된, 평원을 농장으로 개척한 이에게 무상으로 토지를 지급하는 법 – 옮긴이)에서 제대 군인 원호법(G. I.법, 제대 군인에게 교육 및 각종 복지 혜택을 제공하는 법 – 옮긴이)까지, 연방에서 시행한 제도와 정책들 덕분에 개인의 노력이 뿌리 내리고 번창할 수 있었다는 사실은 생략해 버린다.

▼　▼　▼

계층 상승으로 중산층에 진입한 경우라면, 결과에 기여한 개인의 노력이 특히 중요하다고 말하기가 더 쉽다. 영웅 서사처럼 들리기도 한다. 더구나 힘들게 노력해서 얻은 혜택을 선뜻 잃으려 드는 사람은 아무도 없다. '개인 책임'이란 십자군이 베이비붐 세대와 그들의 부모들, 모두에게 인기 있는 이유가 이 사실을 통해 증명된다. 중산층에 속한 개인들은 차츰 곁으로 스며드는 경제적 불안정에 극도로 당황한 나머지, 자기가 오른 사다리를 거두어들이기 시작한다.

그들은 세금 삭감으로 중산층을 "보호"하겠다고 약속한 로널드 레이건 대통령과 비슷한 지도자들을 선출하는 데 일조했다. 그러나 막상 뚜껑을 열어보니 그의 정책은 현재 중산층이 애초에 그 지위까지 오를 수 있게 도운 여러 프로그램의 돈줄을 끊는 것이었다. 주 선거에서 뽑힌 입법자들은 날이 갈수록 탐욕스러워졌고, 부패했다. 그들은 세계 시장에서 미국의 경쟁력을 파괴하는 주범으로 묘사된 '조합'을 무력화하기 위해 "일할 권리" 법을 통과시켰다.

사다리를 거둬들인다는 것은 "복지의 여왕welfare queen(온갖 수단을 동원하여 복지 혜택을 누리는 여성을 비하하는 표현 – 옮긴이)"을 악마로 묘사해, 사회 복지를 없애는 걸 정당화하는 일이었다. 빈곤을 경감시키려는 의도의 프로그램이 사실은 사람들을 빈곤에 머무르게 한다는, 새로이 생겨난 지혜를 믿겠다는 뜻이었다. 흑인 공동체에 특히 큰 영향을 미치는 주택 개발 등의 부서 예산이 크게 삭감되는 계기이기도 했다. 모리스 A. 세인트 피에르Maurice A. St. Pierre가 1993년 《흑인 연구 저널Journal of Black

Studies》에 실은 글에서 설명했듯, "레이건 정부의 정책들—근면과 독립성, 검소, 시민의 삶에 대한 정부의 개입 최소화, 미국을 다시 강건하게 만들기 등에 기반을 둔 것들—은 경제적 사정이 나은 사람들에 비해, 흑인이 다수를 이루는 빈곤층에 더 부정적인 영향을 미쳤다."[19]

레이건주의에 따르면 공동선으로 가는 최고의 길은 '나'와 '내 것'을 일구는 데 초점을 맞추는 것이었다. 그러나 이런 행위의 잔향이 자녀와 손주들에게 어떤 영향이 될지는 논외였다. 이 개념은 (백인 중산층) 부모들이 본질적으로 공감 능력이 떨어지고 자기 본위적이며 타인을 심하게 무시하는 소시오패스라는, '농담 반 진담 반'의 주장으로 발전했다. 브루스 기브니Bruce Gibney는 2017년에 쓴 《소시오패스 세대: 베이비붐 세대는 어떻게 미국을 배신했는가A Generation of Sociopaths: How Baby Boomers Betrayed America》에서 부모들에게 반사회적인 면이 있다고 주장한다. 이는 파티에 가고 싶지 않아 한다는 의미가 아니라, 남에 대한 배려가 부족하다는 의미다.

과학적으로 철저히 검증되지는 않았지만, 오늘날 기브니의 주요 논지는 점점 더 신뢰가 간다. 1989년에 바버라 에런라이크도 비슷한 생각을 표현한 바 있다. 에런라이크는 학생 저항 운동과 그에 대한 백래시backlash, 새로이 확장되고 위협받는 중산층의 안정성에 대한 불안이 어떻게 전개되었는지 추적했다. 그녀는 베이비붐 세대가 60년대의 진보주의에서 후퇴하여 "운이 덜 좋은 사람들의 열망에 적대적인, 더 비열하고 이기적인 관점"을 갖게 되었다고 주장한다.[20] 베이비붐 세대는 경제학자 마티아스 도프케Matthias Doepke와 파브리지오 질리보티Fabrizio Zilibotti가 전후를 규정지은 존재로 언급하는 "사회적 계약"을 파기하고, "자기 자신을 위해 망을 보며, 자신의 교육과 개인적 성공에 더 투자하되, 사회적 보호는 덜 중시했다."[21]

그러나 이 시기의 비평가들과 학자들은 세심하게도 이러한 궤적이 대체로 부유한 전문직 중산층이었던 점에 주목했다. 다시 말해 계급 지위가 조직과 지식의 생산을 통해 확정되는 관리자, 대졸자, 교수, 의사, 작가, 컨설턴트로 이루어진 혼합체라는 점을 포착했다. 이들은 대부분 백인이었으나 반드시 그런 건 아니었다. 교외에 거주할 확률이 높았지만 미국 전역에 분산되어 대학 도시와 공업 도시에도 많이 살고 있었다. 시급이 아니라 월급을 받았고, 조합에 가입할 가능성은 낮았다.

이런 전문직 중산층 베이비붐 세대는 인구의 고작 20퍼센트로, 다수는 아니었으나 힘의 지렛대에 가까이 있으며 문화적으로 가시성이 높은 집단이었다. 그들과 그들이 포용하고 선전한 이데올로기는 과하게 큰 힘을 얻었다. 그들은 '엘리트'였으며, 에런라이크가 주장하듯 "자신의 지위를 인식하는 엘리트는, 민주주의와 공정함 같은 공공의 가치들을 사실상 내팽개치게 되더라도 그 지위를 방어하기 위해 행동할 것"이었다.[22]

타인을 적대시하게 된 동기의 일부는 적어도 현재의 높은 계급에서 추락할 공포와 그에 뒤따를 사회적 굴욕이었다.[23] 그런 운명을 피하고자 한 젊은 베이비붐 세대 일부—70년대 말과 80년대 초에 학업을 마친 이들—는 교육과 소비의 목적에 대한 색다른 이해를 받아들이기 시작했다. 대침체 중에, 또는 후에 졸업한 밀레니얼들처럼 그들 역시 고등학교나 대학교를 졸업하고 보니 오랫동안 당연히 주어질 거라 여겼던 일자리가 온데간데없었다. '기적의 경제' **후에** 직장에 들어간 최초의 베이비붐 세대였던 이들은, 중산층의 안정을 손에 넣으려면 부모와 다른 길을 찾아야 한다는 사실을 어떤 식으로든 이해했다.

에런라이크는 이 새로운 사고방식을 "여피 전략"이라고 부른다. 2000년대 말의 힙스터처럼, 여피 ^{Yuppie}('young urban professionals'의 머리글자를 딴 이름)는 순순히 자기가 그 집단에 속한다고 인정하는 이가 드문 사회적 분류였으며 《여피 편람 *Yuppie Handbook*》 같은 글에서 무자비하게 풍자되었다. 그러나 미디어 기사의 주제로서, 문화적 펀치백으로서 그들의 인기는 당황스러운 동시에 출세 지향적인 새로운 사회적 방향을 제안했다.

가장 전형적인 여피는 대학 교육을 받았고, 뉴욕에 살았으며, 금융계나 컨설팅 업계나 법조계에서 일한 사람이다. 그들은 부모의 검소함을 거부하는 방식의 소비를 지향했다. 도구(쿠진아트)와 특별한 음식(선드라이 토마토, 스시), 지위에 걸맞은 휴가지(바하마), 쇼핑(롤렉스)에 아낌없이 돈을 썼다. 와인, 실내 식물, 조깅이라는 새로 떠오르는 쿨한 취미에 빠졌다. 젠트리피케이션이 일어나는 동네에 부동산을 구매하여 여피를 제외한 그 누구도 감당할 수 없게끔 집값을 올려놨다(이 모든 게 오늘날 우리 소비문화의 약간 낡은 버전처럼 느낀다면, 사실이다).

가장 중요한 건, 그들은 **돈**을 사랑하는 것에 아무 부끄러움이 없었다. 〈뉴스위크*Newsweek*〉 커버스토리에서 표현했듯 여피들은 "60년대를 행군해 지나간 뒤, 알파파의 최고점을 찍은 백만 명의 고독한 조거들이 되어 산산이 흩어졌고, 이제는 다시 움직이고 있다. 그들은 리무진 뒷자리에 앉은 채 회색 덩어리처럼 보이는 〈월스트리트 저널*Wall Street Journal*〉의 칼럼에서 거의 눈을 떼지 않고 공항으로 달려, 1980년대로 진군하고 있다." 그들이 모두 1987년에 개봉된 영화 〈월스트리트*Wall Street*〉의 주인공 고든 게코와 똑같진 않았다. 게코는 여피들의 제일 나쁜 특징들을 증류한 인물이었으니까.

에런라이크는 여피들이 앞선 부머들과는 달리 "'자아를 찾거나' 급진적 운동에 합류하느라 시간을 낭비하지 않았다"라고 적는다. "그들은 즉시 경제적 주류로 뛰어들어, 똑같은 열정을 담아 돈을 벌고 썼다." '여피'라는 이름이 1960년대의 급진적 저항 집단 이름이었던 이피*Yippie*의 말장난이었다는 게 하나의 요점이다. 히피들이 기업 친화적으로 변한 것이다.

에런라이크에 따르면 여피 전략의 첫 단계는 "조기 실용주의"다. 그들은 어떤 직업이 아주 빠르게 큰돈을 벌게 해줄지를 기준 삼아 전공을 선택했다. 1970년대 초와 1980년대 초 사이에 영문학 전공자의 수는 거의 50퍼센트 정도 감소했고, 사회과학 전공자도 마찬가지였다. 같은 기간 동안 경영 전공자는 **두 배**로 늘었다.[24]

이 실용주의는 밀레니얼들에게도 분명 친숙한 개념이다. 여피들은 중산층이 원하는 것을 좋아하도록 훈련받았다. 즉, 그들은 부모가 누린 것과 같은 중산층의 일상을 원했다. 중산층보다 더 높은 사회·경제적 계층으로 올라갈 수 있으면 더 좋겠지만. 그러나 변화하는 경제로 인해 더 이상 대학 학위만으로는 이를 보장할 수 없었다. 엘리트라는 지위를 굳히기 위해선 올바른 전공을 선택하고 올바른 직업을 얻어야 했다―그리고 가라앉지 않기 위해 충분히 빠른 속도로 수면 위를 디뎌나가야 했다.

한데 '올바른 직업'들 대다수가 애초에 여피들을 미치게 만든 조건을 더욱 악화시켜 버렸다. 역사학자 딜런 고틀리프^{Dylan Gottlieb}가 지적하듯 여피들은 "자신들이 일조한 불평등한 사회적 질서의 수혜자"였다.[25] 여피들이 수면 위를 디뎌나가기 위해선 다른 이들이―여피들이 주식 브로커, 컨설턴트, 기업 변호사로서 직업상 하는 일의 경제적 피해자들이―수면 아래로 가라앉아야 했다.

이것이 80년대와 베이비붐 세대 전반에 대한 대화에서 여피가 화약고가 된 이유다. "여피에 관해 이야기하는 건 제조업이 빛을 잃고 금융, 전문, 서비스 산업이 부상하는 현상을 이해하는 수단이었다"라고 고틀리프는 설명한다. "여피들은 대학 교육을 받은 상층 중산층과 뒤에 남겨진 사람들 사이의 점점 벌어지는 격차를 나타냈다."

모든 부머가 여피는 아니었다. 그러나 여피들의 행동은 중산층 부머들이 품고 있던 더 큰 불안을 들여다보게 해줬다. 불안은 70년대에 서서히 형태를 취했고, 80년대에 전이되었으며, 90년대에 기준 온도가 되었다. 미국의 번영이 종말을 맞은 책임은 "큰 정부"에 있다고도, 세계적 경쟁에 대한 멍청한 이해에 있다고도 한다. 작은 경제적 침체가 닥치면 불안은 더 격심해졌지만 회복기에도 별반 나아지지 않았다. 부모의 계급 지위를 지켜내는 데 성공한 부모도 있었으나, 소위 "사라지는 중산층"이 된 부머도 있었다. 다시 말해 직업과 계급의 안정성이 위태로워지거나 또는 완전히 파괴된, 노동하는 중산층이 된 것이다. 그중 어느 쪽이든 이 세대에게는 고무적이면서도 무기력해지는 질문을 똑같이 던질 수 있다. 우리의 안정은 어디로 갔으며 왜 되찾을 수 없는가?

삶의 바탕에 깔린 계급 지위에 대한 초조함을 처리하고, 지위를 유지할 수 있게 해줄 직업을 찾으려 고투하는 것. 그것이 오늘날 우리가 알고 있는 베이비붐 세대의 번아웃이었다. 시시각각 울려대는 스마트폰이나 산더미 같은 학자금 부채는 없었지만 기본적인 불편은, 매일 불안에 대처하며 살아가는 것에 따르는 정신적 대가는 존재했다.

경제사의 렌즈를 통해 베이비붐 세대를 살펴보면 그들이 가진 특성 중 무척 많은 것이 설명된다. 그들의 투표 습성과 내면의 방향 전환마저도 가능하다. 이게 밀레니얼의 번아웃과 무슨 상관인지 아직도 의아하다면 생각해 보라. 중산층 부모들은 위협으로 느껴지는 것들이 늘어나고, 점점 커지는 불확실성에 둘러싸였다. 그들은 그나마 자신이 통제를 시도할 수 있는 존재에 더욱 전념할 수밖에 없었다. 그 존재는 바로 그들의 자녀였다.

2장

가난부터
배우는
아이들

"처음 제가 바쁘다고 느낀 건 일곱 살 때였어요." 1980년대 워싱턴 D.C. 교외에서 자랐고, 스스로 혼혈이라 밝힌 케이틀린이 내게 해준 말이다. 처음엔 수영, 티볼(크리켓, 야구, 소프트볼을 4-6세 아동에게 맞도록 변형시킨 팀 스포츠-옮긴이), 미술 등 하루에 최소 한 가지 이상의 방과 후 활동을 했다.

중학교에 들어갔을 무렵엔 과외 활동에 대한 발언권이 생겼고, 본인이 원하는 대로 무용과 연극에 전념했다. 맞벌이였던 케이틀린의 부모는 늘 풀타임으로 일했고 아빠는 자주 출장을 다녔다. 따라서 케이틀린을 각종 학원에 픽업해 주고 방과 후 숙제를 감독하는 건 오페어Aupair(외국어를 배우기 위해 현지 가정에 머물며 아이를 돌봐 주는 사람으로, 주로 젊은 외국인 여성이다.-옮긴이)의 몫이었다. 엄마는 성적에 대단히 연연하는 사람이었기에 A학점과 B학점이 아니면 용납할 수 없었고 딸이 '올바른' 친구들과 어울리는지 점검했다. "어른이 되어 보니, 저는 아무 것도 하지 않으면 스트레스를 받는다는 걸 깨달았습니다." 케이틀린은 말한다. "그냥 쉴 때 죄책감을 느껴요. 대학에서는 학기당 18학점에서 19학점을 듣고, 근로 장학생으로 일하고, 동아리 활동과 자원 봉사를 하고, 연극과 뮤지컬에 참여해야 한다고 느꼈습니다. 그러면서도 뭔가 부족하다는 기분이었죠."

1982년에 태어난 백인 여성 스테파니는 캐나다 국경에서 몇 킬로미터 떨어진 노스 아이다호에서 유년기를 보냈다. 벌목꾼이었던 아버지는 새벽 3시부터 날이 어둑해질 때까지 일했고, 어머니는 집에서 스테파니를 포함해 다섯 남매를 키웠다. 양가 조부모와 이모, 삼촌들이 근처에 살고 있었기에 스테파니는 그들 모두와 가깝게 지냈다. 남매는 어릴 적부터 자전거를 타고 멀리까지 놀러 나갈 수 있었다. 여름엔 근처 초등학교에 가서 어른의 감독 없이 몇 시간이나 놀았다. 밖에서 사촌들과 함께 밤늦게까지 깡통 차기, 깃발 잡기, 경찰과 도둑 놀이를 하기도 했다. 이때도 어른은 없었다.

중학교 때 스테파니의 가족은 동네를 떠나 6천여 평 넓이의 부지로 이사했다. "허다한 요새를 지었고, 불장난을 했고, 일단 기본적으로 맘껏 놀았어요." 그녀가 말했다. 스테파니의 엄마는 스테파니에게 읽기를 가르쳐 주었지만, 학교와 숙제에 관해선 대체로 손을 놓고 있었다. 일요일에 교회에 가는 것과 한 달에 한 번 온가족이 할아버지 집에 모여 누군가의 생일을 축하하는 걸 제외하면 가족 일정이랄 건 없었다.

케이틀린과 스테파니는 수천 킬로미터 떨어진 곳에서, 서로 다른 사회경제적 배경에서, 밀레니얼 연령대의 양쪽 끝에서 유년기를 보냈다. 둘은 육아와 성인기에 대한 '준비'가 어떻게 이루어져야 하는가에 관한 두 개의 패러다임을 대표한다. 밀레니얼 세대 전체가 유년기를 보내는 동안, 하나가 다른 하나를 추월했다. 이런 변화는 사람들에게 감지되긴 했으나 어떤 방식으로든 본격적으로 길게 연구되는 일은 거의 없었다. 적어도 아네트 라루Annette Lareau가 연구를 시작하기 전까지는.

▼   ▼   ▼

펜실베이니아대학교 소속 사회학자였던 라루는 1990년에 초등학교 3학년이었던 아동 88명을 1995년까지 추적했다. 케이틀린과 스테파니처럼, 아동의 경제적·인종적 배경은 다양했다. 다니는 학교도 달랐고, 등교하지 않는 시간에 해야 할 일에 대한 기대도 천차만별이었다.

이 연구를 위해 라루와 연구원들은 아동과 가족들까지 함께 집 안팎에서 오랜 시간을 보내며 가능한 한 그들 사이에 섞여 있으려고 했다. 목표는 육아와 그에 수반되는 유년기의 기대가 사회경제적 스펙트럼을 가로질러 어떻게 달라지는지를 정밀하게 관찰하는 것이었다. 연구 팀이 만난 아동 중에는 "리틀 빌리"라는 별명을 가진 야넬리가 있었다. 그는 고등학교를 중퇴한 부모와 함께 작고 아기자기한 집에 사는 백인 소년이었다. 어머니는 교외의 부유한 가정집 청소 도우미로 일했고, 아버지는 주택 도장업자였다. 야넬리는 학교에서 B학점을 받았지만 주기적으로 문제 행동을 일으키는 아이였으며, 교사에게 멍청이라고 불렸다. 스포츠 교실에 다니는 걸 제외하면 교외 시간 대부분을 동네 아이들이나 근처에 사는 친척들과 놀며 보냈다.

스테이시 마셜은 교외의 중산층 동네에서 부모와 언니와 사는 흑인 소녀였다. 부모는 둘 다 그 지역 대학에 다니기 위해 남부에서 이사 온 사람들이었다. 아버지는 공무원이었고, 어머니는 지금이라면 테크 업계라고 부를 만한 분야에서 일했다. 스테이시는 노련한 체조 선수였으며, 피아노 수업을 받았고, 여름방학은 각종 캠프에서 보냈다. 학교 영재 선발 프로그램에 응시했다가 커트라인에 걸려 아쉽게 탈락했지만, 어머니가 학교에 연락해 준 덕분에 재응시할 수 있었다. 마셜 부부는 자매에게 신상 옷과 장난감을 사주기에 충분한 높은 연봉을 받고 있었음에도 돈 걱정을 달고 살았고, 업계 인원 감축이 자신들에게 영향을 미칠까 두려워했다.

개릿 탤런저는 거의 백인들만 사는 교외의 중상류층 동네에 살았고, 두 형제와 함께 자랐다. 부모 모두 아이비리그 대학을 졸업했고, 컨설턴트 일로 출장이 많아 최대한 가장 효율적인 스케줄을 짜느라 애썼다. 그들에겐 수영장, 정기적으로 방문하는 가사 도우미, 엘리트 프라이빗 컨트리클럽 회원권이 있었다. 그러나 돈 이야기는 거의 입에 올리지 않았다. 개릿의 어머니가 가족과 더 많은 시간을 보내기 위해 일을 그만둔 뒤 재정이 빠듯해졌을 때조차도 그랬다.

탤린저 가족의 삶은 달력을 중심으로 돌아갔다. 수많은 시험, 연습, 경기가 달력을 채웠고 다른 지역까지 이동해야 하는 일정도 많았다. 개릿은 세 가지 스포츠를 하면서 특별 리그와 토너먼트에 참여했고, 피아노와 색소폰 레슨도 받았다. 그는 모범생이었으며 수업 태도도 좋았지만, 때로는 지칠 대로 지친 나머지 형제들을 경쟁적·적대적으로 대하기도 했다. 부모가 돈을 많이 못 벌어서 전에 다니던 비싼 사립학교로 돌아가지 못한다며 분개했다. 다양한 측면에서 봤을 때 개릿의 삶은 밀레니얼이 겪는 경험 중 좋지 않은 전형에 속한다. 일정 과잉, 과다한 특권. 그리고 쉽게 상상할 수 있듯 앞으로 겪을 심한 번아웃.

스스로를 불태워야 한다: 집중 양육

라루는 그녀가 "집중 양육"이라고 이름붙인 육아법을 수행하는 부모들과 대부분 하층 계급으로 자기 삶을 온전히 자녀들의 교육에 바치기를 거부했거나 그럴 시간이 없는 부모들 사이의 차이를 발견했다. 하층 계급 부모들이 나쁜 부모였다는 건 아니다. 단지 그들이 아이들에게 키워준, 독립성과 상상력 같은 능력들이 부르주아 일터에서 가치 있게 여겨지지 않았을 뿐이다. 부르주아 일터에서 인재로서 가치를 인정받으려면 멋진 계획과 긴 이력서, 권위자와 편안하고 자신감 있게 상호작용하는 태도, 직업 사다리 작동 방식에 관한 선천적 이해가 필요하다. 연줄과 기꺼이 멀티태스킹할 의지, 빽빽한 일정을 반기는 태도가 필요하다.

어떤 밀레니얼들은 이처럼 부모의 좋은 뜻에 저항하거나 순응하기를 반복하며 자랐다. 또 다른 밀레니얼들은 자신들이 배운 적 없는 행동을 수용한 뒤, 비슷하게 따라 하느라 평생 애쓰고 있다. 언제, 어디서, 어떻게 자랐는지, 부모가 결혼했는지 이혼했는지, 자란 곳이 도시인지 탁 트인 시골인지, 어떤 "활동"이 금전적으로 감당이 가능했는지 등 너무나 많은 조건에 따라 모든 게 좌지우지되었다. 그러나 이토록 다른 경험들 간에도 공통분모가 하나 있다. 밀레니얼 키드로서 '성공'하려면, 적어도 중산층의 사회적 기준에 따라 '성공'하려면, 스스로를 번아웃으로 몰아넣어야 했다.

집중 양육의 교리는 익숙하게 들릴 것이다. 이는 지난 30년 동안 **좋은** 육아법으로 제시되었으며, 바람직하다고 암묵적으로 합의된 방법이었다. 낮잠 시간으로 시작해서 무용이나 음악 대회, 스포츠 경기 등의 분야로 활동들이 계속 이어진다. 아동의 모든 일정은 부모의 일정에 앞선다. 아동의 안녕, 더욱 중요하게는 미래에 성공할 역량이 그 무엇보다 최우선된다. 아기에게 먹일 음식은 집에서 손수 만들어야 한다. 유아기의 놀이는 발달을 촉진하는 것이어야 한다. 필요할 경우 개인 교사를 붙여야 한다.

집중 양육의 틀 안에서 아동은 풍부한 어휘를 익히고, 권위자들에게 의문을 제기하고, 자신에게 필요한 것을 주장하고, 협상하고, 일정상의 필요에 맞추어 계획하는 법을 배운다. 훌륭한 네트워커, 훌륭한 직원, 훌륭한 멀티태스커가 되도록 훈련받는다. 다시 말해 아동의 일상을 이루는 모든 부분이 훗날 일터에 진입할 때를 대비한 최적화 과정인 것이다. 그렇게 아동은 성년을 한참 앞둔 나이에 작은 성인이 되고, 그에 수반되는 불안과 기대 역시 끌어안는다.

집중 양육은 본질적으로 중산층의 관습이다. 그러나 지난 30년 동안 이 양육법이 품은 이상은 계급의 선을 넘어 '좋은 육아'의 기틀이 되었다. 특히 중산층에서 추락했거나, 추락할까 봐 불안에 떠는 이들에겐 더욱 그랬다. 학계 바깥에서 이를 '집중 양육'이라고 부른 사람은 아무도 없었지만, 나는 미국 각처의 부모들에게서 자신이 실현 가능한 이상이라면 어떤 버전이든 이루려 열망했다는 말을 들었다.

일례로 수와 그녀의 남편은 필라델피아에서 밀레니얼 세대인 자녀들을 키우던 시절, 월급으로 근근이 살아가는 블루칼라 노동자들이었다. 그녀에게 집중 양육이란 학비를 대기 위해 매달 허리띠를 졸라매는 것이었다. 리타는 두 아이를 키우는 싱글 맘으로서, 1983년에서 1987년 사이에 미국의 여러 도시를 옮겨 다니며 살았다. 아이들 학교에 부모가 자원 봉사를 나가는 일이 중요하다는 건 알았지만, 근무시간 때문에 고작 한 블록 떨어진 곳임에도 찾아가기가 어려웠다. 온 가족이 빈곤의 기준선 아래 살고 있었음에도 리타는 매달 10달러를 저금하여

자녀들에게 자신이 감당 가능한 종류의 계발 활동을 제공하려 했다. 그중 하나가 바로 매년 여름 캠핑을 보내는 것이었다.

텍사스에 사는 히스패닉 신디는 언제나 돈에 쪼들렸다. 그녀와 남편이 둘 다 해고된 뒤엔 더더욱 심해졌다. 하지만 그 경험은 가족을 더욱 단결시켰고, 신앙도 더 굳건해졌다. 금전적 압박에도 불구하고 삶의 중심은 여전히 아이들이었다. 신디는 학부모로서 교사들을 도와 고된 일을 도맡아 했고, 수학여행과 행사에 보호자로 동행했으며, 모금에도 참여했다. "우리는 아이들을 위해 살고 희생했어요. 아이들이 1번이었고 결혼 생활은 2번이었죠." 신디는 말한다.

내 나이(나이 든 밀레니얼)와 유년기를 보낸 지역(스테파니처럼 노스 아이다호의 작은 마을)을 감안할 때, 우리 부모님은 집중 양육의 교리를 놓쳤거나, 수용해야 한다는 압박을 덜 느꼈거나, 거부했거나, 혹은 그저 접근권이 좀 없었다. 그렇다고 해서 주양육자였던 우리 엄마가 내 유년기에 집중 양육의 요소들을 주입하지 않았다는 뜻은 아니다.

엄마의 육아 철학 대부분은 당신이 교직 수업에서, 특히 발달 심리학에서 배운 것으로부터 나왔다. "아주 어렸을 때부터 네 사고를 빚어줄 경험들을 추구하려고 했지. 독서에 애정을 갖게끔 하기 위해, 또한 잘 시간이 되었음을 알려주는 수면 습관을 길러주고 확립하기 위해, 밤마다 책을 두 권 읽어주는 것. 하루 세 끼 건강한 식사를 만들어 주며 간식은 제한하는 것처럼 말야."

　나는 하루 3시간씩 유치원에 다녔다. 우리가 다니던 교회 지하에 있던 그곳을 아주 좋아했던 기억이 난다. 엄마는 집 밖에서 일하지 않았기 때문에 직접 등·하원을 시켰고, 나머지 시간에 나를 감독할 수 있었다. 내가 다닌 유치원은 입소 경쟁도, 대기자도 없었다. 초등학교 땐 버스 정류장까지 5분을 걸어간 뒤, 30분 동안 버스를 타고 등·하교했다. 엄마가 복직하던 초등학교 4학년 때쯤 나는 방과 후 집에 혼자 있어도 된다고 허락받았다. 나는 이 소중한 시간을 베이글 바이츠 과자와 함께 〈스타 트렉Star Trek〉을 보며 보냈다.

　많은 중산층 밀레니얼과 달리 나는 초등학교 2학년이 되어서야 '계획된 활동organized activity'을 시작했는데, 그것은 바로 피아노 수업이었다. 엄마는 피아노를 칠 줄 알았다. 엄마는 내가 악보 읽는 법을 배우며 음악이 어떻게 만들어지는지 아는 게 중요하다고 생각했다. 최근 엄마의 말에 의하면 "연습을 빼먹지 않는 규율이나 사람들 앞에서 연주하는 일의 중요성 등 다른 장점에 대해선 생각하지 않았"다고 한다.

　아이다호로 이사하면서 미네소타의 엘리트 사립학교 교사를 그만둔 엄마는 나와 오빠에게 무언가를 빚졌다고 느꼈고, 이로 인해 학부모회 회장을 맡아 학교 이사회에 선출되었다. 우리 동네엔 유익한 '계발 활동'이 많지 않았고, 그나마 접근할 수 있었던 활동은 기회를 노려야 했다. 열렬한 의지를 엄마에게 관철시킨 덕분에 나는 걸스카우트에 가입했고, 피아노를 계속 쳤다. 내가 글쓰기를 좋아하자 엄마는 고등학교에서 영어를 가르치는 친구에게 자유 글쓰기 수업을 받도록 했다. 나는 독서를 좋아했지만 (쉽고 편하게 읽히는) 베이비시터 클럽 시리즈 책과 그 시리즈가 아닌 책을 번갈아 읽기로 약속해야 했다.

"네가 좋은 교육을 받길 바랐다." 엄마가 말했다. 흥미로운 건 그 교육이라는 것이 참으로 많은 방식으로, 때로는 두터운 위장을 한 채, 교실 **밖에서** 이루어졌다는 것이다. 엄마는 내게 성인기에 들어갈 준비를 시키고 있었지만, 구체적으로는 교양 있는 **중산층** 전문직 성인이 되도록 준비시키고 있었다. 오빠와 나는 부모님을 따라 격식 있는 레스토랑에 가서 식사 예절을 배우고 다양한 유형의 음식을 접했다(유년기의 가장 생생한 감각 기억 중 하나가 80년대 기준, 대단히 세련된 음식이었던 에스카르고를 맛본 것이다). 엄마의 표현을 빌려 말하면 우리는 "오랜 시간을 들여 이룩한 성취"인 좋은 성적에 대한 보상으로 "고급스러운" 저녁식사를 대접받았다. 부모님은 우리를 데리고 우리가 사는 작은 마을 바깥의 시애틀이나 스포캔으로 향했고, 박물관에 가서 공공 예절을 가르쳤다.

그럼에도 내가 받은 집중 양육의 배경에는, 거의 전적으로 감독되지 않은 놀이가 하나 있었다. 우리는 비교적 최근에 개발된 동네의 막다른 골목에 살았다. 걸어갈 수 있는 거리에 공원은 없었지만 집 바로 뒤에 넓은 미개발지 구획이 하나 있었다. 사람들은 이 구획을 "잡초"라고 불렀다. 이 이름 때문인지

내 유년기 속 그 장소를 떠올리면, 사실 여부를 떠나 야생의 기운이 느껴지곤 한다.

동네는 아이들 천지였고 나는 그 애들과 오랜 시간 어울려 놀았다. 우리 집과 다른 집 뒤뜰에서 놀았고, 나이가 들고 나선 길거리와 "잡초"에서 놀았다. 유년기에 내가 사귄 첫 친구는 바로 옆집 아이였는데 그 애 집과 우리 집 사이의 경계는 꽤 유동적이었다. 우리는 함께 자전거를 탔고, 쓰러진 아카시아 나무로 요새를 만들었고, 몇 시간이고 메뚜기를 잡았다. 여름은 언제나 거칠고 끝없는 광야처럼 느껴졌다. 여기에 드문드문 수영 레슨과 캠핑 여행, 일주일 동안의 방학 성경학교 일정이 있었다. 그러나 여름의 대부분은 밖에서, 혼자 자전거를 타면서, 수영장에서, 내 방에서 스스로 즐거움을 찾으며 끝없이 시간을 보냈다.

오빠와 나는 대체로 계획되지 않은 유년기를 보냈다. 요즘 나는 많은 밀레니얼이 그렇듯, 오늘날 과한 감독을 받는 아이들의 삶과 우리 자신의 삶을 대조해 보곤 한다. 다른 나이 든 밀레니얼들도 이와 유사한 자유를 회상한다. 미주리주 캔자스 시티의 교외 중산층 동네에서 자란 라이언은 80년대와 90년대 초반에 부모님이 출근하면 형들과 집에서 한없이 긴 오후를 자주 보냈다. "우리는 주로 집 근처에서 놀면서 서로에게 겁을 주곤 했습니다. 형들한테서 도망치려고 뒤뜰 나무로 올라가면, 호스를 들고 와서 제가 내려올 때까지 물을 뿌려댔죠. 부모님 중 한 분이라도 집에 계실 땐 감독하는 사람 없이 동네 어디서든 놀 수 있었습니다."

1985년생인 메리는 버지니아주 시골에서 거의 어떠한 감독도 받지 않고 자랐다. 아버지는 부유한 교구의 목사였지만 가족은 거의 항상 빈털터리였다. 그녀는 회상한다. "저는 수천 평 넓이로 펼쳐진 집 뒤편의 숲속에서 혼자 놀며 책을 읽곤 했습니다. 길 건너 교회 캠퍼스를 혼자 돌아다녔고, 부엌에서 혼자 괴상한 요리 만드는 법을 익혔고, 동네 주변을 혼자 오랫동안 산책하곤 했죠." 8킬로미터는 가야 가장 가까운 작은 마을이 나오는 일리노이의 외딴 농장에서 자란 에밀리는 말한다. "원할 때면 언제든 안장 없이 말에 올라탈 수 있었어요. 밧줄 그네를 타다가 건초더미로 뛰어내릴 수도 있었고, 다리 아래에서 가재를 잡을 수도 있었고, 숲속 깊은 곳에 가짜 마을을 만들 수도 있었죠."

그러나 내가 대화를 나눈 밀레니얼 가운데 이런 자유를 누린 이들은 대부분 나이가 많은 축에 속하거나, 범죄 걱정이 비교적 적었던 시골에서 자랐다. 집중 양육의 이상은 점점 널리 퍼져나가 오늘날 "헬리콥터 육아"로 불리는 행동들로 굳혀졌다. 헬리콥터 육아는 **더 과한** 육아일 수 있다. 특히 과거에 아이 혼자 보내던 방과 후 시간이나 주말을, 아이들과 함께 보낸다는 차원에서 자칫 더 나은 육아처럼 묘사될 수 있다.

2014년 〈애틀랜틱*Atlantic*〉에 실린 해나 로신Hanna Rosin의 글 '과보호된 아이The Overprotected Kid'에서 글쓴이의 남편은 당시 열 살이었던 딸아이가 **평생** 어른의 감독 없이 보낸 시간이 채

10분이 되지 않으리라는 사실을 깨달았다고 한다.[1] 로신은 아동에 대한 감독과 아동의 놀이에서 위험을 제거하려는 노력이 동시에 증가한 원인을 70년대 말에 일어난 두 개의 주요한 사건에서 찾는다.

첫째로 1978년 시카고에서 한 유아가 360센티미터 길이의 미끄럼틀에서 중상을 당하는 사건이 있었다. 아이가 미끄럼틀 꼭대기의 틈으로 빠졌을 때 바로 뒤에 서 있었던 아이의 어머니는, 시카고 공원관리국과 미끄럼틀 건설 및 설치에 책임이 있는 회사들을 고소했다. 950만 달러의 합의금으로 일단락된 이 소송을 비롯, 몇 개 사건이 미국 전역에서 놀이터 개혁의 물결을 이끌었다. 수천 개의 놀이터에서는 갑자기 '위험한 구조물'로 인식된 이 기구들을 외관상 더 안전하고 표준화된 새것으로 대체했다(내가 다닌 초등학교에선 시소와 회전목마가 단단하고 정전기를 일으키는 노란색 플라스틱 재질 미끄럼틀로 교체되었다. 연배가 있는 밀레니얼이라면 비슷한 무언가가 기억날 거다).

두 번째 사건은 1979년 맨해튼에서 벌어졌다. 에탄 패츠라는 여섯 살 난 아이가 엄마에게 스쿨버스 정류장까지 혼자 걸어가겠다고 졸라 허락을 받고 나갔다가 실종된 사건이었다. 이 사건과 플로리다에 거주하는 네 살 소년 애덤 월시의 납치 살해 사건은 전국 뉴스를 강타하며 전 미국인에게 실종 아동, 낯선 사람의 위험 그리고 도처에 존재하는 아동 성추행범의 위협에 대해 패닉을 심어주었다. 1980년대 초에는 우유갑에 실종 아동의 사진이 들어가기 시작했다. 1983년에는 애덤 월시의 납치를 극화한, 〈애덤〉이라는 단순한 제목의 드라마를 3천 8백만 명이 시청했다. 로널드 레이건은 에탄 패츠가 실종된 날을 전미 실종아동의 날로 선포했다.

불안은 이처럼 커져 갔으나, 사실 아동 대상 범죄는 80년대 초에 정점을 찍은 것이 아닌 데다 90년대 초부터는 감소세였다. 로신은 적는다. "행복하고 온전한 가족의 아이가 버스 정류장까지 걸어갔다가 다시는 집에 돌아오지 못하는 일은 여전히 전국적인 비극이지만, 전국적 역병은 아니다." 그러나 놀이터에서든 바깥에서든 아이들에게 일어날 위험이 늘었다는 **인식**이 (그럴 능력과 시간이 있는) 부모들에게 이런 공간에 대한 노출을 막거나 줄이도록 만들었다.

낯선 사람에 대한 공포는 부모가 다른 곳에서 느끼는 다양한 불안들과 대체되었다. '가족'에 대한 서로 다른 이해관계, 워킹 맘의 증가, 공동체 단결 약화에 수반되는 불안 등이 그에 속한다. 너무나 많은 요소가 부모의 통제 바깥에 있는 듯 보였다. 그러나 아이가 어디서 어떻게 노는지, 계속 감독받는지 여부는, **그것만은** 세세한 통제가 가능했다.

이런 유형의 헬리콥터 육아는 밀레니얼들이 고등학교와 대학에 입학한 2000년대에 널리 퍼졌고, 쉽게 찾아볼 수 있었으며 자주 조롱거리가 되었다. 그러나 시간을 거슬러 1996년에도 이미 사회학자 샤론 헤이스Sharon Hays가 저서《모성의 문화적 모순들The Cultural Contradictions of Motherhood》에 이 현상을 묘사한 바 있다. 그녀는 적었다. "적절한 양육의 방법은 아동 중심적이고,

전문가에 의해 지도되고, 감정적으로 몰입하며, 노동 집약적이고, 비용이 높은 것으로 해석된다."**2**

여기서 중요한 단어는 **해석**이다. 중산층 부모들이 특정 육아법이 더 우월하다고 결정했다 한들, 그게 경험적으로 **실제로** 우월하다는 의미는 아니다. 라루의 사례에서 보듯 하층 계급과 노동 계급 육아 요소들 중에 무척 중요하지만 집중 양육에서 대체로 빠져 있는 것들이 있다. 그중에 제일 중요한 점이 바로 '자연스러운 성장'이다. 아이에게 의식적으로든 무의식적으로든 **계획되지 않은** 시간을 내주어 호기심과 독립성을 키우고, 스스로 또래 역학과 협상하는 법을 배우게 하는 것이다.

집중 양육으로의 변화는 로신과 내가 무척 애정을 갖고 기억하는, 야생에서 배회하는 시간이 줄어든다는 것을 의미했다. 동네에서의 놀이가 성인이 감독하는 경쟁적 리그 스포츠로 대체되었다. 개인의 한계를 알아보고 시험할 기회, 온전히 또래끼리만 어울리며 감독 없이 위계와 공동체의 규칙과 논리를 만들 시간, 스스로 작은 심부름들(가게 가기, 버스 정류장까지 걸어가기, 아무도 없는 집으로 돌아와서 베이글 바이츠 만들어 먹기)을 완수하는 데서 오는 성취감과 독립감이 줄어들었다. "과거에 위기 관리는 사업체의 관습이었다. 지금은 지배적인 양육 전략이다."《요새 아이들: 인적자원과 밀레니얼의 탄생*Kids These Days: Human Capital and the Making of Millennials*》에서 맬컴 해리스Malcolm Harris는 적었다.

이 전략은 아동의 발달에 변화를 일으켰다. 그 변화를 가장 쉽게 알아보려면, 전략이 부재했던 시절엔 어땠는지 살펴보면 된다. 올랜도 외곽에서 자란 백인 여성 대니얼은 유년기를 대체로 어른의 감독 없이 자유롭게 동네를 돌아다니며 보냈다고 기억한다. 친구들 가운데 가난한 축에 속했고 종종 식비 지원을 받았던 그녀가 기억하는 유일한 활동은 합창단이었는데, 학교를 통해 무료로 참가할 수 있었다. 그녀는 회상한다. "부모님은 대학에 다닌 적이 없었기 때문에 '이력서가 훌륭해 보일 때까지 자녀의 일정을 가득 채우기'라는 개념이 없었던 것 같습니다. 부모님의 초점은 저희에게 잠자리와 식사를 챙기는 것에 맞춰져 있었죠."

그녀는 돌이켜 보면 그런 태도에 감사한다고 말한다. "저는 어린 나이부터 일이 어떻게 사람을 갈아 부수고선 뱉어낼 수 있는지 보았습니다. 여가의 장점도 알았고요. 저보다 아주 조금 어린 친구들이 있는데, 그들은 일을 저보다 훨씬 진지하게 (그리고 개인적으로) 받아들이더라고요. 이런 차이는 아무 일정 없이 반쯤 짐승처럼 보낸 제 유년기와 관련 있다고 생각할 수밖에 없어요."

나 역시 대니얼과 생각이 같다. 내가 이만큼 오래 번아웃을 피할 수 있었던 건 내가 경험한 '자연스러운 성장'과 밀접한 연관이 있기 때문이다. 로신이 지적하듯 "요즘 부모들의 공통된 걱정 하나는 아이들이 너무 빨리 성장한다는 것이다. 하지만 때로는 아이들에게 성장할 공간이 전혀 주어지지 않는 듯하다. 아이들은 그저 성인의 습관을 흉내 내는 데 능숙해질 뿐이다."

중산층 아이들은 점점 더 이른 시점에 작은 성인이 된다. 그러나 '어른 되기'라는 표현의 유행에서도 알 수 있듯, 그들은 어른이 되어 맞닥뜨릴 현실에 잘 대비되어 있진 않다. 그들은 어른들과 많은 시간을 보냈고, 어른이 수행하는 일의 외적 특징들을 배웠으나, 덜 감시받고 덜 보호받은 유년기에서 얻을 수 있는 독립성과 강한 자아감을 가지지 못한다.

일례로, 마야의 이야기를 들어 보자. 1996년에 태어난, 밀레니얼 세대 막내인 그녀는 시카고 교외의 중산층 맞벌이 가정에서 자란 백인 여성이다. 그녀가 살던 동네엔 또래 아이들이 여럿 살고 있었지만 마야는 그중 누구도 만나보지 못했다. "우리가 같이 놀거나 만날 수 있다는 단합심이나 친근감은 전혀 없었습니다." 마야는 회상한다. 그녀를 비롯해 모든 아이들이 동네 바깥으로 여러 활동을 다니고 있었다. "저는 항상 제 시간이 '일정'이라기보다는 '위탁'에 맞추어 흘러간다고 느꼈습니다. 탁아소에 위탁된 시간, 방과 후 프로그램에 위탁된 시간, 고등학교에서 활동이 끝나고 차가 없어서 부모님의 픽업을 기다리는 시간이요. 학교에서 살라고 강요받는 느낌이었죠."

마야는 부모님이 성적과 과외 활동에는 전적으로 집중했으나 친구를 사귀는 법이나 일정 없는 시간을 보내는 법에는 별로 신경 쓰지 않았다고 회상한다. 마야는 어머니로부터 선생님 한 분 한 분에게 선물을 드리는 법을 배웠고, 명절이면 모든 어른들에게 카드를 보냈으며, 콘퍼런스나 강연이 있으면 항상 필기를 했다. 마야가 "선생님에게 잘 보이려는 목적의 비정상적으로 꼼꼼한 행동들"이라고 부르는 (그리고 그녀가 여전히 약간 변형된 형태로 수행하고 있는) 이런 경향은 상향 이동이 가능한 직장을 위한 준비이기도 했다.

마야의 어머니는 성실했고, 좋은 육아의 언어를 알았으며, "엄마한텐 무엇이든 얘기해도 돼"라는 말을 달고 살았다. 그러나 마야가 자기 신체에 관한 이슈나, 부정적 생각이나, 강박적 공포에 대해 이야기하려 들면 어머니는 금세 좌절하는 모습을 보였다. 마야를 심리치료사에게 데려갔지만, 육아의 지저분한 부분에는 관여하고 싶지 않은 것 같았다. 오늘날 마야는 유년기에 배양된 바쁨과 현재 느끼는 피로, 수치심, 번아웃을 직결시킨다. "매일 5시간씩 자면서 온갖 활동들에 신경을 쓰고 영혼을 갈아 넣어 논문을 썼죠. 돌이켜 보면, 거기서 더 전진할 길은 없었다는 걸 알겠어요. 저 자신을 다치게 하고 제가 하는 일을 혐오하지 않는 한은요." 마야가 털어놓았다. "하지만 제 뇌의 실용적인 부분은 이렇게 얘기하죠. **진작 스스로 다치게 됐어야지. 이제 와서 남들을 따라가려니 힘들잖아.**"

과잉감독과 과잉보호를 받은 아이의 전형은 유약하고 게으른 어른으로 자란다는 것이다. 그러나 내 경험상, 게으름이라는 밀레니얼 세대의 특징은 경제적 안정과 훨씬 더 깊게 관련된다. 가족이 실제로 안정되었든, 혹은 아동기나 성인기에 불안정에서 완전히 보호받았든 모두 마찬가지다. 내가 아는 가장 게으른 밀레니얼들은 자신이 저지른 그 어떤 실수에도 대가를 치러본 일이 없는 사람들이다. 그러나 이런 사람들은 실제 밀레니얼 인구 가운데 극소수에 불과하다. 중산층으로 과잉보호를 받으며 자란 아이들은 대부분 초긴장 상태로 계급 지위를 유지하거나 쟁취하려 애쓰는 어른으로 자란다. 마야가 표현하듯 더욱 몸을 아끼지 않고, 더 공격적으로 인맥을 쌓고, 더 많은 곳에서 인턴을 하고, 수면을 더 줄이면서. 너무나 많은 밀레니얼은 자기 자신을 개인적 취향이나 위기에 도전하고 실험하고 실패하는 의지가 아닌, **오로지** 열심히 일하고, 성공하고, 위험을 피할 능력으로만 정의한다.

디트로이트 교외에서 자란 어맨다는 계획되지 않은 자유 시간을 보내는 일이 아직도 어렵다고 하소연한다. 2000년대 초에 대학에 가보니 그때까지 삶의 중심으로 작용해 온, 질식할 만큼 가득 찬 일정이 더는 없었다. 그녀는 회상한다. "한가한 시간이 생기면 제가 게으르고 생산적이지 못하다는 느낌이 들기 시작했습니다. 그러면 제 가치가 의심스러워졌죠." 오늘날 어맨다는 아무것도 하지 않을 때면 시간을 낭비하고 있다고 느낀다. 불안 발작으로 응급실 신세를 진 뒤 심리치료를 받기 시작했지만, 하루쯤은 원하는 걸 해도, 온종일 넷플릭스를 정주행하거나 그냥 쉬어도 죄책감을 느낄 필요가 없다는 심리치료사의 제안에 응하기 어렵다. 일이 아니라면 **무얼 하고 싶은지** 정말로 모르기 때문이다.

지나친 걱정의 종말

밀레니얼들에게 나타난 헬리콥터 육아는 계급 불안에 대한 과잉반응만은 아니었다. 한편으로는 실제로 존재하는 위협과 구조적 인종차별에 대한 적절하고 신중한 반응이었다. 인디애나주 개리에서 이른 유년기를 보낸 리안은 동네에 자물쇠와 금지 구역이 많았다고 회상한다. 창문에는 철창이 설치되어 있었고 뒤뜰엔 콘크리트 블록으로 담이 세워져 있었다. 차고는 몇 차례 침입을 당했고 집에도 침입하려는 시도가 있었다. "저는 세상이 무서운 곳이고 사람들이 종종 끔찍한 일을 벌이며 '아무리 조심해도 지나칠 수는' 없다는 걸 알고 자랐습니다. 어디든 혼자 간 적은 없었어요. 옆에 감독하는 어른 없이는 밖에서 놀 수도 없었습니다." 리안이 내게 들려준 이야기다.

리안이 개리를 떠나 다른 흑인 가정이 없는 도시 외곽의 동네로 이사하자 얼마간 변화가 일어났다. 침입이나 명백한 범죄 형태의 위협은 줄었지만 끊임없는 희롱이 이어졌다. 특히 리안네 집 뒤뜰과 맞닿아 있는 골프 코스를 지나가는 골퍼들의 희롱에 대처해야 했다. "거나하게 취한 백인 남자들이 큰 소리로 오빠와 저에게 부모님이 고용인이냐고 묻고, 저희 부모님의 직업과 수입을 캐묻곤 했습니다."

이사 전에 리안과 오빠는 주로 실내나 뒤뜰에서 놀았고 다른 아이들로부터 떨어진 채 언제나, 한시도 쉬지 않고 감독받았다. 이사 후에는 아버지가 사준 워키토키가 수신 범위를 벗어나지 않는 한 훨씬 넓은 야외에서 자전거와 롤러스케이트를 탈 수 있었다.

리안은 자라면서 공부에 즐거움을 느꼈고, 교사였던 어머니는 리안의 학업에 유난히 관심을 가졌다. 그러나 부모님은 안전이 우선이었고 교육은 그다음이었다. 이는 백인 부모들에게는 헬리콥터 육아처럼 보일지 몰라도, 흑인 가정에게는 상식이다. 리안은 세상이 변덕스러운 장소이며 아무것도(특히 계급 안정성이야말로) 보장되지 않는다는 것을 먼저 알았다. "저희는 사람들이 의지하는 체제라는 게 실은 모두를 위해 돌아가지 않는다는 말을 자주 나눴습니다. 부모님은 우리라는 존재, 우리가 있는 공간에 대해 기분 나빠하는 사람이 반드시 있을 거라고 똑똑히 이야기해 주셨죠. 교육은 자유로 가는 길이며 그 길로 가기 위해 악착같이 노력하라고 가르쳤어요."

리안은 6학년에 올라가 학생 대다수가 백인인 학교에 다니기 시작했다. 교사와 또래들은 계속 그녀를 낮잡아 보았다. "'두 배로 노력해도 결과는 남들의 절반일 것이다'라는 격언에 진심으로 공감했어요. 그 후로 삶의 속도를 늦춘 적이 없습니다." 리안이 말했다. 그녀는 반에서, 모든 동아리에서, 모든 위원회에서 최고가 되었다. "바쁘게 사는 게 편안하게 느껴졌어요. 저희 집에선 모두가 아낌없이 온몸을 내던지는 태도로 살았거든요. 계속 움직이고, 계속 개선하고, 계속 뭔가 배우면서요. 달리기를 멈추지 않는 한 세상의 어둠에 질 리 없다는 태도 같았습니다." 리안이 설명했다. 리안의 부모는 집중 양육, 그중에서도 흑인 여성이 백인 사회에서 성공하기 위해 필요한 것을 대단히 의식해 수정한 버전을 실행했다.

이 전략은, 성공했다. 지금 곧 서른이 되는 리안은 학위 여러 개를 받고 자기 가족을 꾸렸다. 리안은 내게 말했다. "저는 높은 직업적 목표가 있고, 제 심장은 아직도 생산성의 박자에 맞추어 뜁니다. 하지만 이젠 지칠 대로 지쳤어요."

베이비붐 세대 부모들은 모든 부모가 항상 걱정하는 모든 것을 걱정했다. 거기에 더해 계층의 하향 이동성이 만연한 시기에 중산층 지위를 획득하거나, 유지하거나, 물려줄 수 있을지에 대한 깊은 불안을 품고 있었다. 한 세대의 아동들에게 어떤 대가를 치르더라도 목표를 성취할 때까지 노력하라고 가르쳤다. 불안은 응결되어 새로운 육아의 이상, 행동, 기준들을 낳았고 그것들은 성취 지향적인, "좋은 육아"의 구성 요소가 되었다.[3] 부머 부모들에게는 이런 관습의 실효성보다, 이런 관습을 수행해야 한다고 느끼는 압박이 훨씬 더 중요했다.

부모들이 "좋은" 부모가 되려고 열심히 노력하는 사이, 자녀들은 일이라는 것이 무엇을 줄 수 있고 줄 수 없는지에 관한 개념을 내면화했다. 캐서린 S. 뉴먼Katherine S. Newman이 《품위로부터의 추락Falling from Grace》에 적었듯, 가족의 하향 이동을 겪은 이들이 그 경험에서 수확한 주된 메시지는 이러했다. "규칙을 지키고 책임을 완수해도 아메리칸드림에서 쫓겨날 수 있다. 최선의 노력이 반드시 결과로 보상받으리라는 보장은 없다."[4]

80~90년대에 캘리포니아주 마린카운티에서 성장한 브레나

가 유년기에 받은 메시지는, 그녀가 '똑똑한 아이' 지위를 쟁취하는 일이 가족이 재정적 안정을 되찾을 유일한 방법이라는 것이었다. 브레나의 가족은 TV 방송국 간부였던 아버지가 뇌종양을 진단받으면서 중산층에서 추락했다. 집에서 가족을 돌보던 어머니가 일터로 돌아가야 했다. 그럼에도 브레나 가족은 중산층이라는 정체성을 유지했다. 또한 재정 상태가 결코 안정적이지 못했음에도 속임수를 써서라도 브레나를 배타적인 사립학교에 보낼 방법을 찾아냈다.

십 대가 된 브레나는 점점 더 부담스러운 일정을 소화하기 시작했다. 대체로 성적 위주의 일정이었다. 브레나는 좋은 성적이 가족의 중산층 지위를 복구하는 데 도움이 될 것이라 믿었고, 부모님은 이를 부추겼다. 브레나는 대학을 졸업한 후에야 좋은 성적이 실제로 사람을 부유하게 만들진 않는다는 걸 깨달았다. 그때쯤 브레나가 일을 대하는 태도는 열여섯 살 때 남편을 먼저 떠나보내고 혼자 힘으로 가족을 부양한 어머니를 모범 삼아 이미 굳어진 뒤였다. "요즘 저희 엄마는 집에서 일하시는데, 집 밖으로 나가거나 휴가를 떠나라고 설득하기가 어렵습니다." 브레나가 내게 말했다. "저 자신도 그런 행동을 반복하는 게 보여요. 일부러 노력하지 않으면 남편과 영화를 보거나 저녁을 요리할 시간을 내기가 어렵더군요."

중서부에서 유년기를 보낸 에이미는 90년대 초반에 아버지가 공장에서 해고당하면서 가족의 "궤도 전체가 달라졌다"고 말했다. 어머니는 풀타임으로 일자리를 얻었다. 아버지는 몇 년 동안 '좋은' 일자리를 찾지 못했다. 에이미는 학교에서 급식비 지원을 받았고, 부모님은 전부터 에이미를 보내고 싶어 했던 캠핑이나 여행에 돈을 대줄 수 없었다. "'그럴 돈 없다'라는 말은 저희 집 가훈이나 다름없었습니다."

에이미는 말했다. "그 일이 저를 분명히 바꿔 놓았습니다. 고용 보장의 불안정성을 일찍이 알았죠." 직업을 고민하기 시작했을 때, 그녀는 완전한 재정적 안정을 제공할 수 있는 직종만 고려했다. 가족 중 대학에 간 사람은 그녀가 처음이었고, 그녀가 이해하기에 재정적으로 안전한 업계는 법과 의학뿐이었다. "그냥, 변호사와 의사들이 돈을 많이 번다는 건 알았으니까요."

미시건주 플린트에서 자란 팸의 이야기다. GM 공장이 폐쇄되자, 교사의 자녀였던 팸은 직접적인 영향은 받지 않았으나 몇 년 사이 같은 반 아이들 절반이 뿔뿔이 흩어지는 것을 목격했다. 그녀는 아이들이 "공장을 따라 미시건에서 테네시로, 집에서 트레일러로, 트레일러에서 아파트로 옮겨 다녔다"고 설명했다. 인구 변동으로 인해 부모님과 다른 교사들은 주기적으로 해고 통지서를 받았다. 학년말에 해고당하고, 다음 학년의 학생 수에 따라 다시 고용되는 식이었다. 교사 노조가 파업하면서 고용 불안정은 더 심화되었다. 팸의 두 언니는 남편들이 제조업 직장에서 해고되자 일자리를 찾아 다른 주로 떠나야 했다.

팸은 말했다. "저는 불안정을 학습했습니다. 종신 교수가 무엇인지 알고 난 뒤, 세상에서 유일하게 안정적인 직업처럼 느껴졌죠. 그래서 저는 대학 교수가 되기로 결정했습니다." 결정

당시 그녀는 2008년에 구직 시장에 뛰어드는 일이, 직업에 대한 그녀의 예상을 크게 뒤흔들리라는 것까지는 알지 못했다. 이후에 살펴보겠지만 학계, 의료계, 법조계를 불문하고 '세상에서 가장 안정적인' 것 같던 직업들이 대침체 후 보여준 경제적 괴리는, 밀레니얼의 번아웃을 일으킨 주된 요소다. 열심히 일해서 이런 직업을 가져도 불가능하다면, 대체 어떻게 안정을 얻을 수 있단 말인가?

나는 자라면서 의사 부모를 두면 가족에게 좋은 게 주어진다는 걸 알았고, 우리 아빠와 다른 종류의 의사를 부모로 둔 다른 아이들에겐 더 좋은 게 주어진다는 걸 알았다. 이것이 작은 동네의 상류 계급이 흔히 가진 한계다. 구성원들은 모두 "여피 전략"의 조금 희석된 버전을 실천하는, 중상류층 전문직의 약간 다른 변형이었다. 우리 아빠가 의료계로 들어간 이유는, 그 직업이 아빠의 부모님이 언저리만 맴돌았던 중산층 생활 양식을 쟁취할 수단이었기 때문이었다.

어릴 적 나는 우리 가족이 재정적으로 어렵다는 걸, 처음엔 아빠가 버는 돈이 학자금과 주택담보대출을 상환하기에도 빠듯했다는 걸, 부부동반 모임에서 다른 의사 아내들은 모두 노드스트롬 백화점 원피스를 입은 반면 엄마는 작년에 직접 뜬 스웨터를 입고 소외감을 느꼈다는 걸 잘 몰랐다. 하지만 이게 중상류층의 특징이다. 돈에 관한 한 함구한다. 적어도 돈에 대한 불안에 대해서는 얘기하지 않는다. 자기들끼리도 하지 않고, 자녀들에게도 거의 하지 않는다. 중산층 지위가 어떻게 유지되는지에 관한 조악한 디테일을 논하는 대화를 피한다. 중산층을 유지시키는 수단을 '열심히 일하기'라는 단순한 미사여구로 가려버린다. 이것이 중산층다운 행동이기 때문이다.

그 결과 나는 10학년에 올라갈 때까지 계급 불안을 거의 감지하지 못했다. 블루칼라 중산층이 유지되게끔 돕는 노동조합의 권리를 줄이는 '일할 권리' 법안이 우리 주에서 통과되고, 삼림 관리를 둘러싼 소송으로 우리 지역의 수많은 일자리가 점진적으로 사라지면서 온 마을이 엄청난 변화를 겪는 와중에도 그랬다. 온 동네의 집들에 '이 가정은 목재업으로 생계를 꾸립니다'라고 적힌 표지가 붙어 있던 건 기억나지만, 아이들은 서로의 재정 상황에 관해 대화를 나누지 않았고, 그렇게 배우지도 않았다. 게다가 우리 가족이 직접 경험하지 않은 일이었기에, 나는 이것이 재정적 위기가 아니라 공동체의 위기라고만 생각했다.

우리 동네에서 내가 알고 지낸 대부분의 부모들은 '좋은 직업'을 가진 중산층 노동자들이었다. 그들은 80년대와 90년대를 거치며 목재업의 붕괴로 인해, 혹은 1986년에 일할 권리 법이 통과되고 노동조합이 사라지면서 전체적으로 커진 불안정 때문에 한 차례씩 실업을 겪었다. 대지에서의 예측 불가능한 수입을 보충하기 위해 점점 더 부업을 찾아나서야 하는 농부들이 있었다. 단 한 번도 '좋은' 직업을 가진 적 없는 사람들도, 그런 일자리에서 밀려나 교대 근무를 하거나 투잡을 뛰게 된 사람들도 있었다. 소매업에서 일하는 사람들, 싱글 맘으로서 가족을 부양하기 위해 교대 근무를 하는 사람들, 영어를 쓰지 않는 사람들, 가정부, 미용사, 바텐더, 간호사 보조, 혹은 무엇이든 조합이 없는 직종에서 일하는 사람들, 대체로 보이지 않는 자리에 머무른 사람들. 어떤 이의 노동은 노동으로 인정받지 못했고, 어떤 이들은 훗날 '근로 빈곤층'으로 불릴 계층을 이루며 가까스로 입에 풀칠만 하는 상황이었다.

▼　▼　▼

　　미국 전역의 다른 밀레니얼들이 나와 비슷한 동네에서 자라는 동안, 그들의 가족은 하향 이동을 경험하거나 혹은 이를 인식한 뒤 두려워하고 있었다. 이러한 경향에 의해 가장 큰 영향을 받은 집단은(연구는 덜 되었을지 몰라도) 이혼 여성들이었다. 이혼 전에는 가족의 남성들이 주요한 혹은 유일한 생계 수입원이었다. 이혼 후에 여성들은 이전 수입의 29퍼센트에서 39퍼센트밖에 되지 않는 금액에 만족해야 했다.[5] 《이혼 혁명*The Divorce Revolution*》의 저자 레노어 와이츠먼Lenore Weitzman에 따르면 이혼 후 남성의 생활수준은 보통 올라가는 반면(첫 해에 수입이 평균 42퍼센트 증가한다), 여성과 미성년자 자녀의 생활수준은 가파르게 하락한다(수입이 평균 73퍼센트 하락한다). 본인이든 가족이든 이혼을 겪었다면, 이 숫자를 본능적으로 이해할 것이다.
　　이혼을 가까이서 접한 적이 없거나 대단히 평온한 이혼을 겪은 사람이라면 이런 수치를 이해하기 어려울 수 있다. 그들은 물을 것이다. 아버지가 가족에 대해 재정적으로 전과 동일하게 지원하지 않는가? 당연히 그렇지 않다. 양육비는 자녀를 돌보는 데 필요한 기본 비용을 대는 수준이며 가계 수입을 이혼 전과 동일한 수준으로 복구시킬 만큼 충분한 경우는 극히 드물다 (게다가 1980년대에 평균 양육비는 하락세였고, 받아야 할 양육비를 실제로 받을 수 있었던 사람은 반도 되지 않았다).

아이러니하게도 이런 유형의 하향 이동이 발생한 이유는 1969년 캘리포니아에서 처음 채택된 '무책 이혼'의 부상이었다. 상대 배우자에게 유책 증거가 없어도 이혼 소송을 걸 수 있게 된 것이다. 그 덕분에 학대받으며 불행한 결혼 생활을 하는 여성들은 남편을 떠나기가 더 쉬워졌지만, 이혼 여성들에게 어떤 일이 벌어질지에 관한 사회적 관심은 아직 부족한 상태였다.

대부분의 이혼 여성에겐 재정적 독립을 쟁취할 만큼 돈을 버는 게 불가능하거나, 가능하더라도 아주 어려웠다. 그들이 열심히 일하지 않았다는 뜻은 아니다. 하지만 많은 여성이 아이를 키우느라 직장을 그만뒀다. 결혼 생활이 끝나자 그들은 직업 시장에 다시 진입하기 어렵다는 것을 알게 되었다. 번듯한 커리어는 고사하고 아무 일자리를 구하는 것도 힘들었다. 이와 대조적으로 남편들은 이혼 전과 동일한 직업이나 커리어를 유지했고, 뉴먼이 "직업 이동성"이라고 부른 것—해고당한 경우 같은 수준의 직업 기회나 고용주를 추구할 능력—역시 지니고 있었다.

이혼 후의 하향 이동과 그에 뒤따르는 불안이 심리에 미치는 영향은 다층적이다. 이혼 가정의 자녀는 가족 해체뿐 아니라 가족의 재정적 상황, 계급 지위, 무엇을 감당할 여유가 있고 없는지에 관한 새로운 이해력도 가져야 했다. 중산층에 속해 있던 가족의 경우, 자녀가 양육비에 명시되지 않은 자동차 수리, 안경, 캠프 참가비, 대학 학비 보조 등등 명목으로 '가욋돈'을 달라고 한 부모에게 요청하거나, 조르거나, 협상을 거는 입장에 놓이는 역학이 형성된다.

정확하게 이것이 내가 열여섯 살 때 부모님이 이혼하고 벌어진 일이었다. 교사로 일하던 엄마는 아빠가 의대를 졸업할 수 있도록 도왔다. 남편의 잠재 소득이 본인보다 훨씬 높다는 점을 존중해 일을 그만두고 자녀를 키우는 데 전념했다. 부모님이 이혼하자 어머니는 자신이 이혼으로 잃게 될 것에 대한 재정적 인지—다른 말로 위자료—를 위해 싸워줄 좋은 변호사를 고용했다.

이때 우리 엄마의 상황은, 우리 가족의 상황은 독특했다. 엄마는 아빠가 의대를 다니는 동안 포기했던 석사 학위를 마칠 수 있었다. 이혼 판정 결과, 넓은 의미에서 내 교육을 이룬 많은 활동의 비용이 약정되었다. 그러나 다른 재정적 현실도 있었다. 경제적 박탈이라는 큰 개요 내에선 사소한 문제였을지 모르나, 부모님의 이혼은 내게 깊은 불안을 안겨주었다. 이게 하향 이동의 결과다. 이혼으로 인한 것이든 실업으로 인한 것이든 똑같이 발밑의 땅을 뒤흔들어 놓는다. 생전 처음으로 나는 돈에 예민해졌다. 나 자신의 돈이 아니라, 양쪽 부모님이 매달 사용할 수 있는 돈이 얼마인지에 관해서였다. 우리가 온 가족이 살던 집의 주택담보대출을 감당할 수 없다는 걸 알았고, 새 집을 구하면서 우리가 정확히 어떤 동네, 어떤 종류의 집을 감당할 수 있는지 알았다. 학교에 타고 갈 차 수리비를 달라고 부모에게 요청하고 애걸하고 졸라대는 게 어떤 기분인지 알았다. 그러면서도 친구들과 다른 세상 사람들에게는 내 상황이 불안정하다는 내색을 절대 내지 않기 위해 악착같이 애썼다.

오해할까 봐 말해 두자면, 이혼 후에도 우리 가족은 중산층 생활 양식을 유지할 수 있었다. 그러나 그 지위를 위해 엄마는—위자료를 받는 기간이 끝나자 아버지에 대한 의존을 줄이기 위해 더더욱—일에 엄격한 태도를 취하기 시작했고, 나는 그 태도를 익혔다. 즉, 계속 일한다는 정신을 익혔다. 그렇다고 해서 엄마를 원망하지는 않는다. 엄마는 두려웠고, 화가 나 있었으며, 눈곱만 한 경제적 안정이라도 절실히 원했다. 그러나 나는 엄마의 일이, 쏟아진 한 잔의 물처럼 우리 삶의 모든 구석구석까지 스며드는 걸 보았다. 엄마는 우리가 TV를 보는 동안 성적을 매겼다. 우리를 재우고 저녁엔 글을 썼다. 지역 대학 시간강사로 받는 쥐꼬리 월급을 보충할 가욋돈을 벌기 위해, 수학 교과서 집필에도 뛰어들었다. 주말과 여름방학에는 이 일에 시간을 더 들여야만 했다.

나는 엄마와 이 시기에 관해 대화를 나눴다. 그리고 여러 해가 지난 뒤 엄마가 일에 대해 전과 달리 훨씬 덜 전투적인 태도를 취하기 위해 무엇이 필요했는지도 들었다. 엄마의 잘못은 아니지만, 우리 가족의 경제적 불안에 대한 나의 반응은 '나는 이렇게 살지 말아야겠다'라는 결심을 굳히는 것이었다. 예를 들어 나는 이별로 인해 커리어와 재정적 안녕이 위태로워지게 두지 않을 것이며, 실제로 그런 적이 없다. 대학원에 가고 싶을 때 대학원에 갔다. 결혼의 필요성에 대해 회의적이었으며 여전히 그렇다. 그리고 나는 계속 일하는 것이야말로 통제할 수 없는 것들에 대해 패닉하지 않는 가장 확실한 방법이라고 믿었다. 이런 대응기제는 겉보기엔 논리적으로 느껴질지 모르겠지만, 수많은 밀레니얼이 증언할 수 있듯, 건강한 대응기제이거나 감당할 수 있는 대응기제이긴 어렵다.

《품위에서의 추락》의 결론에서 널리 퍼진 하향 이동의 영향에 대해 뉴먼이 피력하는 의견은, 암울하지만 어떤 면에서는 혁명적이다. "하향 이동은 단지 천한 일자리를 받아들이거나, 안정성의 상실을 견디거나, 손에 쥐고 있던 물질적 안락이 증발하는 걸 지켜보는 것뿐만이 아니다. 그것은 깨진 약속이기도 하다." 뉴먼은 적는다. "하향 이동은 중산층의 기대를 무척이나 심오하게 역전시킨 끝에, 그들의 삶이 근거를 두고 있던 가정들 자체에 의문을 제기한다."

번아웃을 겪는 밀레니얼 대부분이 그런 가정들에 의문을 제기하는 지점에 다다랐다. 하지만 그 깨달음이 순식간에 이루어지는 것은 아니었다. 순식간은커녕 **수십 년**이 걸렸다. 우리 부모님이 아메리칸드림에서 배제당하거나, 추락하거나, 혹은 그 자리를 유지하려 불안한 고투를 해나가는 걸 보았으면서도 우리는 아메리칸드림을 거부하지 않았다. 오히려 아메리칸드림을 쟁취하기 위해 **더 열심히, 더 잘, 더 효율적으로, 더 많은** 자격증을 가지고 일하려고 노력했다. 그리고 우리 부모들을 포함해 모두가 그 여정에서 첫 번째 단계가 무엇인지 동의하는 듯했다. 그 것은 바로 대학, 어떤 대가를 치르더라도 가능한 한 좋은 대학에 가는 것이었다.

3장

그래도
대학은
나와야지

교내에서 "AP 프랭크"라는 별명으로 불린 고등학생이 있다. 3학년에 올라가자 그의 수업 시간표는 점심 먹을 시간도 없이 빠듯하게 차 있었다. '어머니가 꿈꾸는 도원경, 실패 없는 삶으로 가는 티켓'인 하버드대학교에 들어가기 위해 모든 수업을 AP 과목으로 듣느라 붙은 별명이었다. 결론적으로 프랭크는 하버드대학교에 입학했지만, 대학 입학을 앞둔 2000년대 중반에 블로그에 이런 글을 올렸다.

평균 학점: 4.83점

SAT: 1570점, 1600점

SAT II 물리: 790점, 800점

SAT II 작문: 800점

SAT II 수학 IIc: 800점

수강한 AP학점: 17학점

만점을 받은 학점: 16학점

부모님이 나를 걸어 다니는 이력서가 아니라 인간으로 봐주었으면 했던 시간들: 4년 = 365일 + 윤년 1일 추가 = 1461일

이 글의 나머지 부분에선 프랭크가 놓친, 이력서에 보탬이 되지 않는 다른 활동들이 나온다. 프랭크는 술에 취해본 적이 없었고, 여자아이와 눈이 맞은 적도 없었고, 학창 시절을 통틀어 친구네 집에 놀러가서 잔 적은 두 번뿐이었다.

오늘날 프랭크의 블로그 글을 읽으면 깊고 심란한 슬픔이 느껴진다. 그러나 당시 십대 독자들에겐, 알렉산드라 로빈스Alexandra Robbins의 《과잉성취자들: 의욕 넘치는 아이들의 비밀스러운 삶The Overachievers: The Secret Lives of Driven Kids》 속 프랭크의 삶이 동경의 대상이었다. 2006년에 출간된 이 책은 좀처럼 손에서 내려놓기 어렵다. 대여섯 가지가 넘는 각종 하위문화를 파헤쳐 본 로빈스는 대학 입시라는 짜릿한 과정을 밟아 나가는 등장인물 각각을 다면적이고 설득력 있게 그려낸다. 그러나 이 책은 번아웃의 프리퀄로 읽히기도 한다. 로빈스는 적는다. "십대들이 피치 못하게 과잉성취 문화의 프리즘으로 자기 자신을 볼 때, 그들은 흔히 자신이 아무리 많은 걸 성취하더라도 충분하지 못하다는 결론에 이른다."[1]

이 책의 첫 장은 이런 유형의 행동에 따르는 심리적 대가에

관해, 자기 자신을 이력서로 생각하는 것의 대가에 관해 유사한 경고들로 채워져 있다. 하지만 나는 다수의 사람들에게 이 책을 일종의 가이드북으로 읽었다는 이야기를 들었다. 물론 그 아이들이 불행했고 스트레스를 받았으며, 수면 부족에 시달리며 양가감정을 겪은 건 사실이다. 하지만 어쨌든 좋은 대학에 가지 않았는가?

성장기를 보낸 지역, 졸업한 고등학교의 성향, 연령대에 따라 어떤 밀레니얼에겐 이런 태도가 대단히 친숙할 수 있다. 90년대 후반에 나는 그 원형과도 같은 것을 경험했다. 대학 스트레스 버전 1.0이랄까. 그때 나는 대학 선택이 내 삶의 궤도를 결정한다고 확신했다. 내가 다닌 고등학교에는 대학을 위해 치열하게 경쟁하는 문화가 없었다. SAT에 응시하려면 50킬로미터 가까이 운전해 나가야 했다. 시험도 딱 한 번만 봤다. 입시 상담 선생님은 실제로 내게 왜 다른 주의 대학에 흥미가 있느냐고 묻기까지 했다.

그러나 우리 동네에서 6시간 거리에 위치한, 치열한 경쟁 중인 시애틀의 예비학교·공립학교 학생들은 전혀 다른 경험을 하고 있었다. 얼마 뒤 나와 절친한 사이가 되었던 친구는 다니던 특성화고등학교에서 학생들이 교지 편집실의 공개 게시판에 대학 합격 및 불합격 편지를 붙여두었다고 했다. 1998년의 일이다.

그로부터 15년이 흐르는 동안, 쏟아지는 밀레니얼들의 지원서 속에서 대학 지원 절차는 진화를 거듭해 나갔다. (모집 인원이 아주 조금 늘어난 것에 비해) 점점 더 많은 학생이 엘리트 대학 입학을 두고 경쟁했고, 과잉한 지원자들은 다양한 형태의 엘리트 대학에 모여들기 시작했다. 엘리트 리버럴 아츠 칼리지^{Liberal Arts College}(학생 수가 적으며 대학원이 설치되지 않아 학부 수업에 중점을 두는 대학-옮긴이), 엘리트 주립대학, 스포츠에서의 인지도를 통해 엘리트 이미지를 구축하고 있는 대학, "인생을 바꿔주는 대학"까지. 그들의 정점에는 아이비리그가 있었다. 그러나 아이비리그의 **약속**은—엘리트 대학에 들어가면 경제적 불안이 가라앉고 "실패 없는 인생"으로 가는 티켓을 얻는다는—사실상 모든 종류의 중등교육으로 낙수 효과를 일으켰다.

밀레니얼은 자신을 걸어 다니는 이력서로 완전히 개념화한 최초의 세대다. 부모와 사회, 교육자들의 보조 아래 우리는 우리 자신을 "인적 자원"으로 여겼으며, 경제 활동에서 더 나은 성능을 발휘할 수 있어야 한다고 인식했다.

이러한 압박은, 어떤 대가를 치르든 대학에 가기만 하면 번영과 안정을 누리는 중산층의 삶에 가까워질 수 있다는 인식 덕분에 존재할 수 있었다. 그러나 학자금 대출에 짓눌린 채 능력과 관련 없는 일을 하는 수백만 명의 밀레니얼들이 증언하듯, 주위 모두가 믿는 신조라고 해서 그게 반드시 사실인 것은 아니다.

대학은 우리 부모들의 경제적 불안을 낮춰주지 못했다. 중산층 지위를 보장하지도 않았고, 많은 경우엔 취업 시장에 현실적으로 대비할 기회도 주지 않았다. 그러나 우리가 겪은 대입 준비는 오래도록 귀중한 교훈을 남겼다. 반대의 증거가 아무리 등장해도 상관없었다. 열심히 일하면 성공과 만족이 주어진다는 생각을, 철석같이 믿어야 한다는 신조가 우리 마음속에 계속 남아 있었다.

당연한 교육이 가져온 부당한 결과

제2차 세계대전 이전에 대학 교육은 희소한 경험이었다. 돈 있는 집에 태어난 백인 남성이 아니라면 접근할 기회조차 없었다. 나머지 사람들은 대부분 수습이나 현장 훈련을 통해 업무와 지식을 익혔다. 19세기 말에 대학원이 설치되기 전까지는 의사와 법조인조차 얼마간은 (혼자서 혹은 선생과 함께) 공부해야 했다. 1940년에 25세 이상 미국 여성 가운데 학사 학위 보유자 비율은 4퍼센트에 그쳤고, 남성의 경우는 5.9퍼센트였다.[2] 전체 인구 중 고등학교를 졸업한 비율은 14퍼센트에 불과했다(2018년엔 25세 이상 인구의 90.2퍼센트가 고등학교를 마쳤고, 45.4퍼센트가 준학사 혹은 학사 학위를 지녔다).[3]

전쟁이 끝나고 세계 질서 내 미국의 위치에 대한 우려가 커져 가던 시기, 트루먼 대통령이 임명한 위원회에서는 "미국 민주주의를 위한 고등교육"이라는 제목의 6권짜리 보고서를 펴냈다. 이 보고서에서는 1960년까지 대학에 등록하는 학생 수를 두 배로 늘려서, 고등교육에서 배제되어 온 미국인 수백만 명의 잠재력을 활용하라고 권고했다.

대학 입학생 증가의 핵심에는 대출, 보조금 등 정부의 지원이 있었다. 보고서에서는 이렇게 선언했다. "교육을 위해 지출하는 돈이 국가의 이익을 위한 가장 현명하고 건실한 투자라는 너른 인식이 우리 안에서 제고되어야 한다. 민주적 공동체는 부유한 이들만 교육받는 사회를 용인할 수 없다. 대입 기회가 고소득자에 속하는 이들에게만 제한된다면, 미국적 삶의 방식에서 용납할 수 없는 계급 사회가 창조되고 영속하는 길이 열릴 것이다."

학교 교육이 더 민주적이고 평등하며, 더 본질적으로 미국적인 사회를 만든다는 개념은 W. 노튼 그럽^{W. Norton Grubb}과 마빈 레이버슨^{Marvin Laverson}이 이름 붙인 "교육 복음" 발전의 주춧돌이 되었다. 학교 진학과 그에 수반되는 자격증 취득은, 시대적 흐름에 뒤처지지 않을 유일한 방법이었다. 그 시대적 흐름이란 "지식 혁명"을 통해 산업생산에서 일자리 대이동을 초래한, 많은 이가 두려워했던 '정보 기반 산업 위주의 경제'였다.

그럽과 레이버슨이 복음이라는 단어를 선택한 건 이 개념이 얼마나 이데올로기적인 통합인지, 즉 얼마나 자연스러워졌는지 환기시키기 위함이었다. **당연히** 더 많은 교육이 더 적은 교육보다 낫고, **당연히** 어떤 수단을 동원해서든 대학에는 가야 한다. 대학에 가는 비용이 이득보다 더 크더라도 말이다. 대학을 졸업하지 못하고 중퇴하는 이들, 애초에 하층 계급 출신인 이들에게는 대학이 "제값을 하지" 못한다는 증거가 점점 늘어나고 있었음에도 그랬다.[4] 그럽과 레이버슨은 2001년에 발표된 고등학교 3학년에 대한 국가위원회 보고서에 주목한다. 보고서에서는 이렇게 선언했다. "중등교육 이후의 교육은 농업 시대에는 대부분의 미국인에게 몽상이었다. 산업 시대에는 소수의 생득권이었다. 우주 시대에는 다수의 공통 권리가 되었다. 오늘날은 모두에게 상식이다."[5]

뉴욕의 예비학교에 다녔던 릴리는 내게 대학에 가지 않는 걸 생각조차 해본 적 없다고 말했다. "큰언니가 대학에 가지 않을 뻔했는데, 가족들은 큰언니가 인생을 실패하고 스스로를 망칠 위험에 처했다는 식으로 이야기했어요." 이런 말은 밀레니얼들 사이에서, 특히 중산층이거나 자기 마을을 벗어나려 한 이들, 부모보다 더 나은 삶을 찾고자 한 사람들에게서 흔히 나타난다. 2000년에 캘리포니아주 라호야 근방의 고등학교를 졸업한 캐럴라인은 말했다. "대학 진학이 선택이라는 생각은 한 번도 해본 적이 없어요. 제 인생이 대학 학위 없이도 살아갈 가치가 있다는 생각도요."

▼　▼　▼

맬컴 해리스의 말에 따르면 인적 자원은 "한 사람의 미래 소득에 대한 현재 가치, 혹은 자유로운 노동자들을 매매할 수 있다고 상상할 경우 그 사람의 가상 판매가격에서 유지비를 제한 것"이다.[6] 지독하게 들릴지 모르겠으나 이것이 자본주의가 체제 아래 노동자들에게 하는 짓을 명철하게 바라본 시각이다. 우리가 다루는 기계들처럼, 우리의 가치는 고용주를 위해 **가치를 창출할** 능력으로 측정된다. 고용 절차나 연봉 협상을 생각해 보라. 고용주들은 자문한다. "이 사람의 가치가 얼마나 되지?" "이 사람이 좋은 투자 대상인가?" 고용주는 저가에 후려쳐서 (노동자의 진짜 가치보다 더 낮은 가격을 제시해 유리한 거래를 해서) 인력을 구할 수도 있다. 표면적으로 낮은 가치를 지닌 노동자가 시간이 흐르며 진가를 발휘할 거라는 데에 판돈을 걸 수도 있다.

육체 노동자라면 당신의 주요 가치는 건강하고 장애 없는 신체에 뿌리를 둔다. 서비스직 노동자라면 업무를 능숙하게, 정확하게, 효율적으로 수행하는 능력을 필요로 한다. 창의 분야에서 일한다면 당신의 정신이 무엇을 만들어 내는지, 이를 얼마나 정기적으로 만들어 낼 수 있는지가 능력이다. 이런 자질 중 하나라도 줄어들거나 사라진다면 당신이라는 인적 자원의 가치는 감소한다.

사회 전체에 퍼진 이런 생각이 어떤 문제들을 만들어 낼지는 뻔하다. 한 사람의 가치가 일의 역량에 달려 있을 때 장애가 있거나 나이 든 사람들, 풀타임으로 일할 수 없는 사람들, 무급이거나 높은 가치가 매겨지지 않는 돌봄 노동을 하는 사람들은 더 큰 사회적 방정식에 따라 **평균 이하**가 된다. 사람의 가치는 인품의 강건함, 남들을 섬기고 대하는 친절의 크기로 정해진다고 철석같이 믿고 싶을 것이다. 하지만 이 문장을 적는 순간조차도 그런 믿음이 우리의 현실과 얼마나 동떨어져 있는지 실감할 수밖에 없다.

미국 사회에서 가치 있는 사람이 되려면 일할 수 있어야 한다. 역사적으로 더 많은 일, 더 많은 노고, 더 많은 헌신, 더 많은 충성, 더 많은 끈기, 이것들이 미국에서 당신을 더 가치 있는 사람으로 만들었다. 노력이야말로 아메리칸드림의 제일 기초이니까. 그러나 현재, 경제의 얼마나 많은 부분이 실제 **물건**이 아닌 것들의 구매, 판매, 레버리지에 근거하는지 아는가? 후기자본주의라고 불리우는 현재, '노력은 기존의 연줄(즉 계급 지위와 특권)' 또는 '자격증(학위, 추천서, 이력서)'이 동반될 때에만 진정한 가치를 지닌다.

이로써 오늘날 성공한 중산층이 되기 위한 모범 답안이 설명된다. 이력서를 만들고, 대학에 들어가고, 다시 이력서를 만들어 인턴십을 하고, 또 이력서를 만들어 링크드인에서 사람들과 연결고리를 만들고, 다시 이력서를 만들어 영혼을 짓밟히더라도 감지덕지하라는 말을 듣는 직급에서 아무도 알아주지 않는 노력을 계속하고, 또 이력서를 만들어 계속 노력한다. 그러면 종국에는 완벽하고 안정적이고 보람차며 연봉도 좋은, 중산층의 한 자리를 보장해 주는 직업을 찾을 것이다.

물론 밀레니얼이라면 누구나 이 길이 고되고, 연줄과 문화적 지식 없이는 좇기 어려우며, 안정적인 일자리라는 결과가 보장되는 것도 아니라는 사실을 알고 있다. 그럼에도 모든 계급의 부모들이 아이들의 대입 준비에 열을 올린다. 아이가 명문대 길에 오르기만 하면 안정적인 좋은 직업이 시야에 들어오니까! 다음 세대에게 더 좋은 미래를 주기 위해 필요한 건 혁명이나 정권 교체나 세금 인상이 아니다. 적어도 제일 처음 필요한 건 딱 하나, 자녀의 대학 합격 통지서뿐이다.

물론 이런 생각이 전적으로 새로운 건 아니다. X세대와 베이비붐 세대도 대학 교육이 중산층으로 가는 티켓이라 믿으며 자랐다. 그러나 경제학자 마티아스 돕커와 파브리지오 질리보티가 지적하듯, 경제적 불평등의 부상과 계급 불안에 대한 공포는 부모들의 태도와 행동을 바꿔놓았고, 특히 교육적 성취에 관해 더 큰 변화를 만들어 냈다. 그들은 적는다. "판돈이 커진 세상에서, 허용의 육아는 그 매력의 빛을 잃었다. 중산층 부모들은 자녀들에게 성공 지향적인 행동을 채택하라고 압박하기 시작했다." 많은 부모가 의식적으로든 무의식적으로든 자녀 대신 **이력서**를 키우기 시작한 것이다.

《요새 아이들》에서 해리스는 자녀의 가치를 키우려는, 즉 이력서를 만들어 주려는 강박이 어떻게 집중 양육의 신조와 교차했는지 지적한다. 예를 들어 즉석에서 열리는 공놀이 경기는 장차 이력서에 한 줄을 추가할 경험이 되도록 연중 계속되는 리그 스포츠로 조직되었다. 재미로 하던 악기 연주는 이력서에 추가할 한 줄이 되기 위해 관객 앞에서 평가받는 연주로 바뀌었다.

가치를 키워나가는 과정은 성적 관리에서부터 시작된다. 지역과 계급에 따라 이 과정은 유치원에서부터 시작되기도 한다.

"동시대 학교의 기저를 이루는 개념은 성적이 결국은 돈으로 바뀌며, 만약 돈이 아니라면 선택으로, 사회과학자들이 종종 '더 나은 인생'이라 부르는 것으로 바뀐다는 것이다."[7] 해리스는 적는다. "학생들이 노력을 할 때, 그 목표는 일할 능력을 키우는 것이다."

다르게 표현하면 시간표 지키는 법을 연습하거나, 표준화시험에 응시하거나, 에세이를 쓸 때 우리는 학습이 아니라 **일할 준비**를 한다. 이는 교육에 대한 대단히 실용주의적인 관점으로서, 체제의 궁극적 목표가 사고력 증진이나 좋은 시민이 될 준비가 아니라, 효율적인 노동자를 빚어내는 데 있다고 암시한다. 이 실용주의적 관점이 현재 우리의 교육 체제가 작동하는 방식과 딱 맞아떨어진다. 현재 우리 체제에서 성공은, 좁은 의미의 '성공'을 이루기 위해 학생이 얼마나 적합하게 행동할 수 있는지에 전적으로 달려 있다. 좋은 성적을 받는 것, 시험에서 좋은 수행능력을 보이는 것, 교사들에게 적절하고 공손하게 행동하는 것, 또래들과 사회적 유대를 형성하는 것, 체육 활동에 기꺼이 참여하고자 하는 것 등이 요구된다.

이런 행동 중 무엇도 실제로 학생의 지성을 반영하지 않는다. 내가 GRE 공부를 하던 때부터 들어왔으며 그 외에 너무나 많은 유형의 시험에도 똑같이 해당되던 말이 있는데, 요즘도 자주 생각난다. "이것은 지성에 대한 시험이 아니라, 이 시험을 볼 능력을 평가하는 시험"이라고. 우리가 유년기 내내 꾸준히 봐온 각각의 시험이 평가하려는 것은 가장 가공되지 않은 형태의 일을 수행할 역량, 즉 일련의 문제들과 엄격한 제한을 받은 상태에서 이를 가능한 한 빠르게, 효율적으로, 비판 없이 완수하는 역량이다. 그러나 이 시험들엔 재미있는 점이 하나 있는데, 적어도 미국에서는 필요한 만큼의 돈과 연줄만 있으면 언제든 학생이 받는 결과에 대해 보조를 받을 수 있다는 것이다.

이력서를 위한 학창시절

대학 관련 압박을 경험하거나 거부해 본 밀레니얼 수백 명과 대화를 나눈 뒤, 나는 학생들을 크게 세 유형으로 분류할 수 있었다. ①부모가 자녀의 인생 전체의 대학 입시를 중심으로 놓은 경우, ②부모가 대입의 현실을 잘 몰라서 자녀가 자기계발의 짐을 직접 져야 했던 경우, ③대입 진학에 대한 욕구와 자기계발이 부모의 지원을 받아 이루어졌지만 강요 차원은 아니라 이에 전투태세를 갖추진 않은 경우.

여기서도 지역, 경험, 부모의 대학 및 하향 이동 경험에 따라 차이가 크다. 우리 부모님은 미네소타의 작은 루터교 대학을 졸업했고, 나와 오빠의 대학 진학은 두말할 필요 없이 당연한 것이었다. 우리는 단지 어느 대학을 갈 것인지와 대학 교육에서 우리가 아이다호의 작은 마을에서 자라며 얻지 못한 기회들, 특히 어떤 사회적·문화적 기회들을 얻을 수 있을지 생각했다(솔직히 말하면 내가 대학에 품고 있던 주된 관심은 똑똑한 여자가 섹시하다고 생각하는 남자애들을 만나는 것이었다).

내 경험은 소노마카운티의 백인 중산층 가정에서 자라며 1990년대 후반과 2000년대 초반에 IB(국제 바칼로레아) 프로그램이 있는 특성화고를 다닌 다리아와 비슷하다. 그녀는 내게 말했다. "제 기억에 대학 생각을 **안 했던 때**는 없어요. 8학년 때쯤 교수가 될 거라고 생각했고, 언제나 박사 학위를 딸 거라고 상상했죠."

다리아의 부모는 둘 다 가족 중 처음으로 대학에 진학한 사람들이었고, 따라서 대학에 관한 정보나 선택지도 거의 없었다. "부모님은 과거엔 존재하는 줄도 몰랐던 훌륭한 학교들에 저와 언니가 진학하기를 바랐어요. 특히 아빠는 규모가 작은 리버럴 아츠 칼리지와 사랑에 빠졌죠. 고등학교에 들어가자마자 저희 집에는 《인생을 바꾸는 칼리지들*Colleges That Change Lives*》이라는 제목의 책이 등장했습니다." 다리아가 말했다.

꿈을 현실로 만들기 위해, 다리아의 부모님은 자녀가 어렸을 때부터 그들의 활동 이력을 최우선으로 두었다. 예를 들어 다리아는 다섯 살 때 발레를 시작했고, 스스로 열정을 찾도록 열린 태도를 유지한 부모님 덕분에 연극으로 흥미를 옮겼다. 그 뒤로 부모님은 다리아가 최고가 될 수 있도록 길을 닦는 데 열중했다. 다리아의 고등학교 커리어는 가까운 동네에서 열리는 연극 연습, 하계 집중 프로그램, 참여 가능한 모든 연극 캠프로 채워졌다.

다리아는 학업에 집중했지만 과중한 스트레스를 받지는 않았다. 학창시절 남자친구를 사귀곤 기말고사 공부와 애무를 번갈아 하던 즐거운 기억을 갖고 있다. 파트타임으로 일했고 학교에서 요구하는 봉사 시간도 채웠지만, 대부분의 시간은 연극에 집중했다. SAT 언어 영역에서 800점을 받았으나 수학 점수는 600점대로 낮아서 부모님이 과외를 붙여 주었다. SAT 과외를 제외하면 학업에 대한 공공연한 투자가 이루어진 건 아니었다. 심지어 의식적인 수준에서 이루어진 것도 아니었다. "부모님이 '대학 지원서를 위해 이걸 해야 해' 같은 말을 대놓고 한 적은 한 번도 없어요." 다리아의 말이다.

나라의 반대쪽 끝인 펜실베이니아주 시골의 한 노동계급 가정에서 자란 엘리엇은 주에서 하위 10퍼센트에 속하는 고등학교를 다녔다. 그의 어머니는 19세기 물질문화 전공으로 석사 학위를 받았고 기간제 교사로 일했다. 아버지는 지역 하수처리장 운전원이었다. 엘리엇에게 대학은 "밖으로 나가는" 티켓, "더 자유로운 일을 할 수 있는, 좋아하는 일을 하면서 돈을 벌 수 있는" 티켓이었다. 엘리엇은 아주 어렸을 때부터 대학에 갈 방법을 고민했다.

그러나 주변에 대학에 간 사람이 거의 없어 정보가 부족했다. 엘리엇이 알고 있던 건, 또래보다 특출해야 한다는 것뿐이었다. 그래서 엘리엇은 7학년 때부터 여름방학마다 학업 연수에 등록했다. 8학년에 올라가서는 존스홉킨스 영재센터에서 지원하는 프로그램을 통해 처음 SAT에 응시했고, 솔직히 별로 즐기지 않았던 활동들로 이력서를 채워나갔다. 여름방학을 대학 연수로 보낸다며 친구들에게서 원성을 사기도 했다. 하지만 엘리엇은 무언가 기록이 남으면 최고의 대학에 들어가는 데 방해가 될까 봐 말썽을 일으킬 만한 일은 어떤 것이든 기피했다. 엘리엇의 어머니가 대학 지원을 돕긴 했지만 이력서를 만드는 추진력은 전부 엘리엇 본인에게서 나왔다.

자진해서 이력서를 만드는 경향은 밀레니얼들이 처음 고등학교에 들어간 90년대에 널리 퍼졌고, 2000년대를 거치며 심해졌다. 그 이유 하나는 전례 없는 방식으로 용이하게 경쟁을 시각화하는 (그리고 추적하는) 기술의 등장이었다. 사우스 캘리포니아 교외의 특성화고 출신의 한국계 미국인 대니얼은 "학생들이 로그인해서 성적을 확인하고, 선생님들이 시험/에세이/과제 점수를 하나하나 올릴 때마다 요동치는 성적을 눈으로 볼 수 있는 '스쿨 루프' 같은 포털의 도래"로 기분 나쁜 스트레스가 가중되던 날들을 회상한다.

이와 동시에 칼리지 콘피덴셜College Confidential, 칼리지와이즈Collegewise, 칼리지 프로울러College Prowler 같은 웹사이트와 라이브저널LiveJournal 및 텀블러Tumblr의 커뮤니티들은 전국의 학생들이 합격 통지를 비교하고, 대조하고, 강박적으로 확인하게 만들었다. 가장 혼란스러운 형태로 확장되었던 사이트 칼리지 컨피덴셜은, 2000년대 중반에 대학 지원 절차를 밟은 누군가가 "기본적으로 어느 주제에 관해서든 상상할 수 있는 모든 불안 요소에 대해 엄청난 수의 댓글이 달리는" 곳이라고 묘사하기도 했다. 파치먼트Parchment에서는 이력서, 지역, 시험 점수를 올린 뒤 회원들에게 확률을 봐달라고 — 즉 주어진 대학에 합격할 가능성이 얼마일지 봐달라고 요청할 수 있었다.

학생들에게 제일 중요한 목표는 가장 흥미롭고 시장성 있는 버전의 자신을 꾸며내는 것이었다. 단지 서류상으로라도 말이다. 2000년대 중반에 텍사스에서 가톨릭 고등학교를 다닌 컨래드는 대학에 들어가기 위해 "실제로는 별로 연관성을 느끼지 않는 히스패닉 정체성을 강조할" 필요가 있다고 생각했고, 신입생 때부터 거창한 이름이 붙은 동아리들에 가입하기 시작했다. 그중 대부분은 모여본 적조차 없는 것들이었다.

디트로이트 외곽 출신의 중국계 이민자 미국인인 지나는 초등학교 4학년 때 과학 과목에서 B+ 학점을 받고 울던 기억이 있다. 위 학년의 누군가로부터 하버드대학교 입학관리위원회에서는 모든 학점을 빠짐없이 검토한다는 말을 들었기 때문이었다. 고등학교에 올라가서는 아시아계 지원자인 자신의 뛰어난 성적이 그다지 흥미를 자아내지 못한다는 걸 알게 되었다. 그 이후 이력서에 써먹을 스포츠를 절박하게 찾아나섰다가 결국 싱크로나이즈드 수영에 정착했다. 그녀는 너무나 지친 나머지 발모벽, 즉 만성적으로 자기 머리를 쥐어뜯는 상태까지 이르렀다. 그때 빠진 머리카락으로 인해 그녀의 머리에는 아직도 작은 부분탈모가 남아 있다.

고등학생 시절 받은 대입 스트레스를 이야기한 많은 사람이 신체적·정신적 병을 앓았다고 보고했다. 발모벽, 불면증, 불안발작 등 다양했고, 심지어는 어른이 된 지금도 여전히 이런 증상들을 안고 살기도 했다. 참으로 많은 걱정이, 너무 적은 선택지에 갇혔기에 발생한 일이다. 그들이 얻게 될 결과는 완전한 성공 아니면 비참한 실패, 둘 중 하나인 것처럼 보였으니까. 학습 장애의 하나인 난산증을 진단받은 한 여자는 또래들처럼 집요하게 대입을 준비해야 한다는 엄청난 압박을 느꼈다. 매년 기말고사 기간이면 어찌나 스트레스가 심했던지 월경을 건너뛰었다. 5학년 때 모의 SAT에 응시하기 시작한 또 다른 여성은 과민대장증후군과 불면증에 시달렸다.

"기대하는 학점이 A라면, 기대를 넘어설 방법이 없습니다." 포틀랜드 교외에서 자란 미건이 들려준 얘기다. "제 몸은 그 압박을 흉골을 둘러싼 타는 듯한 고통으로 느꼈습니다. 한 번은 너무 아파서 흉부 엑스레이를 찍기도 했죠. 지금 저는 한 번씩 공황발작을 일으키는데, 그때 제 상태도 같았을 거예요. 토를 하도 많이 해서 갈비뼈 사이 연골이 자극될 지경이었어요." 이 과정에서 어떤 메시지가 내면에 스며들었을지는 쉽게 알 수 있다. 성공으로 가는 유일한 길은 신체적 고통을 느낄 때까지 —**그리고 그다음에도**— 노력하는 것이다.

대학에 가지 않기를 바란 사람들도 있었다. 플로리다의 공립 영재고등학교를 다닌 백인 여성 마리는 내게 말했다. "학교에 다니는 게 너무 힘들었어요. 하지만 대학에 가지 않는다는 생각은 하지 못했죠. 고등학교 졸업장만 가지고 재정적 안정을 이룰 가능성은 낮다는 걸 알았으니까요. 학교를 그만두면 가족을 실망시켰을 거고요." 그래서 마리는 고등학교 내내 잠자는 시간을 최소화하며 버틸 수 없을 만큼 치열한 일정을 소화했다. "어디서든, 매우 짧은 시간 동안이라도 눈을 붙이는 법을 배웠습니다. 보도에 앉아서 자기도 했죠. 지금까지도 제 인생에서 제일 힘들었던 게 고등학교 시절이에요."

중국인 이민자 1세대인 데이비드는 마리와 같은 시기에 뉴욕의 엘리트 남자 예비학교를 졸업했다. 그는 대학에 대한 가장 중요한 특명을 어머니에게서 받았다. 그녀는 아들이 "중국계 미국인 이민자들에게 둘도 없는 지위를 지닌 대학"인 하버드대학교에 입학해, 자신이 미국에 오면서 포기한 커리어를 쌓기를 바랐다.

데이비드는 가족 내에서 좋은 대학에 들어가는 것이 얼마나 중요한 일이었는지 기억한다. 그러나 그의 말에 따르면 스스로 동기를 부여한 시기는 고등학교 2학년에 올라가고 나서였다. 빈곤한 어린 시절을 보내고 상류 고등학교에 입학한 그는 "계급의 장벽을 뛰어넘기 위해" 무엇이 필요한지 금세 알아차렸다. 데이비드는 학습 일정을 최대한 빼곡하게 채워 넣었다. 자유시간은 없었고 간헐적인 데이트를 제외한 모든 사교 활동은 기피했다. 데이트는 이력서를 만드는 데 명시적으로 도움이 되지 않았기에 비밀이었다. "제 모든 목표는 대학을 위해 세워진 것이었습니다." 그가 말했다.

이런 회한에서 벗어나 있거나 거부한 이야기도 똑같이 많다, 혹은 그저 좌절한 이야기도 많다. 하지만 중산층에 속해 있거나 중산층에 속하기를 열망하는 십대들 사이에서 내면화된 전반적인 서사는 모두 동일했다. 스스로를 좋은 대학 입시 로봇으로 만들어야 한다는 것이었다.

▼　▼　▼

밀레니얼들에게 대입 준비 과정은 미리 설정된 것처럼 느껴지는 동시에, 가차 없고 냉혹하며 통제 불가능한 존재로 느껴지기도 했다. 성공을 방해하는 친구라면, 절교한다. 이력서에 한 줄을 보탤 수 없는 활동이라면, 그만둔다. 이력서의 가치에 잠재적인 위협을 가할 수 있는 존재라면, 어떤 대가를 치르더라도 피한다. 음주, 잦은 외박, 교사의 부적절한 행동 신고하기, 심지어는 섹스마저도 그렇다.

"아빠가 남자에 관해 했던 말이 생각나요. '행여 임신이라도 했다간 PCC나 가는 거다.' 포틀랜드 커뮤니티 칼리지 말이에요." 포틀랜드 교외에서 자란 미건이 들려준 이야기다. "저는 파티나 사교 행사 참석을 자주 취소했고, 대학생 오빠들을 바람 맞혔어요. 제가 사회성보다 학업을 절대적으로 우선했던 경험이, 지금 대인관계에서 느끼는 무능함에 일조한 건 아닐까 은밀하게 의심하고 있습니다."

이력서를 위한 이런 행동들은 계속 가치 있는 것으로 인정받기에, 그 파괴성을 꿰뚫어 보기 어렵다. 시카고 교외에서 고등학교를 다닌 메리는 이런 이야기를 들려주었다. "제가 다닌 고등학교에서는 점심시간을 건너뛰고 수업을 더 듣는 걸 허용했어요. 열네 살부터 몇 년 동안 제대로 된 식사 대신 시리얼로 끼니를 때웠다는 게 얼마나 엉망인 습관이었는지 **지금도** 생각합니다." 앤토니아가 다닌 워싱턴 D.C.의 학교에서는 대학을 "오직" 9개까지만 지원할 수 있었다. 부모님이 지도교사와 면담할 수 있는 회수도 정해져 있었다. "몇 년 뒤에 지도 선생님께 왜 그렇게 엄격한 지원 규칙이 있었는지 여쭤봤죠. 웃으면서 짤막하게 답하더군요. '너희 부모님들을 막기 위해서였지.'"

그런데 이 모든 게 **사실은** 하나도 중요하지 않았다는 환멸이 스멀스멀 밀려온다. 아이다호주 보이시 교외의 백인 중상류층 동네에서 자란 피터는 고등학교 시절 강요받은 완벽주의로 인해 심한 불안과 우울증을 얻었다. 부모님은 그가 자신의 가치와 학점을 얼마나 직결시키고 있었는지 꿈에도 몰랐다. "솔직히 말해, 저는 계속 학점 4.0을 넘기지 못하면 자살해야 할지도 모른다고 생각했어요." 피터는 내게 말했다. 그는 그때 몸에 익은 완벽주의의 영향에서 아직 자유롭지 못하지만, 깨달은 것이 있다. "영재 학교를 다닌 아이들에게서 흔히 듣는 말은, 자기들 중 누구도 진짜로 사고하는 법을 배우지 못했다는 겁니다. 단지 정보를 훨씬 쉽게 얻을 수 있었고, 더 중요하게는 독해력이 뛰어났기 때문에 학교 과제의 90퍼센트는 쉽게 해결할 수 있었죠. 대학에 가니 제가 **읽기와 알기**는 할 줄 알지만, 공부를 통해 효과적으로 **배우고 사고하기**에 대해선 아무것도 모른다는 걸 깨달았습니다."

나와 대화한 이들은 미친 스케줄과 과제량으로 인해 고전을 정독하거나 창의적인 프로젝트에 시간을 쏟을 여유가 없었다고 했다. "저는 《두 도시 이야기*A Tale of Two Cities*》의 처음과 마지막 50쪽씩만 읽고 맥락을 파악해 시험에서 100점을 맞았다는 걸, 부끄럽게도 자랑스럽게 여겼습니다." 켄터키주 루이빌의 특성화고등학교에 다닌 타일러가 설명했다. "예를 들어 《위대한 개츠비*The Great Gatsby*》와 사랑에 빠졌을 때처럼 가끔 한 번씩 책에 마음이 꽂히면, 저는 책을 대충 훑어보고 다음 공부로 넘어가지 않으니 시간을 낭비했다고 느꼈습니다."

타일러가 "이력서 채우기"라고 부르는 지역사회 자원봉사도 있었다. "지도 선생님들은 어르신 집에 페인트칠 해드리기나 낙엽 그러모으기 같은 활동들을 해오면 칭찬해 주었어요. 사실은 토요일 아침에 친구들과 몇 시간 동안 빈둥거리는 게 다였는데 말이죠." 타일러는 설명한다. "어른들을 포함해 모두가 자신을 더 그럴듯하게 포장하려 꽤나 거짓말을 지어낸다는 사실을 깨닫고, 저는 전보다 훨씬 냉소적인 사람이 됐던 것 같습니다. 제가 사람들의 삶을 더 낫게 만들고 있다는 느낌은 받지 못했어요. 단지 대학에 들어가려 이력서에 넣을 활동을 찾는 십대가 된 기분이었죠."

대학에 가기 위해 좋은 이력서가 필요하다면, 그 이력서가 대체로 공허한 업적들로 채워졌다면, 대학은 궁극적으로 무엇을 위한 곳인가? 중국계 미국인 데이비드가 표현했듯 "계급의 장벽을 넘기" 위해, 혹은 부모의 현재 계급을 유지하기 위해 대학에 가는 것이라면 왜 그렇게 많은 사람이 교육을 위해 대학에 가는 척하는 걸까? 소위 타이거맘Tiger Mom(엄격한 계획 아래 자녀를 교육시키는 아시아계 부모를 일컫는 표현─옮긴이)은 언론에서 흔히 무신경하고, 자녀를 지배하려 들며, 자녀들을 대학을 위해 준비시킨다는 한 가지 목적에만 전념하는 **비미국적인 부모**로 묘사된다. 그러나 좋은 미국인들─다시 말해 중상류층 백인 미국인들─ 역시 똑같이 행동한다. 대학에 대한 대화를 행복과 적응, 잠재력 실현이라는 수사로 가렸을 뿐이다. 미국 부모들이 덜 무신경한 편이지만, 둘 다 헛소리인 건 똑같다.

비현실적 직업 양성소, 대학

어떤 개념이 일반화되는 데에는 이유가 있다. 이 경우, 고등교육은 훨씬 더 복잡한 일련의 경제 문제들을 해결할 상식적인 방법처럼 그려졌다. 자동화, 러시아(그리고 일본, 그다음엔 중국)와의 경쟁, 하향 이동 그리고 에런라이크가 우리에게 상기시켰듯 블루칼라 중산층의 소멸. 특히 이들은 큰 부분을 차지한 '사라지는 중산층' 문제의 해결책이 되곤 했다.

이처럼 광범위하고 위압적이며 복잡해지는 문제들에 대해 대학은, 부정확하긴 해도 쉬운 해법이었다. 그러나 이런 편협된 생각에는 많은 결점이 있다. 우선, 4년제 대학 학위를 요구하지 않는 고소득 직종이 여전히 여럿 남아 있다. 공조 시스템 설치기사, 배관 설치기사, 전기공, 기타 건설업, 특히 조합이 있는 건설업자의 소득은 비교적 안정적인 중산층의 생활수준을 가능하게 한다. 그러나 대학 학위를 요구하지 않는 직업은 무엇이나 어떤 면에서든 열등하다는 생각을, 이미 많은 밀레니얼이 갖고 있었다. 그 결과 과잉 교육을 받고선 필요하지 않은 자격증을 따느라 빌린 대출금을 갚는 신세가 되었다. 나는 과잉 교육 같은 건 없다는 말로 이 주장을 반박하는 걸 들은 적이 있다. 모두가 대학에 갈 수 있어야 한다는 논리다. 사람을 옭아매는 학자금 대출이 없다면, 동의하겠다. 물론 배관공도 영문학 학위를 받을 기회가 있어야 한다. 하지만 솔직해지자. 면허가 있는 배관공이 되고 싶으면, 영문학 학위든 다른 어떤 4년제 학위든 **필요하지 않다.**

특히 대입 준비를 지향하는 고등학교에서 이 생각은 신성모독처럼 느껴질 수 있다. 한 여성은 내게 자기 남편의 고등학생 시절 이야기를 들려주었다. 남편이 대학 입시 전반을 거부했다가 교사와 급우들에게서 엄청난 반발을 샀다는 거였다. "직업 학교나 견습 생활을 어떻게 추구해야 할지에 관해선 정보가 부족해서, 군대에 갈 뻔했다더군요. 남편은 스스로 길을 찾아야 했어요." 그녀가 말했다.

두 번째 문제는 차별화다. 과거에 여러 지식 산업은 대학 학위를 여과 장치로 삼았다. 학위가 있는 지원자는 남긴다. 학위가 없으면 그 지원자는 자동적으로 탈락이다. 그러나 80년대와 90년대에 대학 교육이 점차 필수 과정이 되면서 고용주들은 지원자들을 차별하고 구분할 다른 수단이 필요했다. 이는 대학이라는 간판에 전보다 더 의존하게 되었다는 의미이며, 대학원 학위에 대한 수요가 생겨났다는 뜻이기도 하다. 이는 유서 깊은 현상의 고전적인 사례다. 한때 엘리트의 지표였던 대학 진학이 모두에게 개방되면 더 이상 특별한 경험으로 여겨지지 않게 되었다. 차별화의 선을 새로 그리기 위해 **또 다른 차단된 영역**이 만들어진 것이다.

학생들은 반드시 대학에 가야 한다는 생각을 갖고 있긴 했지만, 대학에 갈 현실적인 방법은 그들이나 그들 부모들이나 모르기는 매한가지였다. 《야심찬 세대: 동기는 있으나 방향은 없는 미국의 십대들*The Ambitious Generation: America's Teenagers, Motivated but Directionless*》에서 바버라 슈나이더Barbara Schneider와 데이비드 스티븐슨David Stevenson은 90년대 중반과 후반에 고등학교를 다닌, 지금은 '나이 든 밀레니얼'로 불리는 학생들을 대상으로 종적 연구를 시행한 결과 심오한 사실을 발견했다. 90년대 말에 이르자 고등학교 3학년 학생의 90퍼센트 이상이 대학에 입학할 것으로, 70퍼센트 이상이 의사, 변호사, 교수, 사업체 관리자 같은 전문직이 될 것으로 기대받았다.

하지만 슈나이더와 스티븐슨이 언급한 "어긋난" 야망에, 많은 학생이 직면해야 했다. 그들은 "자신이 고른 직업 자체와 그것에 필요한 교육, 그 직업의 미래 수요에 대한 지식이 제한된" 이들이었다. (예를 들어) 취업 시장에 진입할 시점에 예상되는 의사 수요 인원보다 지망생 숫자가 여섯 배나 많을 거라는 사실을, 당시의 밀레니얼들은 몰랐다.

청소년들의 야망의 출처는 지식이 아니었다. 교사나 대중문화나 친구들, 그게 아니라면 학교 자체였다. 2002년에 고등학교를 졸업한 리즈는 캘리포니아주 오렌지카운티에서 몇 사람 안되는 라틴계 학생이었다. 두 살 위인 언니는 대입 준비 코스에 들어갔고 리즈도 언니를 뒤따랐다. 리즈가 내게 말하길, 그녀의 부모님은 "대학을 현실로 믿지 않았다"고 한다. "두 분은 멕시코에서 고등학교도 졸업하지 못했어요. 대학에 간다는 야망은 형태 없는 물방울, 지도 없이 더듬어 나가야 하는 길과 같았죠."

리즈는 캘리포니아를 벗어나 가급적이면 뉴욕대학교나 "지적으로 흥미로운 어딘가"에 가고 싶었고, 고등학교 1학년 때 이 목표를 향해 발을 내딛기 시작했다. "철저한 계획하에 제가 얼마나 똑똑한지 강조할 수 있는, 대학에 그럴듯하게 내세우기 좋은 동아리에 가입했습니다." 항상 스트레스에 절어 있었지만 학교보다는 형편없는 집에서 오는 스트레스가 더 컸다고 회상한다. 참여하고 싶었지만 부모의 참여를 요구해서 피한 활동들도 있었다. 성가대에 들어가고 싶었지만 활동비 500달러를 감당할 수 없었다.

리즈가 들어간 대입 프로그램에선 캘리포니아주 내의 대학 몇 군데에 필수로 지원해야 했다. 가족의 수입이 낮아 지원비는 면제되었다. 그러나 리즈는 자신에게 맞는다고 느껴지는 일을 하기 위해 학교에서 정해준 길을 벗어났다. UC^{University of California}와 CSU^{California State University} 계열의 캘리포니아 주립대학 몇 군데에서 합격 통지를 받았지만 리즈는 수업료가 무료인 커뮤니티 칼리지에 들어갔고, 2년 뒤 UC 버클리로 편입했다.

어떤 학생들은 대학에 입학한 뒤에야 어긋난 현실을 깨달을 수 있었다. 롱아일랜드의 백인 가정에서 자란 앤의 경우, 가족 누구도 대학에 가지 않았고 대학에 가라고 앤의 등을 떠밀지도 않았다. 부유한 아이들이 다니는 공립 예비학교에 등록시키기 위해 다른 가족 구성원의 주소를 사용한 걸 제외하면, 도움이랄 건 전혀 없었다. 앤이 다닌 고등학교는 대학 진학률이 아주 높았다. 그리고 앤의 기억에 따르면, 높은 진학률을 유지해야 한다는 압박감이 있었다. 지도교사에게 학비를 감당할 수 없다고 말하자 "그거야말로 대학에 갈 이유"라면서 학자금 대출을 받을 수 있다는 말이 돌아왔다. "대학에 가면 번듯하고 화려한 직업을 얻어 좋은 연봉을 받을 수 있을 거라고 했습니다. 제겐 매력적인 제안이었어요. 부모님은 이혼하셨고 고용 안정을 누려본 적이 없었거든요."

앤은 한 번도 성적 최상위권에 들지 못했지만 우등생 명단에는 이름을 올렸고, 가능한 AP 수업은 전부 수강했다. 그녀는 고등학교 시절에 대해 툭하면 울었다고, 시험을 보다가 너무 스트레스를 받아서 끝날 때쯤엔 포기하곤 했다고 기억한다. 지도교사들의 격려하에 그녀는 뉴욕의 대학 열두 군데에 지원했다. 그리고 그중 가장 좋은 지원을 제시한 대학을 택했다. 대학 투어를 갈 형편이 되지 않았기에 방문조차 해본 적 없는 곳이었다. 앤의 엄마는 언제나 대학에 보내주겠다고 했지만 재정적으로 불안정했기에 앤의 학자금 대출에 공동서명을 해줄 수 없었다. 대신 앤이 베이비시터로 일하는 집 부인이 대출 지원서에 공동서명을 해주었다.

"제가 무슨 짓을 하고 있는지 전혀 몰랐습니다." 앤은 내게 말했다. "저희 가족 아무도 몰랐죠. 고등학교에선 대학에 가라고 우리를 그렇게 몰아붙였으면서, 현실적인 준비는 해주지 않았어요. 그렇게 저는 대학에 갔고, 수업을 듣기 시작했고, 첫 주에 심장마비가 온 줄로 착각하고 응급실로 달려갔어요." 공황 발작이었다. 앤의 불안 문제는 이때 처음 진단받은 뒤로 나아지지 않았다. 특히 경제가 공황을 맞기 직전, 대출금 5만 6천 달러를 떠안은 채 졸업한 뒤론 더욱 그랬다.

오늘날 앤은 뉴욕의 비영리단체에서 일하며 대출금을 최대한 갚아 나가려 노력하고 있다. 한 번도 상환일을 어긴 적이 없고, 신용점수는 거의 완벽에 가까운 800점이다. 그러나 번아웃에 대해 생각할 때 그녀는 학자금 대출—한 달에 500달러 넘게 내야 하며 **잘 하면** 그녀가 마흔두 살에 전액 상환할 수 있을 그 돈—과 남들이 해결책이라고 들이민 실수에 대한 대가를 치르느라 자신이 얼마나 지쳐 버렸는지 생각한다.

"대학에 가지 말았어야 해요." 앤은 말한다. 나는 그 말을 믿는다. 그녀가 원한 건 안정이었고, 부모와 다른 삶이었다. 실제로 그중 일부는 주어졌다. 그러나 회한으로 인해 더 가중된 스트레스, 공포로 가득한 인생도 함께 주어졌다.

밀레니얼 세대의 번아웃에는 참으로 많은 이유가 있다. 그

중 가장 인정하기 어려운 이유 하나를 앤은 매일 직면한다. 너무나 열심히 노력해서 얻은 것이, 많은 희생과 고생으로 얻은 것이, 행복도 열정도 자유도 아니라는 사실이다. 대학은 우리에게 선택지를 주었을지 모른다. 작은 동네나 나쁜 상황에서 당신을 빼내 주었을지도 모르겠다. 그러나 절대 다수의 밀레니얼에게 대학 학위는 우리와 우리 부모들에게 약속했던 '중산층의 안정'을 안겨주지 않았다. 멋들어지게 가장해 봐도, 실체는 같다. 우리가 얻은 건, 더 많은 노동일 뿐이다.

4장

좋아하는
모든 게
일이 되는
기적

교수로 일하던 때, 수십 개의 인턴십과 펠로십에 지원서를 내고도 아무런 결과를 얻지 못한 학생이 있었다. 그에게 일단 어디든 재미있는 곳으로 이사해서 아무 일자리나 구한 다음 어디에 흥미가 있는지, 어떤 종류의 일이 맞지 않는지 알아보는 게 어떻겠냐고 말한 적이 있다. 학생은 단박에 울음을 터뜨렸다. "하지만 부모님껜 뭐라고 말씀드리죠? 저는 열정을 가질 수 있는 멋진 직업을 갖고 싶어요!"

이러한 기대는 바로, 수많은 밀레니얼의 유년기를 채운 '집중 양육'의 부산물이다. 부모의 중산층 지위를 유지하거나 새로이 쟁취하기에 충분한 연봉을 받는 인재가 된다는 목표 아래 아이는 양육된다. 그 아이가 자라, 직업의 중요한 조건은 고액 연봉뿐이라 생각하는 건 이상하지 않다. 그 목표를 정확히 달성한 학생도 있다. 일부 의사들, 대부분의 변호사들, 아마도 모든 컨설턴트들이 그러할 것이다.

돈 잘 버는 직업을 갖고 싶다는 희망을 노골적으로 드러내는 이들을 대개 상스럽다고 평가하지만, 사실 그들의 노동관은 직업의 조건에서 실용을 가장 중시했던 우리 조상들과 비슷하다. 광부는 자신의 고된 일에 자부심이 있었을지 몰라도 광업이—혹은 농업이나 목축업이—멋져 보이거나 그 업계에 **열정**이 있어 선택한 것은 아니었다. 그가 광부가 된 건 그의 아버지가 광부였기 때문에, 혹은 그게 가장 실용적인 선택지라서, 혹은 평생 어떤 식으로든 그 일을 하게끔 훈련받았기 때문이다.

대조적으로 밀레니얼들은 (안정적이고, 연봉이 괜찮으며, 번듯한 직업으로 인식되어서) 부모의 성에 차는 동시에 (멋진 회사라서) 비슷한 또래에게도 좋은 인상을 주며, 유년기에 겪은 모든 최적화의 궁극적 목표(열정을 느끼는 일을 함으로써 자연스럽게 더 나은 인생을 산다는 목표)도 만족시키는 일자리를 찾아야 한다고 생각해 왔다.

열정을 쏟을 만한, 멋진 직업을 욕망하는 것은 굉장히 현대적이며 부르주아적인 현상이다. 앞으로 살펴보겠지만, 이 욕망은 노동자들이 멋진 일에 따르는 영광을 위해 모든 형태의 착취를 견디게끔 했다. 또한 특정 유형의 직업과 노동을 갈망하게 만드는 수단이기도 했다. "좋아하는 일을 하면 평생 단 하루도 일을 하지 않게 된다"라는 수사법은 번아웃으로 빠지는 덫과 같다. 노동을 열정의 언어로 은폐하며 우리는 우리가 하는 일을 있는 그대로 바라보지 못한다. 그건 그냥 일이지, 우리의 인생 자체가 아닌데도 말이다.

가혹한 구직의 현실은 밀레니얼들이 유년기와 대학 시절 내내 원동력으로 삼은 모순들, 반쪽짜리 진실들, 엉성하게 만들어진 신화들을 까발린다. 대학 교육을 받는다고 해서 마법처럼 일자리가 나타나진 않는다. 오히려 학자금 대출이 직업의 선택지를 제한할 수 있다. 업계의 신입 연봉이 월 최소 상환금과 생활비를 상쇄하기에 부족할 경우 더욱 그렇다. 건강보험은 아예 제공되지 않거나, 있다 해도 허접하다. 아무리 좋아하는 일이더라도 임시직으로 채용되면 간신히 생계를 이어나갈 정도의 임금으로 살아야 한다. 그동안 열심히 만들어 놓은 이력서는 아무리 탄탄하더라도 한낱 종이쪼가리가 될 수 있다. 열정을 불태워서 다다르게 되는 대부분의 성과는, 쥐꼬리만 한 보수를 받겠다는 합의일 뿐이다.

좋아하는 일의 꽃말은
'하루도 쉬지 않겠어요'

2005년에 스티브 잡스는 스탠퍼드대학교 졸업식에서 연설을 했다. 그날 졸업하는 밀레니얼들이 거의 평생 가지고 살아온 생각을 다시금 확인시키는 연설이었다. "여러분에게 일은 인생의 더 많은 부분을 차지할 것입니다. 만족스러운 인생을 사는 유일한 방법은, 여러분이 위대하다고 생각하는 일을 하는 겁니다. 그리고 위대한 일을 하는 유일한 방법은, 여러분이 좋아하는 일을 하는 겁니다. 아직 그런 일을 찾지 못했다면 계속 찾으세요. 안주하지 마세요."

《좋아하는 일을 하라는 것 그리고 성공과 행복에 대한 다른 거짓말들*Do What You Love and Other Lies About Success and Happiness*》의 저자 미야 토쿠미츠*Miya Tokumitsu*는 잡스의 연설이 '좋아할 수 있는 일'이라는 서사를 구체화했다고 본다. 좋아하는 일을 하면 그 뒤의 "노동"이 사라질 뿐 아니라, 그 덕분에 일하는 사람의 능력과 성공, 행복, 부가 전부 기하급수적으로 커진다는 서사다.

이 방정식은 애초에 번아웃으로 가는 직행 열차인 **일과 삶의 통합**을 전제로 한다. 당신이 좋아하는 것이 일이 되고, 일은 당신이 좋아하는 것이 된다. 하루 일과(일하는 시간과 일하지 않는 시간) 혹은 자아(일하는 자아와 진짜 자아)의 경계가 모호해지고, 자신의 자아 전체를 좋아할 수 있는 일에 쏟아 붓는다. 이를 통해 우리에게는 행복과 재정적 안정 모두 얻을 거라 기대하는 하나의 기다란 뫼비우스의 띠만이 남는다. 아티스트 애덤 J. 쿠르츠*Adam J. Kurtz*가 트위터에 올린, "좋아하는 일을 해라"로 시작하는 금언의 새로운 버전처럼 말이다. "좋아하는 일을 해라. 그러면 평생 하루도 일하지 않아도 될 것이다. 구분도 경계도 없이 매 순간 등골이 빠지도록 일하게 될 것이며, 게다가 모든 일을 대단히 사적으로 받아들이게 될 것이다."

좋아하는 일을 한다는 말은, 이론적으로는 어떤 일이든 좋아만 한다면 "좋아하는 일"이 될 수 있다는 의미다. 그러나 적어도 오늘날 "좋아할 수 있는" 일은 **눈에 띄는** 직업, 사회적·문화적 자산에 보탬이 되는 직업, 자영업이거나 직속 상사의 감독을 적게 받는 직업이다. 사회에서 이타적으로 간주되는 직업(교사, 의사, 국선 변호사, 사회복지사, 소방관)이거나 어떤 식으로든 멋지게 묘사되는 직업(공원 관리인, 수제맥주 양조인, 요가 강사, 미술관 큐레이터)일 수도 있고, 언제 어떤 일을 할지 완전히 자율적으로 정하는 게 가능한 직업일 수도 있다.

이것들이 아이들이 꿈꾸는 직업, **사람들이 이야기하는** 직업, 대화 중 화제에 오르면 "어머나, 멋진 직업이네요"라는 반응을 얻을 수 있는 직업이다. 웨이트리스도 좋은 레스토랑 소속이라면 멋진 직업이 된다. 무대 뒤에서 일하는 일개 스탭이라도 좋은 극단 소속이라면 멋진 직업이 된다. 캔자스시티의 백인 중산층 가정에서 자란 마이클은 자신이 갖고 싶은 이상적인 직업에 대해 대단히 모호한 개념을 갖고 있었다. "온종일 '창의적'으로 지낼 수 있는 직업을 원했어요." 노동 계급이며 흑인인 루니는 좋은 직업을 "의미 있고, 자신이 열정을 가질 수 있으며, 소명으로 느끼는" 직업이라고 생각했다. 백인 중산층 가정 출신인 그레타는 영화 〈금발이 너무해Legally Blonde〉부터 드라마 〈길모어 걸즈Gilmore Girls〉까지, 제일 좋아하는 영화나 드라마에서 배운 멋진 직업이란 악착같이 열정을 좇는 직업이라고 했다.

좋아할 수 있는 직업은 사람들이 무척 탐을 내기에, 그만큼 지속 불가능하다. 너무나 적은 자리를 두고 너무나 많은 사람이 경쟁하는 상황에서는, 보상 기준이 점차 낮아져도 별다른 여파가 없다. 당신만큼 열정을 불태우며 당신의 자리를 대체할 만한 누군가가 **언제나** 있기 때문이다. 복지를 대폭 축소하거나 없애도 된다. 연봉을 입에 겨우 풀칠할 수준으로 낮춰도 된다. 특히 예술계라면 더 문제없다. 웹사이트에서 콘텐츠 작가에게 돈을 주는 대신, 역으로 작가가 웹사이트에 이름을 올릴 기회를 얻기 위해 무급으로 노동하는 경우도 많다. 한편으로 고용주들은 구직자의 최소 자격 조건을 상향시킨다. 업무에 필요한 조건인지는 상관없다. 더 높은 학력, 더 많은 학위, 더 많은 훈련을 지닌 자만이 후보에 오를 수 있다.

그리하여 '멋진' 직업 및 인턴십은 수요-공급의 법칙을 보여주는 사례가 되었다. 직업 자체가 근본적으로 보람이 없거나, 알량한 보수에 비해 너무 많은 노동을 요구해 있던 열정도 사그라지게 만든대도, 1000:1의 경쟁률을 뚫고 그 일을 해낼 사람으로 어렵게 뽑혔다는 사실 자체가 그 일자리를 더더욱 열망의 대상으로 만든다.

회사 입장에서는 참으로 완벽한 시나리오다. 거의 아무런 비용을 들이지 않고도 일자리를 채울 수 있다. 필요 이상의 스펙과 굉장한 의욕을 지닌 지원자들이 끝없이 줄을 서 있다. 이것이 겉보기에는 탄탄했던 2010년대 말, 취업 시장에서 회사들이 '좋아할 수 없고' 보수가 적은 일자리를 채우느라―아무리 쉬운 업무여도 대부분의 일자리가 대학 학위를 요구했으므로―고전한 이유를 설명한다. 〈애틀랜틱〉 전속 작가 어맨다

멀Amanda Mull이 지적했듯, 회사 측에서 구인을 위해 쏟은 노력은 점점 더 큰돈을 투자하여 멋진 직업 광고를 만들고, 그 광고를 완벽하게 다듬어 나가는 형태로 나타났다(지원자들에게 더 좋은 연봉과 복지, 유연성을 제공하는 대신).[1]

인디드닷컴Indeed.com에 따르면 2006년과 2013년 사이 구인 설명에 닌자라는 단어 사용 사례가 2505퍼센트 증가했다. 록스타는 801퍼센트, 제다이는 67퍼센트 늘었다.[2] 이 글을 쓰는 현재 오토데스크에서는 "고객 지원 히어로"를, 펜실베이니아의 한 초콜릿 회사에서는 "코코아 닌자"를, 유타의 한 클리닉에서는 "건강 전사"를, 플로리다주 올랜도의 한 렌탈그룹에서는 "록스타 수리맨"을 모집 중이다. 이런 직업 광고 대다수에서는, 최저임금 혹은 그보다 살짝 웃도는 임금을 주며 복지랄 게 없다시피 한 말단 일자리를 홍보한다. '돈 벌 기회'로 홍보 중인 프리랜서 임시직도 있다. 알고 보면 시궁창인 일일수록 '멋진' 직업 타이틀이 붙을 가능성이 높아진다. 이는 좋지 않은 직업을 두고 지원자에게 모두가 탐내는 직업이라고, 생활비도 나올까 말까한 임금을 받아들일 가치가 있다고 설득하는 수단이다.

이것이 "좋아하는 일을 해라" 논리가 현실에서 작동할 때 벌어지는 일이다. 물론 고용주에게 자신을 덜 가치 있게 여겨 달라고 청하는 노동자는 없겠지만, "좋아하는 일을 해라"라는 수식어는 자신을 가치 있게 여겨 달라고 청하는 걸 스포츠맨답지 않은 행위로 보이게 한다. 토쿠미츠는 좋아하는 일을 하는 것이 "노동자들의 동기를 역으로 이용하여, 무급 혹은 충분하지 않은 급여를 받고 일하는 것을 정당화하고, 이 논리를 지지하는 이들의 노동력을 착취해 간다"고 주장한다. "**열정**이 사회에서 일할 동기로 받아들여질 때 임금이나 신뢰할 수 있는 근무 스케줄에 대한 이야기는 무신경하게 여겨진다."**3**

라틴계 백인으로 정체화하며 플로리다의 중산층 가정에서 자란 엘리자베스의 사례를 보자. 학부생 시절 그녀는 디즈니 칼리지 프로그램에 들어갔는데, 이는 인턴십과 "해외 연수" 경험을 합친 것이었다. 다만 연수 장소가 외국이 아니라… 디즈니랜드였을 뿐. 나중에 그녀는 디즈니 내에서 간절하게 일자리를 구하고자 했다. 어떤 일자리라도 괜찮았다. 심지어 발전 가능성이 전혀 없고 승진할 길도 없는 콜센터 일자리조차 디즈니니까 감지덕지해야 했다. "디즈니는 회사에 대한 사람들의 애정에 의지합니다. 저는 디즈니와 그 제품을 진심으로 사랑했지만 그렇다고 해서 최저임금을 겨우 웃도는 보수가 괜찮아지는 건 아니었어요." 그녀가 말했다.

열정적인 노동자 집단이 더 나은 임금과 근무 조건을 위해 자신들의 권익을 옹호하고 나서면—가령 노동조합에 가입함으로써—소명에 덜 헌신하는 게 아니냐는 의심을 사는 일이 잦다(소방관과 경찰관처럼 수십 년 전부터 노동조합이 있는 업종은 예외다). 조합을 옹호하는 것은 자신을 무엇보다도 다른 노동자들과 연대하는 한 사람의 노동자로 정체화한다는 뜻이다. 너무나 많은 고용주가 이런 자각이 일으키는 계급의식을 부정해 왔다. 그 대신 '직업'을 '열정'으로, '직장'을 '가족'으로 재구성했다. 아서라. 가족이랑은 돈 얘기하는 거 아니다.

▾   ▾   ▾

　열정을 좇는 것이 어떻게 삐끗해서 과로로 이어지는지 추적하는 것은 쉽다. 일을 사랑하면, 일이 그렇게 성취감을 주면, **항상 일하고 싶은 게** 당연하지 않겠는가. 어떤 역사학자들은 과로라는 미국적 컬트의 근원을 제2차 세계대전 후 캘리포니아주 산타클라라밸리의 방위산업 업계에 있었던 고용 관습에서 찾는다. 대안언론 〈얼터넷*Alternet*〉의 새라 로빈슨^{Sara Robinson}이 2012년에 과로의 역사를 조사하며 쓴 글의 표현을 빌리자면, 1950년대 방산업계 회사들은 "외골수이고, 사회적으로 어색하며, 감정적으로 무심하고, 강박적 흥미를 가진 어떤 특정한 영역에 대해 탁월하게, 독특하게, 레이저처럼 예리하게 집중하는 축복(혹은 저주)을 받은" 과학자들을 모집하기 시작했다.[4]

　그렇게 고용된 과학자들은 '좋은' 노동자의 새로운 기준을 제공했다. "일은 그냥 일이 아니었다. 그들 인생의 열정이었다. 그들은 깨어 있는 모든 시간을 일에 바쳤고, 보통은 그러느라 인간관계, 운동, 수면, 식사, 심지어 개인 위생마저 내팽개쳤다." 마틴은 설명한다. 훗날 실리콘밸리로 명명되는 지역의 저명한 회사였던 록히드의 심리학자들은 유달리 바람직한 노동자 정신에 "사이테크 인간^{sci-tech personality}"이라는 이름을 붙였고 직장 문화를 그들을 중심으로 빚어나갔다고 한다. "원하는 만큼, 몇 시간이든, 얼마나 오래든, 어떤 옷차림으로든 일해라. 그러면 우리는 성공할 수 있을 것이다." HP에서는 엔지니어들이 "식사해야 한다는 걸 기억하도록" 아침 식사를 배달해 주었다. 이는 스타트업 문화의 특징인, 카페테리아와 무료 식사와 간식의 초기 버전이다.

그러나 이런 노동 윤리가 전국으로 퍼져나가 표준이 된 건 1982년에 맥킨지 소속 컨설턴트 두 사람이 펴내 대히트를 친 책 《초우량 기업의 조건 _In Search of Excellence_》 덕분이었다. 이 책의 주장은 간단하다. 실리콘밸리에서 일하는 직원들, 다시 말해 기꺼이 일에 파묻히려는 사람을 찾을 수 있다면 테크 업계에서 새로운 성공 신화를 쓸 수 있다는 것이다. 이런 식으로 과로는 아방가르드적이고, 패셔너블하고, 진보적인 것이 되었다. 반면 조합에서 보호하는 주당 40시간 근무는 고루하고 현실에 무지할 뿐더러 **멋지지 않은** 것이 되었다.

조합과 조합을 보호하는 법이 인기를 잃자, 노동자 간의 유대 역시 인기를 잃었다. 그 대신 '좋아할 수 있는' 일자리를 찾고 쟁취한다는 목표 아래 무자비한 경쟁 분위기가 조성되었다. 회사 입장에선 개인이 일에 대해 열정과 성취감을 느끼는 것을 전체 직원들의 근무 조건보다 우선했다.[5] 토쿠미츠는 설명한다. "모든 개인이 자신을 나머지 사회 구성원들과 제로섬 전투를 벌이고 있는 독립 계약자로 간주할 때, 유대는 혐의가 된다. 개인이 일하지 않고 보내지 않는 모든 순간이, 다른 누군가가 앞서나가서 그를 불리하게 만든다는 의미가 된다."[6]

그렇다면 꿈의 직업을 찾고, 계발하고, 유지하려 노력하는 것은 유대를 버리고 **더 많은 일**을 택한다는 의미가 된다. 정해진 근무시간, 아니면 적어도 휴가라도 보장돼야 한다고 동료가 주장할 때, 이는 건강한 경계를 설정할 기회가 아니라 당신이 그들보다 더 열심히, 더 낫게, **더 많이** 일할 수 있다고 내세울 기회가 된다. 내가 일하는 언론사 편집국에서 총기 난사 사건처럼 트라우마를 안길 수 있는 사건을 취재한 기자들에겐 휴가라는 선택지가 주어진다. 하지만 제공되는 휴가를 실제로 사용하는 이는 드물다. 저널리즘처럼 수천 명이 당신의 자리를 탐내고 있는 업종에서 휴가는 복지가 아니라, 당신을 별도의 회복 기간 없이도 일할 수 있는 사람으로 돋보이게 만들 기회가 되기 때문이다.

일터에 있는 모두가 자신을 반복되는 경쟁에 놓인 일개 계약자로 인지할 때, 번아웃으로 직행하는 조건들이 형성된다. 직원 한 사람이 얼마나 일찍 출근해서 얼마나 늦게까지 사무실에 머물 수 있는지에 관한 기준을 정한다. 다른 직원은 그 기준을 충족시키거나 뛰어넘고자 노력한다. 물론 이런 분위기에서 나온 결과가 긍정적이기는 어렵다. 나는 텍사스주 서덜랜드 스프링스에서 총기 난사 사건을 취재한 뒤, 하루도 휴가를 내지 않은 덕분에 번아웃 상태로 취재를 계속하는 딱한 얼간이로 몇 달을 살았다. 과로 문화가 더 나은 결과, 혹은 더 생산성 있는 결과를 내놓는 건 아니다. 헌신을 표현하는 다른 방법일 뿐, 더 긴 근무시간을 의미할 뿐이다.

번아웃은 그러한 헌신이 더 이상 유지될 수 없을 때 찾아온다. 좋아하는 일을 하는 것이 재정적 측면을 포함해 성공으로 가는 길이 아니라는 생각이 들기 시작할 때 찾아온다. 허나 굳건한 믿음을 잃는 데에는 그 믿음을 만드는 데 걸린 시간이 필요하다. 수 년, 심지어 수십 년까지도 걸릴 수 있다.

노스캐롤라이나의 중산층 가정에서 자란 스테파니의 사례를 보자. 스테파니는 대학 졸업 직후에 일자리를 구하지 못할 거라곤 꿈에도 생각 못했다고 고백한다. 영문과에서 성적으로 3등 안에 들었으며 우등생 단체에 속했고, 교지에 글을 실었고, 문예지 편집에도 참여했으니까. 차가 없는 데다 여름방학엔 풀타임으로 일했으므로 포트폴리오에 도움이 될 인턴십은 하지 못했다. 그렇긴 해도 성적이 훌륭하고 대외활동도 많이 했으니 앞날이 창창하리라 생각했다. "학업을 너무 잘 해냈기 때문에 가만히 앉아 있어도 일자리가 굴러 들어오리라 생각했어요. 어쨌든, 그게 학교에서 모든 일이 돌아가는 방식이었으니까요. 제 일만 잘 해내면 모든 게 잘 풀렸죠. 저는 의욕과 능력이 있고, 글쓰기 실력이 뛰어나니 크게 걱정하지 않아도 된다고 생각했어요."

스테파니의 이상적인 직장은 '멋진 자원'이 눈에 띄게 많은―예를 들어 잡지사 〈바이스Vice〉 같은―트렌디하고 세련된 곳이었다. 모두가 이름을 들어 본 곳에 가고 싶었다고 한다. 좀처럼 기회가 찾아오지 않자 스테파니는 취업 준비에 대해 묻는 사람들에게 비영리 단체에서 일하고 싶다고 답했다. 지금 돌이켜보니 그 바람은 사실 "'선한' 사람임을 표출하여 사회적 보상을 얻고자 하는"데 더 가까웠다. 봉사단체에서 가까스로 일자리를 찾았지만 근무 환경이 너무 엉망이라 두 달 만에 그만뒀고, 생활비를 벌기 위해 피자 가게에서 웨이트리스로 일하며 취업을 준비했다. 목표는 일주일에 지원서 10개를 제출하는 것이었다. 스테파니는 언제, 어디에 지원서를 보냈는지 스프레드시트에 기록했다. 결과적으로 그녀는 150개가 넘는 일자리에 지원했으나 몇 군데를 제외하곤 답장조차 받지 못했다.

그렇게 2년이 지났다. 스테파니는 여전히 피자 가게에서 일하며 동료들과 술을 퍼마시기 시작했고, 바텐더와 사귀던 중 그에게 학대를 당했다. "저는 체력이 딸렸고, 항상 숙취에 시달렸으며, 때때로 자살 충동을 느꼈습니다." 스테파니는 회상한다. 그녀가 알기로 피자 가게에서 벗어나는 유일한 방법은 무보수로 글을 써서 포트폴리오를 만드는 것이었다. 그녀는 글을 쓰기 시작했고, 결국 졸업 후 4년이 지난 시점에 한 회사에 취직할 수 있었다. 시급 15달러에 직원 복지는 없고, 401k 프로그램도 지원되지 않는 어느 비영리단체였다.

오늘날 스테파니는 공립 리버럴 아츠 칼리지에서 얻은 학위가 그만큼의 가치가 있었는지 회의한다. "제겐 서비스 업계를 벗어나는 게 엄청난 일처럼 느껴졌습니다. 하지만 서비스업에 종사하는 시간이 길어질수록, 제가 방향성 있는 커리어를 그토록 열망하는 게 이기적이거나 너무 순진한 행동인지 의심하게 되었어요."

스테파니는 이런 경험들을 통해 직업이 그녀에게 무엇이며 무엇이어야 하는지 급진적으로 생각을 조정했다. "저는 언제나 일이 제 인생 그 자체이길 바랐지만, 지금 제가 느끼기에 좋은 일자리란 정해진 시간 이상의 근무를 요구하지 않고, 도전적이고 흥미로운 동시에 감당할 만한 업무를 주는 곳입니다. '멋진' 직업은 더 이상 원하지 않아요. 꿈과 열정이라는 말은 근무시간 외에도 일하는 사람의 정체성을 갉아먹기 때문에 유해한 것으로 변질될 수 있다고 생각해요. 일자리를 잃는다 해도 제 정체성까지 잃고 싶진 않아요. 무슨 말인지 아시죠?"

▼   ▼   ▼

밀레니얼들이 구직을 시작했을 때 취업 시장은 그야말로 난장판이었고, 회복은 아주 천천히 이루어지고 있었다. 2007년 12월과 2009년 10월 사이에 실업률은 5퍼센트에서 10퍼센트로 뛰었다. 총 고용 인원은 860만 명 감소했다. 전국적인 대규모 경기 침체는 많은 면에서 거의 모든 사람에게 영향을 미치지만, 특히 직격타를 맞는 건 처음 취업 시장에 뛰어드는 이들이다. 경력 있는 노동자 수백만 명이 실업했고, 그들은 어떤 일자리든 구하러 나서야 했다. 보통 처음 취업 시장에 들어오는 이들이 발판으로 삼는, 급여가 낮은 말단 일자리까지도 경력자들의 차지가 되었다. 16세에서 24세 사이인 이들의 실업률은 2007년 11월에 10.8퍼센트였으며 2010년에는 19.5퍼센트까

지 치솟았다. 기록적인 수치였다.[7]

"경기 후퇴 속에서 밀레니얼들은 한 세대로서 형체를 얻었다." 애니 라우리는 〈애틀랜틱〉 기고문에 적었다. 그들은 "졸업후 지난 80년을 통틀어 최악인 취업 시장의 문을 두드렸다. 잠깐 몇 년 동안 실업률이 높았다거나, 부모님 집에서 2년 가까이 얹혀 살아야 했다는 고충 정도가 아니었다. 밀레니얼은 꼬박 10년 치 임금을 잃었다." 한 번 타이밍을 놓친 것이 얼마나멀리까지 영향을 미쳤는지에 대해 이제야 관심이 집중되고 있다. 2018년에 연방준비제도이사회에서 발행한 한 보고서에서는 "밀레니얼들은 소득이 낮고 자산과 부가 적어, 이전 세대의젊은 시절에 비해 잘 살지 못하고 있다"라고 짚어냈다.[8]

직업이 없다는 건 결국 집을 구매하거나 은퇴를 하기 위해저축할 능력도, 투자할 능력도 없다는 의미다. 일부 밀레니얼들은 당장의 폭풍우를 피하고자 학교로 돌아갔고, 2년 혹은6년이 지나 수만 달러의 학자금 부채를 떠안고 다시 구직 시장에 나타났다. 그동안 직업 시장과 전망은 그다지 나아진 게 없었다. 부모님 집으로 돌아갈 수밖에 없었던 이들은 부모와 미디어의 불안한 담화를 견뎌야만 했다. 확고한 직업적 목표가없고 게으르다고, 우리로선 전혀 손 쓸 방도가 없는 경제적 대재앙을 견디지 못한다고 비난받았다.

이것이 과거나 지금이나 똑같이 암울한 우리네 현실이다. 그러나 유년기를 보낸 집의 자기 방으로 돌아간 밀레니얼이, 시장의 힘에 순순히 굴복하도록 길러지지는 않았다. 우리는 우리에게 약속된 완벽한 직업을 찾기 위해 더 열심히 노력하도록 길러졌기에, 문화비평학자 캐슬린 쿠인^{Kathleen Kuehn}이 "희망 노동"이라고 부르는 것을 기꺼이 수행한다. 희망 노동이란 "보수가 전혀 없거나 적은 일을, 장래에 일자리를 얻게 되리라는 희망으로 흔히 경험, 체험과 교환하여 수행하는 것"이다.[9] 인턴십, 펠로십 같은 계약 관계들은 그 자체로는 가치가 의심스럽지만 대부분의 업종에서, 특히 토쿠미츠가 지적하듯 좋아할 수 있는 직업에서 필수 과정으로 느껴진다.

내가 대학을 졸업한 2003년에는 친구들 중 인턴십을 한 사람은 물론 인턴십이라는 존재를 아는 사람조차 거의 없었다. 그로부터 10년이 흐른 뒤, 교수로 일하며 나는 지도 학생들로부터 가령 라캉의 정신분석 이론에 대한 수업 내용을 설명해 달라는 요청보다 인턴십을 소개해 줄 수 있느냐는 요청을 훨씬 많이 받았다. 라캉의 이론적 개념들이 어렵고 불가해하긴 하지만, 대부분의 학생들에겐 인턴십에 들어가는 것보다는 쉬웠던 것 같다.

이론을 이해하려면 그냥 더 많이 읽으면 된다. 노력하면 결과적으로 이해하는 상태에 이른다. 그러나 인턴십을 하려면 연줄이 있어야 하고, 무엇보다도 보수를 거의 받지 않으면서 일할 의지와 능력이 필요하다. 직업을 구하려면 포트폴리오가 필요하고, 포트폴리오를 만들려면 인턴십이 필요하다. 인턴십을 하려면 무보수로 일할 형편이 마련되어야 하니, 이론적으로는 특정 유형의 사람(이라고 쓰고 재력이 있는 사람, 학교에서 재정 지원을 받는 사람, 학교에 다니는 동안 인턴십을 위해 대출을 받을 수 있는 사람이라고 읽는다)만 희망 노동을 감당할 수 있다.

우리 중 일부는 부모님 집에 얹혀사는 덕분에 겨우 인턴십을 할 수 있었다. 또 다른 일부는 생활비를 대느라 부모의 재정적 지원, 학자금 대출, 부업에 의존했다. 원하는 업계에서 일자리를 찾겠다는 꿈을 깡그리 포기한 이들도 많다. 그렇다고 해서 어떤 대가를 치르더라도 좋아하는 일을 해야 한다는 생각이 빛을 잃었다는 뜻은 아니다.

스스로 재수 없을 만큼 특권을 누리며 자랐다고 말하는 백인 여성 소피아는 작은 리버럴 아츠 칼리지에서 미술사 학위를 받고 졸업했다. 학부 시절 그녀는 소규모 미술관과 소더비에서 여러 차례 무급 인턴십을 했다. 때는 2009년이었으므로, 소더비에서 약속했던 그녀의 일자리 역시 갑자기 증발했다. 이후로도 그녀는 뉴욕과 시카고에서 수없이 많은 유·무급 인턴십에 지원했다. 그중 면접을 보라는 연락이 온 건 단 한 군데였다. 어느 극단의 무급 인턴십 자리였다. 소피아는 부모가 금전적으로 지원해 줄 수 있다는 걸 알았기에 제안을 받아들일 수 있었다.

소피아는 부업으로 웨이트리스 일자리를 얻으려고 뉴욕 퀸즈 아스토리아의 모든 레스토랑을 직접 방문해서 이력서를 뿌렸다. 그러나 어디에서도 연락은 오지 않았다. 결국은 친구가 일하는 레스토랑에 자리가 생겨 겨우 취직할 수 있었다. 그녀는 말했다. "그때 구직하며 얻은 교훈이 있다면, 네트워킹과 연고주의, 인맥이야말로 일자리를 얻을 유일한 길이라는 겁니다.

그렇게 애써 얻은 일자리는 고작 무급 인턴십이었죠."

무급 인턴십은 유급 인턴십으로 이어졌고, 박사 학위 과정으로 이어졌다. 그 여정에서 어느 미술관에서 인턴십 관리 업무를 돕던 소피아는, 인턴십 경쟁의 치열함을 아는 미술관들이 아주 태연하게 인턴들을 (급여를 주지 않거나 아주 낮게 주는 식으로) 착취하고 있다는 '직접 지식'을 얻었다.

한 차례 인턴십이 열릴 때마다 지원자 수천 명이 몰렸다. 어떤 면에서는 아이비리그 대학교에 들어가는 것보다 인턴십에 들어가는 게 더 어려웠다. 소피아는 말했다. "그들은 명망 높은 브랜드를 갖고 있는 만큼, 지원자들을 상대로 무엇이든 할 수 있다고 생각해요. 어쨌든 돈을 벌려고 예술계에 들어오는 사람은 없잖아요, 맞죠? 예술의 꿈을 좇으려면 **열정**이 있어야 해요! 그런데도 왜 미술관들이 다양한 사람을 고용하지 않는다고 악명이 자자한지 의아해하더라고요."

실제로 학부나 대학원에 다니면서 무급이거나 낮은 급여의 일자리를 찾는 이들의 선택지는 세 가지다. 학자금 대출을 받는 것, 부업으로 보조 생활비를 버는 것, 혹은 (부모 집에서 취식하는 형태, 혹은 부모가 생활비를 주는 형태로) 부모의 지원에 기대는 것. 2019년에 올린 블로그 포스트에 에린 패닉쿨Erin Panichkul은 가족 중 처음으로 대학에 간 자신이 산타모니카 커뮤니티 칼리지에서 UCLA를 거쳐, 로스쿨로 이어진 학부생 생활 중에 수업료뿐 아니라 월세, 식비, 생필품, 책값을 대기 위해 학자금 대출을 받아야 했다고 적었다. UN에서 무급 인턴십 자리가 생겼을 때 그녀는 반드시 이 기회를 잡아야 한다는 걸 알았다. 무급으로 일한다는 게 학자금 대출을 받아야 한다는(즉, 그녀가 무언가 지불해야 한다는) 의미라 해도 말이다.

"직업 체험을 한다고 해서 돈이 들어오는 건 아니다." 패닉쿨은 '무급 인턴십이 나 같은 여자의 법조계 진입을 막는다'라는 제목의 블로그 포스트에 적었다. "경험이 월세를 내주진 않는다. 통근 교통비를 내주지도 않는다. 먹을 걸 주지도 않는다. 하지만 나는 대출을 받아야 할 정도로 그 경험이 중요하다고 믿었다." 취업에 성공하려면 인턴십을 통해 이력서에 쓸 만한 경험을 얻어야 한다는 것이 불문율이다. 따라서 급여가 아무리 적더라도 인턴십을 해야 취직할 수 있다는 것 역시 불문율이 된다. 패닉쿨은 적는다. "일을 하고 보수를 받는 게 호사여선 안 된다. 법을 공부하던 때 나는 무급으로 일할 기회가 어찌나 감사했는지, 지금에 이르러서야 그 관습에 의문을 제기하게 되었다."

소명을 따를 때 돈과 보상은 부차적인 지위를 갖게 된다. 소명이라는 개념 자체가 프로테스탄트 교회의 초기 계율에서 비롯된 것이다. 신을 가장 잘 섬길 수 있는 직업을 모든 사람이 찾을 수 있고, 찾아야 한다는 개념이다. 미국의 칼뱅주의자들은 소명에 대한 헌신이 — 그리고 이에 뒤따르는 부와 성공이 — 선택받은 자임을 입증하는 증거라고 해석했다. 문화이론학자 막스 베버Max Weber는 이런 해석이 모든 노동자로 하여금 자신의 노동을 단지 넓은 관점에서 의미 있을 뿐 아니라 가치 있는 것으로, 심지어는 신성한 것으로 보도록 장려함으로써 자본주의를 조장했다고 주장한다.

동물원 사육사들에 대한 중요한 연구에서 J. 스튜어트 분더슨J. Stuart Bunderson과 제프리 A. 톰슨Jeffrey A. Thompson은 동물과 함께하는 자신의 일을 소명으로 인식하는 사육사들이 어떤 역경을 견디는지 살펴보았다. 사육사들은 높은 교육 수준에 비해 형편없는 보수를 받았다. 2002년 기준으로 평균 연봉은 2만 4천 640달러에 머물렀다. 사육사의 대다수는 생활비를 대기 위해 부업을 해야 했다. 승진 기회는 거의 없으며 매일 적지 않은 시간을 쓰레기 청소와 기타 허드렛일에 할애해야 했다. 그러나 사육사들은 퇴사하거나 이직할 마음은 없다고 분명히 뜻을 밝혔다. 분더슨과 톰슨은 이를 다음과 같이 지적했다. "특정 일에 맞게끔 태어났으며 운명적으로 그 일을 하게 되었다고 느낀 사람에게 소명을 거부하는 일은, 단순한 직업 선택 그 이상이다. 이는 도덕적 실패이자, 자신의 재능과 노력을 필요로 하는 이들을 포기하는 태만이 된다."[10]

중하류층으로 자란 백인인 앨릭스는 2007년에 대학을 졸업하고 교회 목사직을 찾아나섰다. 처음 구직을 시작한 이래 12년 동안 그가 지원한 일자리는 100군데가 넘는다. 한 번에 여러 곳에서 일하는 시기가 있다가도, 일자리가 하나도 없는 시기도 있다. 지금 그는 교회에서 설교를 하고 있지만 올 여름에 계약이 끝난다. 앨릭스의 가족은 지난해 생계를 위해 앨릭스 부모의 집으로 다 같이 들어갔고, 앞으로 어떻게 살아갈지는 미지수다. 그는 현재 꾸준한 일정과 합리적인 통근 거리, 명확한 미션이나 집중할 대상이 있는 일자리를 가리지 않고 찾고 있다. 그는 말한다. "건강보험이 제공된다면 큰 가점이 됩니다."

하지만 목사 일자리를 찾으려 계속 노력하고 실패하는 동안 그의 감정은 불안과 수치심과 우울 사이를 오갔다. 그 모든 게 소명이라는 감각과 대치되었다. "우리가 우리 자신보다 더 큰 무언가로 인도되고 있다는 개념이 있습니다. 그게 신이든, 우주든, 뭐든 간에요. 그러니 번아웃에 빠지거나 한계에 맞닥뜨리면, 우리가 하는 일의 일 분 일 초를 사랑하지 않는 것이 우리 소명을 배신하는 것이라는 느낌이 듭니다." 앨릭스가 내게 말했다.

다시 말해 사육사에게든 교사에게든 목사에게든 "소명"은 자신을 착취당하게 놔두라는 권유가 되기 쉽다. 엘런 러펠 셸 Ellen Ruppel Shell은 《일자리: 급진적 변화의 시대에 일과 그 미래The Job: Work and Its Future in a Time of Radical Change》에서 고용주들이 지원서에서 소명을 따르는 지원자들과 단순 지원자를 구별하는 검토 알고리즘까지 만들어 냈다고 말한다. "전자는 어떤 업무든 반론이나 자기 주장 없이 즐겁게 수행할 것"이라는 이해를 근거로 만든 것이었다.[11] 무급 혹은 낮은 급여의 인턴십을 배타적이며 착취적이라 아무리 많은 사람이 인정해도, 큰 의미는 없다. 새내기 졸업생들은 여전히 인턴십으로 몰려들 테니까. 버즈피드의 펠로십에는 지원자 수천 명이 줄을 선다. 심야 TV 프로그램의 스탭을 모집하는 리크루터는 2019년 여름 프로그램 두 개에 필요한 50명의 인력에 1만 명이나 지원했다고 내게 말해주었다. 희망 노동이 우리에게 말해주는 건, 일단 문 안으로 들어가기만 하면 노동자들이 어떤 대우를 받는가는 중요하지 않다는 점이다. 기업들이 강조하는 건 당신이 좋아하는 일을 하게 될 **기회**다. 아무리 적은 보수를 받더라도 말이다.

에린은 캘리포니아의 시골에서 자랐다. 그녀는 주립대학에서 국제학 학위를 받은 뒤 교육계나 비영리단체에서 "의미 있거나 선한 일을 하게 해주고, 또한 여행과 해외 생활을 가능하게 해주는" 일자리를 찾고자 했다. 졸업반 시절에는 다른 사람처럼 커리어 센터에서 워크숍에 참석하고, 센터 웹사이트를 탐색하고, 대학 학위에 더하여 안정적인 직업으로 가는 길로 이끌어 주리라 생각한 자격증들을 따며 오랜 시간을 보냈다.

졸업 후 첫 구직에서 에린은 기억할 수 없을 만큼 많은 일자리에 지원했지만 단 두 군데에서만 답이 왔다. 한 일자리는 환경 비영리단체의 저임금 홍보원(길거리에서 지나가는 사람을 붙잡고 "환경을 위해 잠시만 시간 내 주세요"라고 말하는 사람)이었고, 다른 하나는 하급 재무 애널리스트로서 에린에겐 자격이 부족한 자리였다. 그녀는 집으로 돌아간다는 생각만 해도 진저리가 났지만 결국 다른 선택지가 없다는 걸 깨달았다. "무직인 상태로는 어떤 것도 감당할 수 없었어요."

처음에 에린은 수치심을 느꼈다. 2008년, 적어도 그녀가 살던 마을에선 경기 침체의 폭넓은 영향이 아직 드러나기 전이었다. 하지만 이윽고 그녀와 같은 해에 졸업한 학생들 중

STEM(과학, 기술, 공학, 수학의 첫글자를 따 이공계를 통칭하는 단어—옮긴이) 분야로 진출하지 않았거나 대학원에 가지 않은 이들 거의 전원이 부모님 집으로 돌아왔다. 에린은 점점 커져가는 불안과 수치와 씨름하며 수개월 간의 구직 생활을 한 끝에, 지역 YMCA의 방과 후 프로그램에서 파트타임 일을 구했다. 급여는 없었다.

하루는 초등학교 1학년 때 만난 선생님이 에린을 찾아와 자료를 하나 건넸다. 에린이 그녀에게 처음 제출한 과제와 8학년까지 멋지게 해낸 과제물들을 모은 것이었다. 이 선물을 준 건 그녀가 에린에게서 얼마나 큰 잠재력을 보았는지 알려주려는 의도였지만, 에린은 오히려 깊은 실망으로 받아들였다. "저는 항상 똑똑한 아이였고, 고향에선 미래가 밝은 아이들 중 하나였어요. 그래서 부모님 집으로 돌아가는 건 제게 치명타였습니다. 중동으로 가서 평화를 창출할 줄 알았던 제가 고향 마을로 돌아와 있었으니까요."

실제로 성공할 확률이 아무리 낮더라도, 희망 배양은 회사의 사업 전략이 되었다. 인턴과 펠로들은 정직원 급여의 일부만 받으면서 콘텐츠를 만들고 노동을 제공한다. 하지만, 그들보다 더 명백한 희망 노동 중인 사람들도 있다. 프리랜서 작가들이다. 모두가 탐내는 '정규직 전환'을 희망하는 임시직들도 그렇다. 나 자신과 남에게 좋아하는 일을 한다고 말할 수 있는, 기꺼이 더 적은 것을 요구하고 더 많이 일하는 과다한 수의 노동자들을 딛고서 산업 전체는 번창한다.

사실상 희망 노동 산업단지가 되어버린 학계를 보자. 학계라는 체제 안에서 종신 교수들(표면상으로 그들의 존재는 충분히 노력하기만 하면 평생 자신이 선택한 주제에 대해 생각하며 직업적 안정을 보장받는다는 긍정적 증거다)은 가장 의욕 충만한 학생들에게 대학원에 지원하라고 장려한다. 대학원은 학비를 완납하는 학생들의 돈과 그들의 값싼 노동에 의존해 박사과정 정원보다 훨씬 많은 석사생을 받고, 종신 교수직으로 이어지는 자리보다 훨씬 많은 박사생을 받는다.

그 모든 과정을 밟아나가는 동안 대학원생들은 그들의 일이 본질적으로 그들을 구원할 거라는 말을 듣는다. 더 많은 논문을 출판하면, 더 많은 학회에 가서 연구를 발표하면, 졸업하기 전에 책을 계약하면, 구직 시장에서 더 많은 기회를 얻을 것이라고 말이다. 아주 한정된 극소수에게 이는 사실이다. 그러나 보장되는 건 하나도 없다. 공립대학에 대한 투자가 크게 줄어든 상황에서 많은 학생이 학회 출장비를 (흔히 학자금 대출을 통해) 직접 내고 여름엔 생계를 위해 일을 하면서 이미 희소한 학계 일자리들 중 가능한 것에 지원한다. 그중 대다수가 먼 지역에 있으며, 장기적 안정에 관해 거의 아무것도 약속하지 않는다.

어떤 학자들은 대학원을 다니는 동안 자신이 공급할 수 있는 희망 노동을 전부 소진해 버린다. 또 다른 학자들은 시장에 나가 시간강사로 모욕적이고 부담스러운 근무 조건과 적은 급여를 견디며 몇 년을 보낸 뒤 꿈에서 깨어난다. 그러나 체제 자체는 가능한 한 오래 자생하게끔 설정되어 있다. 인문대 박사 프로그램의 대부분은 여전히 학계 외부의 일자리 훈련은 거의 제공하지 않고, 이를 통해 대학원생에서 종신 교수 지망생으로 이어지는 일종의 의무적 터널을 만들어 낸다. 특히 인문대에서 박사 학위를 딴다는 건, 나아가 한 지식 분야에서 **박사**가 된다는 건 스스로 '시장에 팔아먹을 기술이 하나도 없다'는 딱지를 붙이는 셈이다. 많은 학자가 다른 선택지 없이, 공정한 임금과 안정성이 주어지지 않음에도, 자신이 유일하게 준비되었다고 느끼는 강사 일을 할 수밖에 없다.

학문 제도는 시간강사들이 좋아하는 일을 계속 하도록 장려한다. 게다가 제도의 실현 가능성에 이미 지속적으로 많은 것을 투자한 동료와 멘토들도 압박을 더한다. 동시대 시장의 현실 경험이 일천한 고참 학자들은, 학생들에게 좋은 직업이란 종신 교수 코스로 이어지는 학계 내의 직업이라고 대놓고(혹은 은연중에) 조언한다. 2011년에 학계에서 일자리를 얻는 데 실패하고 생계를 꾸리기 위해 고등학교 교사 일을 선택한 나는, 그 소식을 전하는 여러 교수들로부터 실망의 기색을 느꼈다.

내게 다른 선택지가 없었다는 건 중요하지 않았다. 중요한 건, 내게 유일하게 허락된 길에서 탈락했다는 것이다. 즉, 어떤 일이 있더라도 학계에 머문다는 길 말이다. 에린은 회상한다. "우리는 잘하고 있으니 현 상태를 받아들이리라고 기대 받았어요. 교직을 그만두고 테크 업계로 옮겼을 때, 전 말 그대로 굶고 있었죠! 같이 일했던 동료들이 저를 나쁘게 평가한다고 느꼈습니다." 에린에게 교직을 떠나는 일은 곧 생각만큼 잘 해내지 못했다거나, 학생들을 위해 일하기를 거부하는 것과 같았다. 그녀는 모든 걸 잘 받아들이지 못했으므로 배신자가 된 기분이었다.

학자들이 체제에 환멸을 느낄 경우, 여기에는 고질적 수치심이 동반되며, 이 감정은 통제 불가능할 정도로 커지기 일쑤다. 이상적인 구직자가 되기 위해 모든 조언을 따랐다는 건, 체제 자체가 학자들이 가진 야망과 노동의 저장고를 파먹으며 번성했다는 건 중요하지 않다. 그들이 자기 인생의 10년 혹은 그이상을 좋아하는 일을 하기 위해 썼다는 것—그럼에도 결승선에 도달하지 못했다는 것이 중요하다. 이게 우리가 일을 일로 말하지 않고, 열정을 추구하는 것으로 말할 때 일어나는 현상이다. 끊임없이 자신을 착취한 일을 그만두는 것이 자신을 포기하는 것처럼 느껴진다. 사실은 아주 오랫동안 참다가 처음으로 자신의 필요를 옹호하고 나선 것인데도.

파키스탄 여성이자 미국 이민자 1세대인 히바는 아무런 인정을 받지 못한 채 희망 노동을 수행하는 현실이 너무 버거웠다. 학부생 시절 그녀는 대학신문과 지역 무슬림 신문에 주기적으로 글을 기고했다. 졸업할 때 교수들은 그녀가 빠르게 지역 신문사에서 일자리를 잡고 나중엔 더 영향력 있는 자리까지 갈 수 있을 거라고 호언했다. 하지만 막상 구직을 시작하니 어디서도 연락이 오지 않았다. 하루에 지원서 30개를 미국 각지로 보낸 적도 있었다. 무슬림 이슈에 대해 글을 쓰는 게 그녀가 열정을 가진 일이었지만, 지도 교수들은 이력서에서 무슬림 신문에서 일한 경력은 지우라고 조언했다. 그래도 연락은 오지 않았다.

결국 히바는 한 기술 회사에서 연구 분석가로 일하기 시작했다. 보수는 연봉 3만 8천 달러로 썩 괜찮았지만, 업무를 보고 있노라면 바보가 되는 느낌이었다. 칸막이 쳐진 좁은 자리에 앉아 데이터를 입력하고 아무도 반기지 않는 전화를 걸면서, 그녀는 지독하게 지루하고 우울한 기분이 들었다. 어느 날, 히바는 졸업식 날 연설을 한 학생이 바로 몇 칸막이 너머에서 일한다는 걸 알게 되었다. 저널리즘에서 빛나는 커리어를 쌓을 게 확실해 보였던 그조차도 그랬다.

하지만 히바는 언론사에 입사해 무언가 해보겠노라는 의욕을 잃지 않았다. 계속 지원서를 보내다가 한 과학 잡지에서 편집 보조 일자리를 제안받았지만 생계를 꾸리기엔 연봉 2만 6천 달러는 어림도 없었다. 그러다가 히바는 여성학 야간 수업을 듣기 시작했고 '공부에 너무 푹 빠져서' 석사 학위를 따는 것까지 고려하게 되었다. 학위를 따자 마침내 그녀가 오랫동안 원해왔던 멋진 일자리가 눈앞에 나타났다. 뉴욕의 '화려한 진보 성향 잡지'에서 일하는 것이었다. 시급이 8달러에 불과한 파트타임 일자리였으며 친구네 집 소파에서 자야 했지만, 히바는 이 일에 달려들었다.

"한편으로 저는 절박할 만큼 작가로서 알려지고 싶었습니다. 지성인들이 읽는 잡지에서 한 자리를 차지하고 싶었어요. 무슬림이자 여성으로서 교차되는 정체성을 가진 채 3년 동안

이 주제들을 공부, 연구하며 대학원 학위를 땄으니 흥미로운 관점의 글을 쓸 수 있으리라 생각했죠. 그러나 막상 일을 시작하니 금세 지치더군요. 월급은 쥐꼬리만 했고 극도의 우울감이 찾아왔어요." 히바는 '멋지지 않은' 일자리에서 오래 일한 덕분에, 마침내 얻은 '멋진' 일자리의 근무 조건이 얼마나 열악한지 알 수 있었다. 지루하진 않았으나, 그밖엔 생각한 대로 된 것이 하나도 없었다. 히바가 말했다. "처음엔 힘들어도 견딜 가치가 있을 거라고 생각했습니다. 하지만 결국은 근무에 너무 낙심한 나머지 직장을 떠나야 했어요."

그럭저럭 괜찮은 일을 해라

좋아하는 일을 페티쉬로 만들면, 뻔한 **구닥다리 직업**들―닌자도 아니고 제다이도 아니며 멋지지 않을진 몰라도 안정성과 복지 같은 마법의 힘을 제공하는 일자리들―이 탐탁찮게 느껴지게 된다. 이 논리에 따르면 우편 배달부와 전기공은 조부모나 부모 세대 직업으로, 시작과 끝을 정의할 수 있는 직업으로, 노동자의 정체성을 포용하지 않는 직업으로 보인다. 이런 직업은 사람들이 특별히 좋아하거나 (에어컨 설치에 **열정**을 느끼진 못하겠지만) 싫어하지 않는 일이다. 근무시간은 합리적이고, 보수도 괜찮으며, 훈련도 현실적으로 가능하다. 그럼에도 이런 직업들은 적어도 교육받은 중산층 사이에서는 도외

시되고는 한다.

코네티컷에서 중상류층으로 자라 대학을 중퇴한 서맨서 역시 이 문제로 여전히 씨름하고 있다. 대학을 떠난 뒤 그녀는 지인들에게 교사가 되고 싶다고, 지금은 잠시 쉬고 있을 뿐이라고 말했다. 하지만 실은 자신이 일하는 작은 식료품점의 관리자가 되는 게 그녀의 바람이었다. 오늘날 서맨서는 여전히 그 식료품점에서 일하고 있다. 시급도 괜찮고 근무 스케줄도 유연하다. "저는 아직도 이 일이 어딘가 부족하다고 느낍니다. 어렸을 적 꿈꾸던 일이 아니니까요." 그녀는 설명한다. "하지만 그렇다고 해서 이게 좋은 직업이 아닌 걸까요? 우리 할아버지가 30년 동안 우편 배달부로 일하는 걸 **꿈**꿨을까요? 아마 아닐 겁니다. 하지만 장담하건대 할아버지의 좋은 일자리를 못마땅하게 여긴 사람은 아무도 없었을 거예요."

'좋아하는 일을 해라' 윤리에 대한 자라나는 밀레니얼들의 환멸과, 매력 없는 일에 대한 꾸준한 수요 증가가 합쳐져 이런 직업들은 새로운 종류의 광채를 얻고 있다. 나는 내 나이 또래의 사람들 사이에서 직업의 조건과 야망에 관한 "개종"의 순간이 퍼져나가고 있음을 발견했다. 그들은 더 이상 꿈의 직업을 원하지 않는다. 보수가 너무 적지 않고, 과로하지 않아도 되고, 죄책감을 주입해 자신의 권익을 주장하지 못하게 하지 않으면 된다. 어쨌거나, 그들은 모두 좋아하는 일을 하려다가 번아웃에 빠져 하나의 잿더미가 되어버렸으니까. 그들은 이제 그냥 일을 한다. 그리고 근본적으로 일과 맺은 관계를 재설정하고 있다.

에린이 테크 업계에서 찾은 새 일자리를 보자. 그녀의 일은 안정적이고, 예컨대 식료품과 같은 생필품 쇼핑을 금전적으로 감당할 수 있게 해주며, 시간강사로 일하던 때와는 달리 일과 삶 사이에 명확한 선을 유지할 수 있게 해준다. 그녀는 좋은 직업이란 돈을 많이 벌고, 좋아하는 일을 하고, **더불어** 선한 일을 할 수 있는 직업이라고 생각하며 자랐다. 지금 좋은 직업에 대한 그녀의 정의는 "제일 높은 급여를 주면서 오후 5시 이후엔 퇴근하게 해주는 직업"이다. **그럭저럭 괜찮은** 일을 할 방법을 찾는 쪽으로 생각을 옮겨가는 모양새는 밀레니얼들 사이에서 점점 더 흔하게 발견된다.

계층을 불문하고 수백만 밀레니얼들은 오만하고, 낭만적이며, 부르주아적인 노동관을 배경 삼아 양육되었다. 이를 버린다는 것은 사실 각 계급의 수많은 노동자들이 단 한 번도 잊은 적 없는 개념을 받아들이라는 의미다. 즉, 좋은 직업은 당신을 착취하지 않으며 당신이 싫어하지 않는 업무라는 생각이다. 스스로 혼혈인 흑인으로 소개하는 제스는 아버지의 부재 속에서 대단히 빈곤하게 자랐다. 미국 흑인문학 전공으로 학위를 받고 대학을 졸업한 그녀는 마케팅 분야에서 일자리를 찾고 싶었지만, 침체가 정점을 찍은 2009년에 빠르게 일자리를 구할 수 있는 곳은 스타벅스였다.

부모님 집으로 돌아가면 좋았겠지만, 제스에겐 그런 선택지는 없었다. 그녀는 포트폴리오를 만들기 위해 무급으로 프리랜서 일을 시작했다. 처음엔 그저 졸업한 것만으로도 기분이 좋았고 바리스타 일도 재미있었다. 하지만 더 어린 친구들이 졸업해 바로 번듯한 직업을 가지는 걸 보며 금세 불안해졌다. 오늘날 비영리단체에서 위탁아동을 위해 일하는 그녀는 자신의 일을 사랑한다. 그 이유의 일부는, 주변 친구들이 점점 더 현저하게 출세 지향적인 일자리를 두고 경쟁하는 사이에도, 한 번도 완벽한 직업을 찾아야 한다는 강박을 느낀 적이 없어서다. "제 관점은 더 현실적입니다. 커리어랄 게 없는 엄마 밑에서 커서 그래요. 엄마는 혼자서 네 아이를 키우느라 승진 가능성이 없는 일자리를 몇 탕이나 뛰었죠." 그녀가 말했다.

예술계에서 수많은 인턴십을 한 소피아는 최근 아이비리그 대학에서 박사 학위를 마쳤다. "저는 좋은 직업이란 이름이 잘 알려진 명망 높은 기관에서 예술에 대해 무언가 창조하고 배우는 기분을 느끼게 해주는 일이라고 생각했어요." 그녀는 인정했다. "그리고 그 명망에 대한 바람을 **오오오오오랫동안** 포기하지 못했죠. 박사를 마치고 구직에 나섰을 때에야 명망이 직업 만족도와 전혀 무관하다는 걸 깨달았습니다. 다행히 저는 대학원을 7년이나 다녔고 많은 인턴십을 했으므로, 일의 어떤 부분이 제게 행복과 만족감을 주는지 알게 되었어요."

그녀는 구직 시장에 나가, 처음으로 직원복지가 제공되는 영구적 일자리를 찾았다. 엄밀히 말해 학계의 일자리는 아니었다. 중학생들에게 역사를 가르치는 일이었다. "이 일은 저를 정말 행복하게 해주고, 보수도 썩 괜찮으며, 매일 제게 도전과 만족을 줍니다. 명망은 없지만 멋진 일이에요." 소피아가 말했다.

▼　▼　▼

　'좋아하는 일을 해라' 논리의 치명적인 가정 하나는 미국에서 성공한 사람 모두가 좋아하는 일을 하고 있다는 것, 역으로 좋아하는 일을 하는 모두가 성공했다는 것이다. 그러니 만일 당신이 성공하지 않았다면, 무언가 잘못하고 있는 것이다. "일을 사랑하라는 이 신화의 핵심은 미덕(인물의 도덕적 의로움)과 자본(돈)이 같은 동전의 양면이라는 개념"이라고 토쿠미츠는 설명한다. "부가 있는 곳에 노력이 있고, 근면이 있으며, 부를 가능하게 하는 개인적 창의성이 있다."

　이 논리대로라면 부가 없는 곳에는 노력도, 근면도, 개인적 창의성도 없다. 이 상관관계는 수없이 반증되었음에도 불구하고 우리 안에 남아 사람들을 더 적은 보수에도, 시궁창 같은 조건 아래서 더 열심히 일하게 만든다. 좋아할 수 있는 멋진 일이 나타나지 않을 경우, 혹은 나타나더라도 부자가 아니라서 그 일을 하기가 불가능한 경우에 수치심이 쌓인다는 건 쉽게 확인할 수 있다.

　에마는 지난 10년 동안 정보과학의 세계에 진입하려고 시도했다. 우리가 아는 말로 풀어쓰자면, 사서가 되고자 했다. 석사학위를 받고 졸업했을 때 그녀는 풀타임 임시직 일자리를 제안받았다. "충분히, 열심히 일하면" 정규직으로 전환될 수 있다는 조건이었다. 에마는 설명했다. "사서는 제 꿈의 직업이었어요. 제가 지구상에서 최고로 운 좋은 사람이라고 생각했죠." 하지만 에마를 고용한 기관은 경영진이 바뀌었고, 그녀는 임시직 계약을 계속 갱신하며 스스로를 정신적·신체적 한계까지 몰아붙였다. "저는 제게 주어진 것 이상의 일을 하면서, 마지막 한 방울까지 에너지를 쥐어짜 가장 열정적이고 헌신적인 직원이 되고자 했습니다. 하지만 새 경영진은 제가 아무리 노력해도 저를 마음에 들어 하지 않았습니다."

구직을 반복하며 그녀는 우울과 낮은 자존감, 교육에 투자한 것에 대한 극심한 후회, 전반적인 자신감 부족을 겪었다. "저는 제 모든 정체성에 의문을 품었습니다. 내 말투 때문일까? 머리 모양 때문일까? 옷 입는 스타일이 문제일까? 체중이 문제일까?"

어긋난 기대도 원인 중 하나였다. 석사 학위를 받을 때 교수들은 그녀가 연봉이 최소 4만 5천 달러에, 복지가 주어지며 즉시 학자금 대출 탕감 공익 프로그램에 등록할 수 있게 해주는 직장에 취직될 거라고 말했다. 현실에서 그녀는 오랜 구직 활동 후에 전공 분야 밖에서 그만큼의 가방끈이 필요하지 않은 일자리를 얻었다. 연봉은 3만 2천 달러다. 그럼에도 그녀는 자기 분야 졸업생 중 풀타임 직장을 찾은 소수에 속하게 되어 매일 행운이라고 느낀다. 에마는 지난 10년을 돌아보며 냉소하는 동시에 감사를 느낀다. "성공하는 데 실패하면 열정이 부족한 거라는 믿음이 은연중에 퍼져 있죠. 하지만 저는 더 이상 일에 제 감정을 쏟지 않아요. 그럴 가치가 없어요. 모든 개인이 소모품으로 취급받는다는 걸 배웠습니다. 일은 공정하지도 않고, 열정이나 가치에 근거한 것도 아니에요. 제겐 그런 놀이를 할 여유가 없어요."

수천 명의 밀레니얼이 에마와 같은 사연을 지니고 있다. 그들의 이야기를 들을 때면, 나는 밀레니얼들이 꿈의 직업을 향해 얼마나 힘차게 지치지 않고 나아갔는지 재차 깨닫는다. 밀레니얼이 자신을 향한 가장 끈질긴 비판을 당최 이해하기 힘든 이유다. 우리가 버릇없다는, 게으르다는, 대가 없이 자격을 누리려 한다는 비판이다. 밀레니얼은 "좋아하는 일"이 이상적인 직업이라는 생각을 먼저 시작하지도, 애써 부추기지도 않았다. 다만 그 생각을 이 시장에 노출시키고 나니, 나라는 존재가 참으로 취약해진다는 현실을 대면해야 했을 뿐이다.

누군가 밀레니얼이 게으르다고 말하면, 나는 그에게 묻고 싶다. 어떤 밀레니얼이요? 누군가 밀레니얼이 그저 누리려고만 한다고 말하면, 나는 그에게 묻고 싶다. 우리에게 좋아하는 일을 해야 한다고 가르친 건 누구죠? 우리는 대학이 중산층 직업으로 가는 길이라고 배웠지만 사실이 아니었다. 우리는 **열정**이 **이윤**으로, 혹은 적어도 우리를 가치 있게 여길 만한 안정적 일자리로 이끌어 줄 거라고 배웠다. 이것도 사실이 아니었다.

본디 성인기에 들어서면 성인기가 어떤 것이며 우리에게 무얼 줄 수 있는지에 관한 기대를 수정해야 한다. 밀레니얼이 다른 세대와 차이점이 있다면 짧게는 5년, 길게는 20년 가까이의 시간을 고통스럽게 기대를 조정하며 보내야 했다는 거다. 부모와 교사가 확신에 차서 이야기한 사회의 모습과 실제 구직 경험의 괴리까지도 감내하며 지내야 했다. 이는 우리가 직업이란 무엇이며, 무엇이어야 하는지에 관해 전적으로 실용주의적인 관점에 도달했음을 보여준다. 우리 다수는 자신을 노동자로, 연대에 목마른 **일꾼**으로 이해하기 위해 시궁창 같은 일자리에서 여러 해를 보내야 했다.

밀레니얼들은 수십 년 동안 특별하다는 말을 듣고 살았다. 우리 개개인은 잠재력으로 가득하다고. 우리가 해야 할 일은 그 잠재력을 부모와 달리 돈 걱정 없는 완벽한 삶을 만드는 데 발휘하는 것이라고. 하지만 베이비붐 세대는 자녀들을 일자리에 맞추어 기르고 최적화하는 사이에 그런 삶을 가능하게 만드는 보호 장치들을 사회적·경제적으로 해체시켰고, 직장에서 없애버렸다. 우리가 그들의 성격을 망쳐놓은 건 사실일지 모른다. 하지만 그들이 더 심하게 망쳐놓았다. 부머들은 우리에게 노력하면 얻을 수 있다고 약속한 것을, 우리가 직접 우리 손으로 얻기 힘들게 만들어 버렸다.

구직 시장에 처음 발을 내딛던 때, 그 사실을 이해할 지혜를 지닌 밀레니얼은 거의 없었다. 우리는 그 대신 기회가 찾아오지 않는 것이 개인의 문제라고 믿었다. 구직 시장의 경쟁이 얼마나 극심한지 인정했고, 기준을 더 낮추어야 한다는 것도 알았지만, 그만큼 더 노력하면 승리할 거라고 확신했다. 혹은 적어도 안정을 찾거나, 행복을 얻거나, 모호하지만 또 다른 목표에 도달하리라 확신했다. 우리가 그 희망을 찾고 있는 이유에 대해 점점 미궁에 빠지는 와중에도 말이다.

우리는 필패하도록 설계된 전투에서 몇 년을 더 싸웠다. 사람들은 이 사실에 수치심을 느낀다. 나 또한 그러하다. 충분히 노력하면 달라질 거라고 확신했기에, 나 역시 너무나 터무니없는 조건들에 만족했다. 하지만 복지 없이 최저임금을 주는 일자리에서 계약직으로 일하며 월 400달러씩 상환해야 하는 대출금을 어깨에 지고 살다 보면, 아무리 열정이 있다 해도 몇 년쯤 지나 뭔가 심하게 글러먹었다는 걸 깨닫게 된다. 많은 밀레니얼이 번아웃을 겪고야 이 지점에 다다랐다. 하지만 "열정은 좆까고 돈이나 주쇼"로 대변되는 밀레니얼의 새 구호는 매일 더 큰 설득력과 힘을 얻고 있다.

5장

일터는
어쩌다
시궁창이
되었나

1970년대에는 임시직 취업 알선소의 인기가 상승했다. 임시직은 (적어도 표면상으로는) 급히 용돈을 벌고자 하는 아내들의 노동을 활용한 것으로서, 회사의 긴급한 노동 수요를 아주 쉽고 빠르게 해결해 줄 방편으로 선전되었다. 업계 선두 알선소는 '켈리 걸Kelly Girl(취업 알선소 켈리 서비시즈Kelly Services에서 파견하는 임시직 여성 노동자들을 일컬었으며, 이후 의미가 확장되어 회사와 성별을 가리지 않고 임시직을 통칭하는 표현이 되었다. ─옮긴이)'을 광고하며 임시직 노동자에 대해 다음을 약속했다.

- 휴가 사용/급여 인상을 절대로 요구하지 않음
- 노는 시간에 대해 한 푼도 지원받지 않음(일이 없으면 자르면 됨)
- 감기, 디스크, 흔들리는 치아 등의 문제로 골치 아프게 하지 않

음(어쨌거나 근무시간에는!)

- 실업보험, 사회보장연금을 지급하지 않아도 됨(서류작업 필요 없음!)
- 복리후생에 돈을 쓸 필요가 없음(급여명세서에서 최대 30퍼센트까지 차지할 수 있는 항목)
- 고용주를 만족시키는 데 실패하지 않음(제대로 일하지 않으면 돈을 내지 않아도 됨)

요컨대, 켈리 걸은 아예 직원으로 대우하지 않아도 되었다. 적어도 노동조합과 회사들이 합의한 모습의 직원처럼 대우하지 않아도 됐다. 임시직은 해외 노동자와 마찬가지로, 회사가 노조 파괴범 같은 면모를 숨긴 채 노조의 요구를 우회할 방법을 제공했다. 또한 회사 측 비용 절감을 도와주는 동시에 고용과 관련해 책임이 따르는 계약을 피하게끔 해주었다. 이를 통해 일상의 위험을 다시 개인 직원들의 몫으로 돌려 놓았다. 곧 분명히 확인할 테지만, 임시직은 오늘날 노동 시스템의 본보기가 되었다. 이 체계에서 시간강사, 독립 계약직, 프리랜서, 임시 직원, 다른 모든 유형의 **파견직 노동자**들은 계속 확장되는 새로운 사회적 계급을 만든다. 그 계급은 바로 프레카리아트precariat(불안정을 뜻하는 'precarious'와 노동자를 뜻하는 'proletariat'의 합성어로, 불안정한 고용 상태에 놓인 노동자를 말한다. – 옮긴이)다.

프레카리아트는 미국인들이 지닌 노동계급에 대한 관점에 들어맞지 않는다. 경제학자 가이 스탠딩 Guy Standing이 지적하듯,

적어도 사람들의 기억 속에서 노동계급은 "장기적이며 안정적인, 근무시간이 고정된 일을 하면서 노조에 가입하고 집단 교섭의 합의에 따라 정해진 승진의 경로를 밟아나갔다. 그들 부모님이 이해했을 법한 직위를 달고, 이름과 특징이 익숙한 지역 고용주들과 일했다."[1] 프레카리아트에겐 이런 특성이 거의 없다. 우버 운전자는 프레카리아트에 속한다. 소매점 종업원, 아마존 창고 직원, 시간 강사, 프리랜서, 인스타카트(장보기 대행 앱-옮긴이) 쇼퍼, 기업 청소부, MTV 디지털 프로듀서, 재택 요양보호사, 마트 점원, 패스트푸드 서빙 종업원 생계를 꾸리기 위해 이러한 일을 몇 번이고 뛰어야 하는 사람들 모두 이에 속한다.

프레카리아트 노동자는 동료들을 거의 알지 못하고, 아는 사람 몇몇은 금방 다른 사람으로 대체된다. 대개는 대학 학위가 있거나, 학위 과정을 밟는 중으로 몇 학기를 수료한 뒤다. 시간 강사, 프리랜서 작가와 같은 일부는 열정을 계속 좇다가 프레카리아트 계급에 들어오게 된다. 또 다른 일부는 자포자기 끝에 프레카리아트 계급에 도착한다. 그들의 경제적 지위와 계급은 **불안정**한데, 이는 아주 자그마한 불운이라도 그들을 빈곤으로 밀어 넣을 수 있다는 의미다. 따라서 그들은 언제나 신경을 바짝 곤두세워야 한다.

프레카리아트 노동자들은 무엇보다도 지쳐 있다. 구체적인 업무가 무엇이든 번아웃에 빠져 있다. 스탠딩은 적는다. "프레카리아트 계급에 속한 이들은 불안정, 불확실성, 빚과 굴욕에 지배받는 삶을 살고 있다. 그들은 시민이라기보단 거류민으로서 수 세대에 걸쳐 쌓아온 문화와 문명, 사회, 정치와 경제 영역의 권리를 잃고 있다. 가장 중요한 건, 프레카리아트가 전형적으로 그 계급에서 필요로 하는 교육보다 더 낮은 수준에서 노동하기를 기대받는, 사상 최초의 계급이라는 것이다. 점점 더 불평등해지는 사회에서 프레카리아트의 상대적 박탈은 극심해지고 있다."[2] 그들은 아메리칸드림이 이룰 수 없는 꿈이 되었다는 것에 대해 화를 내고 불안을 느끼지만, 그래도 그 꿈에 조금이라도 더 가까이 다가가려 애쓴다.

프레카리아트 계급에 속한 이라면, 아마 이는 너무 지독한 소리처럼 들릴 수도 있다. 하지만 미국 계급 체계의 가장 큰 잔인성은 누구도(삶이 불안정에 의해 규정당하는 이들조차도) 그 사실을 인정하지 않으려 한다는 거다. 스탠딩은 프레카리아트들이 "직업이 있는 것에 감사하고 행복해야 하며 '긍정적'으로 생각하라는 말을 듣는다"고 설명한다.[3] 어쨌든, 경제는 호황 아닌가! 실업률도 낮고! 하지만 점점 더 많은 수의 미국인이 실제 경험하고 있는 바는 이와 다르다.

만일 당신이 현재 직업이나 학력, 부모의 입지로 인해 프레카리아트가 될 위험에서 보호받고 있다고 느낀다면, 착각이다. 지금이야 스탠딩이 "살라리아트salariat"라고 부르는, 월급을 받고 주체적으로 일하며 사내에서 의견을 존중받는 노동자에 속할지도 모른다. 하지만 스탠딩의 표현에 따르면 살라리아트는 매일 프레카리아트를 향해 표류한다. 정규직 직원들이 해고당하고 독립 계약직으로 대체된다. 스타트업 기업들은 인력의 많은 부분을 직원으로 분류하는 것조차 거부한다.

노동자들이 게을러지고 있거나 멀티태스킹 능력이 떨어지고 있는 게 아니다. 끈기나 야망이 부족한 것도 아니다. 일터의 조건이 나쁘고, 더 나빠지고 있다. 일터가 불안하고, 더 불안해지고 있다. 하지만 일터가 어쩌다가 이렇게 시궁창이 되었는지 이해하려면, 일단 과거를 살펴보아야 한다. 임시직의 역사뿐 아니라 컨설팅, 사모펀드, 투자은행의 얽히고설킨 역사를 파헤쳐 보아야 한다. 일터에 어떻게 균열이 생겼는지, 기반 자체가 어떻게 깨져버렸는지, 그 결과로 생긴 불안정이 어떻게 우리에게 영향을 미쳤는지 이해해야 한다.

▼　▼　▼

이미 다룬 내용이지만 한 번 더 살펴보자. 1950년대와 60년대는 큰 노조와 큰 기업, 강건한 정부 규제 덕분에 전례 없는 성장과 경제적 안정이 찾아온 시대였다. 뒤이어 세계 시장이 열리고 경쟁이 시작되면서 촉발되고 악화된 1970년대의 스태그플레이션과 1980년대의 소규모 침체가 있었다. 이들을 겪으며 사람들은 제2차 세계대전 직후의 번영으로, 중산층을 확장시킨 '대압착'으로 돌아가기를 간절히 바랐다. 그리하여 전국의 미국인들이 '자유 시장' 논리를 받아들이기 시작했다. 정부의 개입이 없으면 경제는 저절로 문제를 해결할 것이며, 그 결과 경제는 어떤 때보다도 더 부강해진다는 생각이었다.

이 생각이 얼마나 유혹적이었는지는 쉽게 확인할 수 있다. 전쟁이 끝나고 난 뒤 노력하면 보상받는다는 믿음이 사람들을 북돋웠다. 수술 수준에 가까운 고의적 경제 개입과 대규모 노동조합 보호 장치가 경제 번영을 이끌었다는 사실은, 사람들로부터 곧잘 무시되었다. 이것이 미국 정부 개입의 특징이다. 효과가 있을 땐 '미국의 창의성과 노력'이라는 서사로 포장된다. 효과가 없을 땐 정부 보조가 근본적으로 부적절했다는 증거가된다.

자유 시장이 모든 것을 고치리라는 약속은 설득력이 있었기에, 80년대와 90년대에 모든 층위의 정치인들이 노동조합 보호 장치를 철회하고 정부 규제를, 특히 금융시장과 관련된 규제를 극적으로 줄여나갔다. 공공기관의 수장들은 점점 더 변덕스러워지는 시장에서 절박하게 주식 가치평가를 높이려고 했다(언제든 그들을 축출할 수 있는 투자자들에게 신세를 지고 있던 터였다). 수장들은 회사를 가능한 한 날씬하고 민첩하게 만들기 위해 핵심 요소만 제외한 채 경비부터 회사의 한 부문 전체까지 무엇이든 죄다 내다버리기 시작했다. 이 전략은 더 흔하고 모호한 **다운사이징**이라는 용어로 알려져 있다.

다운사이징이 내세우는 미사여구는, 현재 잘라내고 있는 것이 무엇이든 애당초 필수적이지 않았다는 것이다. 점점 넓어져가는 화려한 대저택에서 당신에게 **잘 맞는** 집으로 다운사이징한다는 건, 탐욕, 잉여, 사치를 줄였다는 뜻이다. 이러한 이해가 일터의 다운사이징에도 적용되었다. 물론 대압착 시기에 더 많은 미국인들이 경제적 번영과 안정을 누린 것은 사실이다. 그러나 회사들은, 적어도 이익률에 집착하는 월스트리트의 관점에서 봤을 때에는 군살이 껴 있는 상태였다. 그 "군살"은 대개 보상 패키지와, 일터를 더 나은 곳으로 만들어 준 구조들이었다. 그러나 사람들의 삶을 더 낫게 만들어 줬다고 해서 내다버릴 수 없는 것은 아니었다.

회사들은 왜 그렇게 날씬해지길 원했을까? 그러면 주가가 올라갈 테니까. 누가 그들에게 굶어서라도 살을 빼라고 시켰을까? 컨설턴트들, 일정 기간 동안 회사를 관찰한 뒤 냉혹한 평가를 내리게끔 초빙된 용병들이었다.《임시직: 미국의 일, 미국의 사업, 아메리칸드림은 어떻게 임시가 되었는가*Temp: How American Work, American Business, and the American Dream Became Temporary*》에서 루이스 하이먼은 전후에 붐을 겪으며 몸집을 불린 기업에 질서를 적용하려는 수단이었던 컨설팅과 회계의 발전을 추적한다. 회계사의 주된 업무는 회계 장부를 제대로 쓰는 것이었던 반면, 컨설턴트의 업무는 좀 더 이론에 충실했다. 회사가 어떻게 돌아가는지 분석하고, 어떻게 하면 **더 잘** 돌아갈지 말해주는 것이 그들의 일이었다.

하지만 '더 잘'이라는 건 주관적인 용어다. 회사는 직원들이 행복하고 생활에 충분한 수입을 제공할 때 더 잘 돌아가는가? 아니면 이익률이 높아질 때 더 잘 돌아가는가? 컨설턴트들은 회사에 직접 투자한 이들이 아니었으므로, 그들의 조언은 제약

받지 않는 자본주의의 목표와 같은 선상에 있었다. 즉, 회사가 어떻게 가장 적은 시간 동안, 가장 높은 이익률로, 가장 많은 돈을 벌 수 있는가? "컨설턴트들에게 조종석을 넘겨준 기업은 더는 자리 잡은 벤처기업이 아니었다. 기업은 내일의 진보가 아니라 오늘의 주가에 가치를 두는, 일시적인 집합이 되었다."[4] 하이먼은 적는다.

컨설턴트들이 자신들을 고용한 회사에 어떻게 영향을 미치는지 이해하려면, 그들이 일하는 방식을 먼저 이해해야 한다. 대다수는 대학을 졸업 후 채용되어 '프로젝트'를 할당받는다. 프로젝트란 컨설팅을 필요로 하는 회사를 칭한다. 오늘날 컨설턴트들은 도심 혹은 그 근방에 살지만, 월요일 아침 새벽같이 그랜드래피즈든 미시건이든 마이애미든 어디든 그들이 평가하기로 한 회사로 간다. 주중에는 호텔에 머무르며 외식을 하거나 룸서비스로 식사를 해결한다. 하루 중 대부분의 시간을 일로 보낸다. 비효율과 잉여를 색출하려 시야에 들어오는 모든 직원과 면담한다. 목요일 저녁이면 비행기를 타고 집으로 돌아가고, 금요일은 일반적으로 사무실에서 보내며, 한 달이 되었든 2년이 되었든 회사를 검토하기로 한 일정 기간이 지난 뒤 권고안을 내놓는다. 바로 여기서, 이런 방법으로, 군살을 빼면 된다고. 영화 〈인 디 에어 Up in the Air〉에서 조지 클루니의 직업이 컨설턴트였다. 그들은 어느 비행기든 일등석 승객의 상당한 비율을 차지한다.

컨설턴트들과 그들이 컨설팅하는 회사 사이의 거리가―문

자 그대로의 '거리'와 비유적인 '거리'가—그들이 지닌 가치의 큰 부분을 차지한다. 그들은 직접 아는 직원이나 애착을 지닌 직원이 없으므로 해고에 관해 망설임 없이 판단할 수 있다. 직속 상사나 CEO와 달리 정리 해고를 당하는 직원들을 다시 볼 일이 없다. 직원들의 가족에 대해서도, 자신들이 속하지 않은 이 동네에 권고안이 미칠 파장에 대해서도 모른다. 그들을 냉혹한 살인자로 보지 않기란 어렵다. 하지만 그들이 하는 일이 회사가, 흔히 주주들을 만족시키고자 안달복달하는 회사가 요청한 것이란 사실을 반드시 기억해야 한다. 컨설턴트는 권고만 한다. 실제로 권고안을 받아들이고 실행하는 건 회사다.

1980년대와 90년대를 지나는 동안 컨설턴트들의 권고안은 회사의 핵심 역량을—회사가 다른 곳보다 먼저 선점한 방식으로 가장 잘하는 일을—밝혀내는 데, 핵심 역량에 보탬이 되지 않는 것은 무엇이든 누구든 조용히 제거하는 데 초점을 맞추게 되었다. 데이비드 와일David Weil이 《균열 일터*The Fissured Workplace*》에서 지적하듯 이는 회사의 부분들을 분리시키고, 몇몇 부서를 아예 없애고, "비필수" 노동의 경우 회사가 유의미하게 낮은 비용으로 동일 서비스를 제공받을 수 있도록 (예컨대 임시직 노동자들에게) 아웃소싱한다는 의미였다.[5]

아웃소싱 노동자 일부는 외부 서비스 회사에서 왔다. 청소 회사에서는 다수의 회사들에게 청소 서비스를 제공했다. 또 다른 일부는 임시직 알선소에서 왔다. 1970년대 이전에 대부분의 임시직은 한 회사에서 일했고, 필요에 따라 여러 자리를 옮겨 다니며 풀타임 직원들이 효율적으로 휴가와 병가를 사용할 수 있게 (더불어 직원들이 죄책감을 느끼지 않아도 되도록) 해주었다. 그들은 직원을 **대체**하지 않았다. 이름 그대로 임시로 그들의 자리를 채웠을 뿐이다. 하지만 1970년대에 이르러 임시직의 숫자와 수요가 크게 증가하자 그들의 역할도 변화했다. 더 많은 사람이 풀타임으로 임시직 근무를 하고 있었다. 그렇게 여러 알선소를 거쳐 여러 회사에서 일하게 된 사람들은 다음 일자리가 언제 올지, 오기는 할지, 어떤 조건을 요구할지 거의 알 수 없었다.

다운사이징과 같이 노동비용을 절감하려는 회사들이 '유연한' 인력이라며 소중하게 여긴 임시직은, 사실은 회사 입장에서 처분하기 쉬운 인력이었다. 임시직은 짧은 기간 동안 부린 다음 거창한 작별 인사 없이 내보낼 수 있었다. 노동조합이 있어도 가입할 수 없었으며 '켈리 걸' 광고가 주장하듯 실제 직원들에게 제공되는 권리들을 하나도 누리지 못했다. 회사가 임시직 노동자를 함부로 대하기 쉬웠던 건, 임시직 노동자들이 어떤 사람들이며 왜 일하는지에 관한 지배적이고 만연한 서사 때문이었다.

하이먼이 보여주듯 전쟁 후에 생겨난 임시직의 초기 서사는 '사치를 좇는 가정주부'가 갖고 싶은 물건을 구입할 가욋돈을 벌기 위해서였다. 혹은 가족에게 돈이 **필요**해서가 아니라 단지 돈 버는 재미를 조금 누리고 싶어서 일한다는 것이다. 이런 서사에서 임시직의 수입은 꼭 있어야 하는 돈은 아니었으므로,

임시직을 해고하거나 불안정한 근무 조건을 제공한다 해도 실제로 누구에게 해를 끼치는 건 아니었다. 어쨌거나 그들에겐 임시직으로 일하지 않는다는 선택지가 있었으니까. 하지만 이 서사는 사실과 다르다. 심지어 1970년대에는 더욱 그랬다. 경제가 바닥을 치자, 현재 임시직에 의존하는 종류의 회사들에서 해고된 많은 노동자에게는 그 어떤 일자리라도 꼭 필요했다.

그럼에도 임시직이 말 그대로 임시로 일하고 있다거나, 적어도 자진해서 임시직으로 일하러 나섰다는 서사는 고착되었다. 결국 임시직 업무는 철저히 여성의 것으로 여겨지고 경시받은 끝에 그 일이 착취인지 아닌지에 관해 아무도 고민하지 않는 지경에까지 이르렀다. 앞으로도 보겠지만, 대침체 이후 계약직과 프리랜서를 둘러싸고도 비슷한 서사가 쌓여나갔다. 우버 운전이 점점 줄어드는 교사 연봉을 채우기 위한 절박한 시도임에도 자발적인 부업으로 표현된 것처럼. 경제적 상황의 현실을, 회사가 그들이 내친 노동자들을 이용하고 있다는 사실을 무시하기는 더 쉬워졌다.

▼　▼　▼

다운사이징, 구조조정, 풀타임 직원 해고 배후의 논리는 근본적으로 간단하다. 회사의 불필요한 부분을 솎아내면 단기 이익이 발생했다. 단기 이익은 주가 상승과 주주의 만족을 가져왔다. 주주의 만족은 CEO와 이사들이 자리를 보전할 기회를 제공했다. 회사에 남아 있으나 임시직도, 외주도 아닌 노동자들이 점점 더 적은 복지와 둔화된 임금 상승을 받아들여야 하는데도 그랬다.

오늘날은 이 모든 게 상식처럼 보인다. 그게 시장이 돌아가는 원리 아닌가. 하지만 그건 단지 **밀레니얼들이 사는 동안** 시장이 그렇게 돌아갔을 뿐이다. 1970년대 이전 상장 기업의 주식 가치는 대개 안정적이었으며, 성장과 안정에 대한 장기적 전망에 근거를 두었다. 그러다가 이상한 일이 일어났다. 회사들이 직원 복지를 삭감할수록 더 많은 미국인이 401k 프로그램을 통해 뮤추얼펀드에 투자하기 시작한 것이다. 1980년대에 뮤추얼펀드는 예탁금이 상대적으로 보잘것없는 수준인 1천 340억 달러에 머물러 '변두리' 투자로 여겨졌다. 그런데 2011년에 이르자 뮤추얼펀드에 투자된 금액은 11.6조 달러로 폭증했다.[6]

이야기가 흥미로워지는 건 여기부터다. 수백만 미국인의 은퇴 자금을 대신 투자하고 있는 뮤추얼펀드는, 투자 대상인 회사의 장기적 안정성에 대해선 거의 고려하지 않았다. 그 대신 401k 자산운용 보고서에 수익으로 올릴 수 있는 단기 이익에 집중한다. 경제학자 데이비드 와일의 표현을 빌리면, 이런 계좌를 지나가는 돈은 참을성이 없어서 자꾸만 더 높은 수익을 찾아 움직인다.[7] 2011년 뮤추얼펀드 포트폴리오의 평균 회전율은 52퍼센트였다. 아직까지 남아 있는 소수의 대규모 연금펀드를 비롯한 뮤추얼펀드들은 해고, 외주나 아웃소싱, CEO가 받는 막대한 보수 등 이에 대한 시장의 관점을 구체화하는 데 일조했다. 펀드들이 열망하는 이익을 계속 만들어 내는 동안에, 그것들은 전부 훌륭한 것으로 여겨졌다.

이 논리는 사모펀드와 벤처캐피탈 회사에 의해 강화되었다. 그들은 문제에 빠진 회사를 사서 구조조정하고, 보통은 뼈만 남을 정도로 살을 다 발라낸 뒤 되팔아 버린다. 사모펀드는 인수하는 회사나 그 회사가 공동체를 위해 하는 일에 대해 장기 투자하는 일이 거의 없다. 사모펀드는 모든 종류의 회사를 사고판다. 그 과정에서 여러 회사를 묶어 파느라, 아무리 오래되고 사랑받는 브랜드라도 죽여버리는 일이 잦다. 사모펀드에 의한 기업 인수의 가장 생생한 사례가 지역 신문사일 것이다. 2000년대 초반, 인터넷과 크레이그리스트(개인이 광고를 올릴 수 있는 일종의 온라인 벼룩시장—옮긴이)의 도전 앞에서 신문 업계 전체가 흔들리기 시작했다. 가족이 소유한 신문사 여러 군데가 헐값에 팔렸다. 다수의 신문사를 관리하는 체인에 팔리기도 했고, 궁극적으로는 그 체인을 인수한 사모펀드에 팔리기도 했다.

사모펀드에 인수된 신문사들에게 지난 10년은 재난과 같았다. 가장 필수적인 인력을 제외한 직원 전원이 해고되었다. 예를 들어 덴버 포스트는 다른 90개 이상의 신문사와 함께 올든 글로벌 캐피털의 소유로 넘어갔다. 2013년에서 2018년 사이, 올든 글로벌 캐피털은 기자 수를 142명에서 75명 이하로 대폭 줄였다.[8] 그 결과 균열 시장을 보여주는 한 편의 우화가 탄생했다. 올든 글로벌 캐피털 산하의 신문사들은 (아주 미약한) 이윤을 유지하고 있지만 신문사로서의 가치는 폭락했다. 그러는 동안 신문사에 남겨진 기자, 교열 담당자, 사진 기자들은 줄어든 복지와 낮은 수준의 임금이 그 자리에 고착되는 것을 지켜보았다. 그들은 다섯 명이 하던 일을 홀로 해내느라 정신없는 시간을 보내면서도, 사모펀드 측에서 이윤을 위해 회사를 팔아넘기려면 다음엔 어디서 인원을 감축하자고 할지 몰라 불안에 떨었다.

수많은 밀레니얼의 유년기를 함께한 국민 브랜드, 토이저러스의 예도 있다. 2005년에 토이저러스는 3개 사모펀드에 의해 인수되어 빚더미에 앉았다. 2007년에는 이익의 97퍼센트가 이자 상환에 쓰였다.[9] 현실적으로 이는 경쟁에서 앞서기 위해 기술을 혁신하고, 점포를 리모델링하고, 새로운 전략을 고안할 시간이 없다는 의미였다. 사모펀드 소유주들은 토이저러스의 군살을 없앴고, 다음으론 뼈만 남겼고, 마침내 2017년에 파산시켰다. 점포들은 청산되고 모든 점원은 해고당했다. "사람들은 토이저러스를 죽인 주체가 아마존이나 월마트라고 추측한다. 하지만 토이저러스는 파산 직전 최후의 순간까지도 엄청난 수의 장난감을 팔고 있었다." 독점 반대 운동가 맷 스톨러Matt Stoller는 적는다. "토이저러스를 파괴한 건 금융가들과 소유와 책임의 분리를 허용한 정책들이었다."[10]

사모펀드가 어떻게 사체를 파먹는 독수리, 흡혈귀, 도둑, 해적, 약탈자라는 평판을 얻었는지 쉽게 이해할 수 있다. 그들은 이미 폭격당한 미국 자본주의에, 그나마 남아 있던 좋은 자본과 잠재 가능성을 모두 파괴했다. 2019년 6개의 비영리 진보 단체에서 시행한 연구에서는, 지난 10년 동안 130만 개의 일자리가 없어진 데에 사모펀드들의 책임도 있다고 밝혔다. 시간이 흘러 100만 개 일자리가 회복되었지만, 약속되었던 복지와 연금의 실종을 회복시킬 수는 없다. 게다가 연구에 따르면 여성과 유색인종에게 특히 큰 영향을 미친 종합적인 붕괴 효과는, 무효화할 수 없다.[11]

이익이 그 자체로 도덕적이지 않다는 건 아니다. 하지만 현재 시장 논리는 해마다 이익을 **증가**시키지 않으면 실패했다고 규정한다. 꾸준한 이익 발생, 또는 공동체에 비금융적 배당금을 나눠주는 손익의 평형 상태조차 주주들에게는 가치가 없다. 우리가 맞닥뜨리고 있는 건, 그냥 자본주의가 아니라 특정한 **유형**의 자본주의다. 이는 제품이나 제품 뒤의 노동자들과는 아무 관련 없는 이들을 위해, 단기 이익 창출을 최우선의 목표로 하는 자본주의다. 자신의 투자금이 다른 노동자의 생계와 근무 조건에 어떤 영향을 미쳤는지에 대해 죄책감을 느끼기는커녕 인식조차 하지 못하는 이들에게 난데없는 보상이 돌아가는 자본주의다.

이러한 패러다임 전환에 노동자가 맞서기는 무척 힘들다. 월스트리트와 사모펀드가 장작을 지핀 현재 자본주의에서는, 회사가 주주를 위해 창출하는 이익에 대해 대다수의 직원은 어떠한 방법으로도 혜택을 입기 어렵다. 사실 회사 이익의 십중 팔구는 노동자가 받는 고통에 달려 있다.

금융의 이러한 목표 변화는—장기적, 점진적, 안정적인 이익에서 단기 주가 급상승으로의 변화는—현재 우리가 속한, 점점 더 시궁창이 되어가는 쓸쓸한 일터를 만드는 데 일조했다.

월스트리트에서 벌어지는 일과 일상의 피로는 거리가 멀어 보이지만, 실은 그게 하나의 요점이다. 주식시장은 평균적인 노동자의 일과 삶을 더 나쁘게 만드는 결정들을 딛고 번성한다. 구조조정과 그에 동반되는 해고를 알린 회사의 주가는 적어도 단기적으로는 **상승**하는 일이 잦다.[12] 노동자들은 더 이상 자산으로 인식되지 않는다. 우리는 비싸고 못마땅한 필수품이다. 노동자들을 최대한 제거한 회사의 가치가 얼마나 치솟는지 지켜보면 알 수 있다.

당신의 직장은 이미 군살을 뺐는데, 당신이 모르는 것일 수도 있다. 업무 공간을 청소하는 사람을 생각해 보라. 구내식당에서 일하는 사람, 급여대장을 관리하는 사람, 창밖으로 내다보이는 잔디밭을 가꾸는 사람, 고객서비스를 제공하는 사람을 생각해 보라. 당신이 그 일원일 수도 있다. 이들은 그들이 속한 것처럼 보이는 회사에 실제로 고용되지 않았을 가능성이 높다.

과거에는 이렇지 않았다. 회사들은 모든 수준에서 일이 돌아가게 만드는 사람들 전원을 고용하곤 했다. 예를 들어 3M에서 경비로 일하는 사람은 3M 회계원으로 일한 우리 할아버지와 동일한 복지를 누릴 수 있었다. 월급은 같지 않을지언정 연금, 건강보험, **고용 안정성**은 같았다. 이것이 평등으로 향하는 강한 힘으로 작용했다. 잠재 소득은 같지 않을지 몰라도 위험에 대비해 같은 보호를 받을 수 있었고, 적어도 일부에게는 경비 업무에서 벗어나 더 높은 수준의 일을 할 승진의 기회도 주어졌기 때문이다.

하지만 이런 형태의 고용은 돈이 많이 들었고, 회사의 이익에 직접 기여하지 않았으므로 쉽게 버림받았다. 비서 업무와 자료 입력은 애초에 직원 대우를 받지 않아도 되는 임시직에게 맡기면 그만이었다. 회계와 급여 관리는 해당 업무를 전문으로 처리하기 위해 만들어진 회사들에게 맡기면 됐다. 경비, 식음, 보안, 고객서비스 업무 모두 마찬가지였다.

이런 모델은 이론적으로는 잘 돌아가는 것처럼 보였다. 청소하는 법을 제일 잘 아는 건 청소 회사인데, 뭐하러 분야가 전혀 다른 회사에서 따로 직원 한둘을 훈련시키고 감독하는 수고를 한단 말인가? 급여와 근무 조건의 질 역시 잠재적으로는 이전과 같을 수도 있다. 하지만 데이비드 와일이 "균열 일터"라고 이름 붙인 회사들은 핵심 역량과 브랜드 관리에만 지나치게 전념한 나머지, 직접 고용주가 되는 데에 수반되는 책임을 내팽개치기 일쑤다.

균열 일터의 사례는 삶의 모든 구석에서 찾을 수 있다. 연방정부는 계약직으로 채워져 있다. 연방정부 고용 절차의 엄청나게 느린 속도를 우회하기 위함도 있지만 비용 절감의 수단이기도 하다. 비영리단체에서 제안서를 작성하는 업무는 흔히 계약직이 한다. 가장 흔히 외주로 돌리는 부서는 IT이겠지만 HR, 급여, 관리, 유지 부서가 대행으로 진행되는 경우도 많다. 내가 이야기를 나눠본 사람들 중엔 대학에서 일하지만 고용주는 전혀 다른 회사인 애니메이터가 있었고, 점점 더 흔해지는 관습의 일환으로 재판 전 증거 수집 기간 동안 다른 로펌에 하청을 받아 일하는 변호사도 있었다. 주택용품 소매점에서 음식물 처리기를 구입하고 설치비를 내면, 집을 방문하는 설치 기사는 구매한 소매점 소속이 아닌 경우가 많다. 기간제 교사들 중 대다수가 학교 교육청이 아닌 하청업체에 고용되어 있다.

시애틀 도심에는, 사방으로 뻗어나가 사우스 레이크 유니언 지역을 집어삼킨 아마존 캠퍼스가 있다. 이 캠퍼스 반경 10블록 내를 걷다 보면 작업용 조끼와 아마존 사원증을 착용한 사람을 수없이 마주친다. 하지만 매일 아마존 캠퍼스로 출근해서 회사 서비스에 기여하거나 유지에 도움을 주는 사람의 대다수는 사실 아마존이 직접 그들을 책임지지 않을 수 있게 막아주는, 아무도 이름을 기억하지 못하는 2차 업체에 고용되어 있다. 아마존만 그런가 하면 전혀 아니다. 테크 업계에서 하청 인력은 전체의 40퍼센트에서 50퍼센트를 차지한다. 소프트웨어 개발자, 소프트웨어 테스터, UX나 UI 디자인 인력, 팀 전체, 개발 부서의 하위 섹션들이 하청을 받는다.

구글에서 하청 인력과 임시직(2019년 기준 전 세계 도합 12만 명)은 실제 직원(10만 명)보다 많다.[13] 그들은 정직원들 바로 옆자리에서 일하며, 적어도 표면상으로는 동등해 보인다. 하지만 임시직과 계약직은 급여가 더 적고 복지도 부족하며, 미국의 경우엔 유급휴가를 누리지 못한다. 채용 시 서명한 비밀유지 계약서로 인해 사적으로나 공적으로나 계약 조건에 대해 이야기할 수도 없다. "회사 내에서 카스트 제도가 만들어지고 있습니다."[14] 계약직 일자리 알선 서비스를 운영하는 프라딥 차우헌Pradeep Chauhan은 〈뉴욕 타임스〉에 이렇게 적었다.

하청을 준다는 건 근로자의 권리가 침해되었을 때 회사가 잘못을 부정할 수 있다는 의미다. 성희롱 관련 문제 제기가 발생할 경우, 하청 업체가 문제를 처리한다(혹은 성희롱으로 고발당한 사람이 하청 업체가 아닌 실제 회사의 직원이라면 더더욱, 처리하지 않기도 한다). 건강보험 혜택 누락이나 임금 불평등의 문제도 마찬가지다. 어떤 경우 하청 업체가—예를 들어 구내식당에서 음식을 제공하는 업체가—또 다른 하청 업체에 그 일을 시킬 수 있다. 와일은 이것이 급여, 근무 조건, 훈련의 부족 등에 대해 누구에게도 책임을 묻기 어려운 이유라고 말한다. 하청은 승진도 대단히 어렵게 만든다. 한 근로자는 내게 이렇게 말했다. "저희 회사에선 생산 라인 직원이 엔지니어 팀으로 승진하고, 접수원이 행정 보조가 되는 일이 제법 있었죠. 회사에 발을 들여놓는 것부터 커리어 개발은 시작되는데, 아웃소싱 증가 추세로 인해 막혔습니다."

이런 균열로 직원은 하청 업체에 가지 않았더라면 받았을 임금보다 더 높은 임금을 받지 못하게 되었다. 심지어 동등한 임금도 받지 못한다. 청소 회사를 예로 들어보자. 한 스타트업에 청소 서비스를 제공하고자 수십 개 청소 업체가 경쟁한다. 회사는 그중에서 가장 낮은 금액을 제시한 업체를 낙찰할 것이다. 가장 낮은 금액을 제시하는 업체는 직원들에게 매우 낮은 임금을 지불하는 회사일 것이다. 자, 스타트업 회사의 소유주들은 자사 직원들에게 그만큼 낮은 임금을 주겠다는 치사한 생각은 한 적이 없을 것이다(홍보에 좋지 않으니까!). 하지만 하청 용역은, 회사가 전체 임금 구조에 대해 무지한 시늉을 할 수 있게 만들어 준다.

하청 업체 활용은 컨설턴트의 사고방식에서 이익의 걸림돌로 여겨지는 노동조합을 제거할 편리한 방법이기도 하다. (일반적인 노동자들이 이익의 걸림돌이라면, 힘이 있는 노동자들은 **분명히** 걸림돌일 테다.) 노조 문제의 해법은 간단하다. 회사에서 고용한 직원을 전원 해고하고, 하청 업체를 통해 복지 혜택을 받지 않고 똑같은 업무를 해줄 사람들을 다시 고용하는 것이다. 회사가 모든 직원을 해고하고 노동조합에 속하지 않은 신규 직원들을 직접 고용했다면, 그건 위법이다. 하지만 앞에서 말한 경우에 회사는 조합을 대놓고 죽이지 않았다. 단지 조합에 가입한 직원들을 전부 제거했다. 갱신이 느린 노동법은 버려진 조합원 직원들을 구제할 수단이 없다. 심하게 균열된 지금의 일터에서 위태로운 직원들을 보호하지 못한다.

위험을 외주화하는 또 다른 교활한 술책은 프랜차이즈가 되는 것이다. 이것이 기업 본부가 세계 전역에서 개인들이 소유한 브랜드의 수천 개 점포에 대해 직접 책임을 피하는 효과적인 방법이다. 예를 들어 맥도날드는 식품을 준비하고, 유니폼을 세탁하고, 손님에게 제공될 음식 온도를 맞추는 방법들에 대해 엄격한 기준을 세웠다. 하지만 와일이 지적하듯 기업 자체는 "직원에게 초과근무 수당을 주지 않거나, 관리자의 직원 성희롱을 제재하지 않거나, 위험한 세척 물질 노출 등의 책임에서 꽁무니를 뺄" 것이다.[15] 회사는 이익을 원하고, 브랜드 관리를 강조한다. 그러나 프랜차이즈 직원들에게 일어나는 일에 대해서는 전혀 책임지지 않는다.

이것이 2019년에 맥도날드 직원 다수가 심각한 성희롱 문제를 해결하지 못했다며 회사를 고소했을 때 드러난 사실이다. 미주리의 한 직원은 자신의 상사인 지역 관리자를 반복적 성희롱으로 고소했으나 무고로 역고소당했다. 플로리다의 한 직원은 남성 동료 직원의 성희롱을 보고한 뒤 관리자에 의해 주당 근무시간을 24시간에서 7시간으로 크게 삭감당했다. 맥도날드는 성희롱과 편견 없는 일터를 지키는 데 전념하고 있다고 주장하나, 2019년과 같은 소송이 3년 사이 벌써 세 번째였다.

성희롱을 견디는 건—쉽게 접근할 수 있는 구제 수단이 없어서, 혹은 신고로 해고당할 수 있다는 두려움 때문에 참는 건—균열 일터의 여러 증상 중 하나에 불과하다. 2016년의 한 연구에서는 패스트푸드 사업에 종사하는 여성 직원의 40퍼센트가 일터에서 성희롱을 당한 적이 있다고 밝혔다. 이들 중 42퍼센트는 일자리를 잃을까 봐 성희롱을 문제 삼지 말아야 한다는 압박을 느꼈고, 이들 중 21퍼센트는 문제를 제기한 후

근무시간 감소, 바람직하지 못한 스케줄, 임금 인상 거부 등의 보복을 경험했다고 보고했다.[16]

패스트푸드 업계에서만 일어나는 일은 아니다. 호텔 프랜차이즈(퀄리티 인, 모텔 6, 더블트리 등) 직원의 80퍼센트가 별개의 관리 업체에 고용되어 있다.[17] 2016년에 접객업 노동자들을 대표하는 조합 유나이트 히어에서 시애틀의 객실 청소 노동자들을 대상으로 설문한 결과, 53퍼센트가 일터에서 희롱을 경험한 적 있다고 보고했다.[18] 시카고에서는 그 비율이 60퍼센트까지 올라갔다.[19] 그로부터 2년 전, 시애틀 유권자의 77퍼센트의 동의를 얻은 주민 법안이 있었다. 모든 호텔에서 근로자들에게 위급 시 누를 수 있는 패닉 버튼을 제공하고, 성희롱으로 고발당한 이용객들을 '이용 금지 리스트'에 올리라는 것이었다. 또한 100개 이상 객실을 보유한 큰 규모의 호텔이 직원에게 건강보험을 제공하지 않는다면, 직원들이 직접 내야 할 건강보험료에 대해 매월 보조 지원금을 제공하라는 조건도 포함되어 있었다. 하지만 미국 호텔숙박협회에서는 법안을 번복하라고 워싱턴주를 고소했고, 승소했다.[20] 우리 호텔에선 성희롱을 용인하지 않으며 직원들을 소중히 여긴다고 주장하는 것과, 실제로 그 주장을 입증하기 위해 자원을 할당하는 건 전혀 다른 문제다.

회사가 인건비를 절감하려 한다면 임시직에 의존하거나, 하청 업체에 기대거나, 노동조합을 죽일 수도 있지만, 노동력을 해외로 보내는 방법도 있다. 특히 규제와 노동법이 느슨하거나, 아예 존재하지 않거나, 집행되지 않아서 노동력이 값싼 국가들로 이동하는 것이다. 이게 바로 애플이 하는 일이다. 이게 전 세계적으로 애플 제품을 제조하고, 조립하고, 판매하는 노동자 75만 명 가운데 애플에 직접 고용된 사람은 6만 명뿐인 이유다.[21]

애플은 1993년, 사내 잡지에 〈노동자와 일의 변화한 속성〉이라는 제목의 에세이를 실으며 이런 방향을 발표했다. "점점 더 많은 회사가 정규직 직원을 해고하고, 사업 운영 측면에서 계약직 근로자와 아웃소싱에 의존하고 있다." 애플은 직원들에게 말했다. "현재 부상하는 일터는 머리만 있고 몸은 없다. 현재의 요구를 충족시키는 데 꼭 필요한, 자유롭게 부유하는 재능 자원을 중심으로 삼되 몸집의 크기는 시장의 지시에 따라 그때그때 바꾼다."[22]

이게 애플이 중국 공장에서 발생한 극단적인 과로에 관해 손을 쓸 수 없다고 주장할 수 있는 이유다. 사실 애플에겐 '머리만 있고 몸은 없'으니, '손'이 없다. 중국 회사들은 엄밀히 말하면 애플 회사가 아니다. 애플 제품에 들어갈 기술을 우연히 생산하는 회사일 뿐이다. 이런 철학의 성공은, 애플이 주식 시장에서 가장 가치가 고평가되는 회사 대열에 오른 주된 이유이기도 하다. 좋은 일, 뛰어난 일은 전부 애플이 한다. 좋고 뛰어난 일을 가능하게 만드는, 헐값에 매도되는 일은? 그들 책임이 아니다.

아웃소싱은 직원에게 안정적인 임금을 제공하지 않는다. 직원들의 근무 생활을 개선하지도 않는다. 아웃소싱이 하는 일은 주식시장에서 회사의 가치를 증가시키고, 그럼으로써 주주들과 401k에 가입한 운 좋은 사람들에게 혜택을 주는 것이다. 아웃소싱된 사람들의 임금을 바닥에 깔고서 말이다. 너무나 많은 사람이 기꺼이, 절실하게 어떤 일자리든 찾으려 하기 때문에 아웃소싱된 노동자들을 채용하는 회사 측에서는 그들에게 안정성, 규칙적인 근무 스케줄, 복지를 제공할 유인이 없다. 이런 근무 상황은 번아웃을 악화시키는 걸 넘어 번아웃을 만들도록 설계된 것처럼 느껴진다. 이 설계의 핵심에는, 선택지가 부족한 상황에 놓인 사람들을 이용해 큰돈을 버는, **선택받은 소수가** 있다.

▼　▼　▼

자본주의는 절대 자애롭지 못하다. 자본주의를 무조건 칭찬하도록 길러진 미국인들에겐 그런 말을 듣는 것도, 그렇게 생각하는 것도 어렵겠지만 이는 엄연한 사실이다. 어떤 대가를 치르더라도 성장하는 것이 불변의 목표라면, 생산성이 향상되고 이윤이 증가하는 한 직원들을 기계 부품처럼 착취해도 된다. 그러나 대공황 후부터 1970년대 침체 전까지 자본주의는 (적어도 미국에서는), 다소 인간적이었다. 여전히 불완전하고 배타적이며 시장의 변덕에 끌려다녔어도, 인간적이었다. 이 시기의 존재는 우리가 미래에도 반드시 지금처럼 살아갈 필요는 없다는 증거다.

　그 시기 자본주의가 (약간) 더 노동자 친화적이었던 건 기업이 양심의 가책을 느껴서가 아니었다. 노동조합과 정부 규제로 인해 당시 기업들은 고용인들을 사람답게 대해야만 했다. 아플 수도 있는 사람, 자녀가 있는 사람, 일하다가 다치기도 하는 사람, 일자리 하나에 쓸 만큼의 에너지만 가진 사람, 그러니 일자리 하나만 가지고도 먹고살 수 있는 임금을 받아야 하는 사람, 일 바깥에도 인생이 있는 사람으로 대우해야 했다.

　그러나 기존 규제를 회피할 방법들과 함께 찾아온 규제 완화와 반노조 입법은, 자본주의를 가장 무자비한 모습으로 되돌려놓았다. 경제는 번창하지만 빈부격차는 점점 더 커지고 있으며 (기업이 비교적 자애로웠던 시기에 형성된) 중산층은 꾸준히 움츠러들고 있다. 월스트리트를 연구한 인류학자 캐런 호^{Karen Ho}는 이렇게 설명한다. "근래 자본주의의 역사에서 독특한 지점은, 기업에게 인식되는 이익과 직원 대다수에게 돌아가는 이익이 완전히 분리되었다는 것이다."[23]

　주가 지수가 역대 최고를 찍는 지금 미국은 번영하고 있다. 위험의 대이동 이전에 이런 번영은 낙수효과를 일으켜, 직원 임금과 복지를 통해 많은 미국인에게 가 닿았다. 이제 그 번영을 나눠가질 방법은 주식을 보유하는 것이 유일하다. 2017년 기준으로 미국에서 주식을 보유한 사람의 비율은 401k와 연금을 포함, 54퍼센트에 불과하다.[24] 인플레이션을 감안하면 임금은 오르지 않은 셈이다. 실업률 수치가 아무리 낮다 해도, 여전히 빈곤하게 살아가는 사람들의 수와 견주어 보면 수치 자체의 의미는 달라진다.

오늘날 '고용되었다'는 건 좋은 직업, 안정적인 직업, 가족을 빈곤 밖으로 끌어올릴 만큼 임금을 많이 주는 직업을 가졌다는 의미가 아니다. 경제의 표면적 건강과 경제를 돌아가게 만드는 이들의 정신적·신체적 건강은 놀랄 만큼 별개다. 그게 내가 실업률 수치를 들을 때마다 가스라이팅 당하는 기분이 드는 이유다. 누군가 우리에게 '우리가 사실이라고 알고 있는 것이 실은 허구'라고 귀에 못이 박히도록 이야기해 주는 것 같다. 지금 경제가 사상 최고로 강건하다는 말을 들을 때에도 똑같은 기분이 든다. 긱 경제^{gig economy}(기업들이 필요에 따라 정규직보다 임시직·계약직을 고용하는 경향이 큰 경제 – 옮긴이)가 "밀레니얼들을 위한 라이프 스타일 선택"이라는 발언을, 우버 운전자에게 서비스를 판매하는 회사 CEO로부터 듣는 순간 역시 마찬가지다.[25]

이런 발언은 노동자들, 특히 일터에 대해 다른 경험을 해보지 못한 밀레니얼들로 하여금 시궁창 같은 현실에 속한 기분이 오로지 자기 탓이라고 믿게 만든다. 어쩌면 당신이 **진짜로** 게으른 걸지도 모른다. 어쩌면 그냥 일을 더 열심히 하면 될지도 모른다. 어쩌면 일은 누구에게나 이렇게 고된 걸지도 모른다. 어쩌면 모두가 참고 사는 건지도 모른다. 물론 당신의 가장 친한 친구도 힘들어 하고, 여동생도 힘들어 하고, 동료 직원도 힘들어 하지만, 그건 **모든 게 훌륭하다**는 더 큰 서사에 등장하는 작은 일화일 뿐이다.

이렇게 불안정은 하나의 현상^{現狀}이 된다. 노동자들에게 형편없는 조건이 정상이라고 납득시킨다. 이 조건에 대항하는 건 스스로 누릴 권리가 있다고 확신하는 우리 세대의 증상이라고 생각하게 한다. 자유 시장 자본주의가 미국을 위대하게 만들었으며, 자유 시장 자본주의는 원래 이렇게 돌아가는 거라고 여기게 만든다. 노조의 지원이 있든 없든, 타당한 근거로 제기한 고충들을 배은망덕이라고 치부한다. 그리고 과로와 감시와 스트레스와 불안정을—번아웃을 일으키는 기본 요소들을—기본값으로 만든다.

나쁜 직업과 그에 동반되는 번아웃이 우리에게 주어진 유일한 선택지는 아니다. 물론 노동조합과 변화된 경제를 다루는 새로운 규제도 도움이 될 것이다. 하지만 반드시 이렇게 행동할 필요는 없음을 증명하는 이들도 있는데, 그들 역시 이익을 내는 대기업이다.

2014년 저서 《좋은 직업 전략*The Good Jobs Strategy: How the Smartest Companies Invest in Employees to Lower Costs and Boost Profits*》으로 작은 신드롬을 일으킨 제이넵 톤^{Zeynep Ton}에 따르면, 이런 기업들은 "괜찮은 임금, 버젓한 복지, 안정적인 근무 스케줄이 제공되는 일자리"를 만든다. 이로써 "직원들이 업무를 잘 수행하고 일에서 의미와 존엄을 찾을 수 있게끔 일자리를 설계"하며, 다른 기업보다 인건비 지출이 훨씬 크더라도 "훌륭한 이익과 성장"을 보인다.²⁶ 톤이 예로 드는 회사들은 무명의 실험적 스타트업 기업들이 아니다. 코스트코, 퀵트립, 트레이더조 같은 대기업들이다.

　사람들에게 사랑받는다는 걸 제외하면 평범한 편의점 프랜차이즈인 퀵트립은 미국의 많은 지역에서 성업 중이다. 편의점은 좋은 일자리를 찾을 확률이 가장 낮은 일터로 보일 수 있다. 하지만 대졸 학위가 없는 직원들을 고용하는 대부분의 회사와는 달리, 퀵트립은 직원들에게 금전적으로 감당 가능한 건강보험과 안정적인 근무 스케줄, 의미 있는 직업 훈련을 제공한다. 또한 관리자들을 오로지 내부에서만 승진시키며 그에 따라 임금을 인상해 준다. 이러한 복지의 결과는 믿기 어려울 정도다. 계산대 줄은 빨리 줄어들고 고객들은 놀랄 만큼 충성한다. 면적당 매출액은 업계 평균보다 50퍼센트 높다. 업계 상위 25퍼센트에 드는 편의점 기업의 이직률이 59퍼센트인 데 비해 퀵트립의 이직률은 13퍼센트에 불과하다.

　톤은 2010년에 패티라는 이름의 퀵트립 직원을 인터뷰했다. 그녀는 열아홉 살부터 퀵트립에서 일했고, 입사 7년이 넘은 시점에는 연봉이 7만 달러를 넘겼다. 매일 출근길이 신나는 이유를 묻자 패티는 답했다. "아이들의 학교 활동에 참여할 수 있으리라는 걸 아니까요. 아이들을 돌볼 수 있다는 것도, 제가 일하는 회사가 매일 성장한다는 것도 아니까요. '내일 해고당하는 건 아닐까? 다음 식사는 무슨 돈으로 해결하지?' 따위를 걱정하지 않아도 됩니다. 정규 임금에 더해 고객서비스 보너스와 이익에 대한 상여금, 심지어 출근수당까지 주는 회사는 또 없을 거예요. 출근하고, 업무를 하면, 기분이 좋아집니다. 회사가 모든 걸 잘 보살피고 있다는 걸 압니다. 퀵트립은 저를 실망시킨 적이 없어요."[27]

패티가 묘사하는 것은 직업 안정성과 만족이다. 번아웃을 일으키지 않는 것을 넘어, 번아웃에 빠지지 않도록 보호하는 노동 시나리오다. 퀵트립은 직원들이 행복하고 안전하고 존중받을 때 **더 일을 잘한다**는 걸 이해한다. 굉장히 당연하며 단순하지만, 적어도 현 시점의 우리에겐 급진적으로 느껴지는 논리다. 톤은 이렇게 주장한다. "퀵트립 직원들은 회사가 수익이 나서 좋은 대우를 받는 게 아니다. 퀵트립이 직원들을 사업의 중심에 두기 때문에 수익이 나는 것이다. 직원들은 그저 운 좋은 수혜자가 아니라 성공을 이뤄낸 장본인들이며, 그에 합당한 대우를 받는다. 그게 회사가 이야기하는 바이자, 회사의 정책과 절차가 전하는 메시지이자, 직원들이 느끼는 바다."[28] 이는 안티 번아웃 전략이며 이익을 내는 전략인 동시에, 그저 **인간적인** 전략이기도 하다.

톤의 책에서 다뤄진 회사들은 이례적이다. 그들이 해낸 일은 쉽게 모방할 수 있는 게 아니다. 꾸준한 경계와 땜질이 필요하다. 무엇보다도 노동자들을 버릴 수 있는 로봇이 아니라 인간으로 대우할 때, 그들이 진정한 가치를 가진다는 것을 이해해야 한다. 하지만 이 회사들의 성공은 형편없는 일자리가 뉴노멀이라는 거짓말의 진실을 폭로한다. 나쁜 일자리는 큰 이익을 내기 위한 필수 조건이 아니다. **전략**이고 선택일 뿐이다. 다른 시장의 논리를 경험해 본 적 없는 밀레니얼들은 시장의 역사를 이해하고, 침묵하기를 거부해야만 이 좋은 소식을 퍼뜨릴 수 있다. 우리는 일터가 반드시 이 꼬락서니일 필요는 없다는 걸 안다. 왜냐고? 아주 가까운 과거가, 우리 곁에 버젓이 증거로 남아 있기 때문이다.

6장

일터는
왜
아직도
시궁창인가

"2007년 저는 임대차 계약을 깨고, 승합차 한 대에 제 소지품을 전부 실은 채, 멍한 머리를 안고선 아는 사람들 소파를 전전하기 시작했습니다. 그러다가 2009년에 허풍을 좀 쳐서 스타트업 디자이너로 취직한 뒤, 인생이 아주 빠르게 나아지기 시작했습니다. 여전히 저를 학대하는 연인과 상호의존적 연애를 하고 있긴 했지만, 몇 년 전 인생을 망가뜨린 문제들을 해결할 돈이 갑자기 수중에 들어왔습니다. 돈을 벌려면 일주일에 60시간만 일하면 됐어요. 그래서 저는 그만큼 일했습니다. 그렇게 2년 반을 보내고서야 저는 제가 유해한 근무 환경에서 일하고 있으며, 업무량에 비해 적은 급여를 받고 있고, 회사에서 주식을 받지 못한 사람은 제가 유일하다는 사실을 알게 되었습니다. 지금 저는 제일 먼저 출근해서 제일 늦게 퇴근하며, 일을 아주 많이 해야만 일터에서 유용한 사람이라는 생각을 버리려 노력 중입니다. 주당 35시간 이상은 일하지 않는 게 목표지만 아직은 쉽지 않아요."

_나나, 샌프란시스코의 소프트웨어 디자이너

"몇 주 전에야 제 근무 일정을 알게 되는 일이 잦습니다. 계약이 종료되었다는 사실을 종료일 바로 며칠 전에 통지받기도 해요. 저는 계속 사방팔방으로 이메일을 보내며 일감을 얻어야 하죠. 아직 부모님 의료보험에 속해 있지만 26세가 되면 어떻게 해야 할지 정말 걱정돼요. 이전 일자리에선 시간당 수선한 의상 개수로 근태를 평가받았습니다. 개당 최대 8분이 할당되는 '주요한' 수선은 2시간에 40벌을 마쳐야 했습니다. 개당 최대 2분이 할애되는 '사소한' 수선은 2시간에 50벌이었고요. 일로 인한 스트레스가 엄청났고 동료들과의 경쟁도 대단했죠. 화장실에 다녀오는 시간까지도 기록되어 수선 속도에서 차감되었습니다. 어떻게 봐도 좋은 일터는 아니었어요."

_케이, 시애틀의 프리랜서 의상 기술자

"마침내 커리어에 속도가 붙기 시작하자 저는 어떻게든 기회를 잡고 싶었습니다. 글 쓰는 건 제가 정말로 하고 싶은 일이었으니까요. 하지만 저는 외로움을 많이 탑니다. 온종일 밖에 나가지 않는 날도 있습니다. 그럴 때면 우울감이 밀려들곤 합니다. 친구들을 만나고 싶은 만큼 만나지 못하고요. 밀린 원고료를 받아내느라 기운이 빠집니다. 건강보험은 없어요."

_케이트, 로스앤젤레스의 프리랜서 영화 평론가

균열 일터에 관한 설명을 듣고 있으면 탁자 위 보드게임이 떠오른다. 게임 속 인물들처럼 사람을 회사에서 하청업체로 옮기는 일은 단순하게 보인다. 하지만 노동자들이 실질적으로 느끼는 영향은 다르다. 그 영향을 느슨하게 분류하자면 과로의 부상과 미화, 일터 감시의 보편화와 정상화, 유연성에 대한 숭배다. 이는 각기 다른 유해한 방식으로 번아웃에 기여하지만 최종 결과는 같다. 어떤 위치에 있는 사람이든 매일의 일터를 시궁창으로 느끼게 만드는 것이다.

과로가 미덕인 세상

미국의 워커홀릭 정신은 그야말로 표준이 되어, 워커홀릭이라는 개념이 생겨나기 전이 어땠는지 감각이 없을 정도다. 원래 그랬고 앞으로도 항상 그럴 것 같다. 하지만 모든 이데올로기가 그렇듯 과로, 워커홀릭 정신에도 출처가 있다. 당연하게 들릴 수 있겠지만, 일터의 균열에 책임이 있는 사람들이 과로를 숭배하는 것에 대해서도 **역시** 책임을 져야 한다. 그중 대표적인 예가 컨설턴트들이다.

엘리트 컨설팅 회사들은 아이비리그에서, 혹은 필요한 경우 특정 지역 최고 명문대에서 가장 똑똑한 최고의 학생을 채용한다고 자부한다. 하지만 그들의 전략은 예전이나 지금이나 심술궂다. 최고의 학생들을 데려다가 혹사시킨다. 주중에 친구들,

가족들과 떨어져 지내는 것을, 장기 근속한 헌신적인 직원들을 해고할 계획을 세우는 것을 견디지 못하는 직원은 죄다 잘라 버린다.

시험을 통과한 컨설턴트들은 소처럼 일하되, 그 이상의 일들까지 해내야 했다. 루이스 하이먼이 《임시직》에서 맥킨지 사의 내부 문건에 실린 표현을 직접 인용하여 설명하듯, 컨설턴트는 "실적과 성격을 기반으로, 당사에서 장기적으로 성공할 유망이 보이는지"에 따라 평가되었다.[1] 그들에게 던져진 질문은 이것이다. 그가 자아 전체를, 인생 전체를, 일에 바쳤는가? 대졸 후 몇 년이 지나면 최초의 도태가 시작된다. 때로는 컨설턴트가 스스로를 도태시키기도 한다. MBA 학비를 환수할 때까지 기다렸다가 자진 퇴사하는 것이다.

1960년대에 연구자들은 컨설턴트들이 안정적인 기업에서 일하는 동년배들에 비해 감정적으로 더 불안하고, 타인에 대해 권력을 행사하려는 동기가 더 적다는 사실을 발견했다.[2] 컨설턴트들은 너무나 많은 사람을 정리 해고했기에 자신들 역시 똑같이 당할까 봐 두려워했다. 그들이 만든, 편재하는 불안에 스스로 잠식당한 것이다.

그러나 맥킨지에서 퇴사하거나 해고당한 사람들은 동네에 부티크를 차리거나, 대학으로 돌아가 교직 이수를 하거나, 비영리단체를 설립하지 않았다. 컨설팅 회사에서 주기적으로 직원을 교체하는 일이야 워낙 흔해서 퇴사 이력이 약점으로 간주되지 않았다. 전직 컨설턴트들은 빠르게 새로운 일자리를 찾았는데, 이전에 그들이 자문했던 회사에 채용되는 경우가 많았다. 어쨌든 맥킨지의 지식을 지닌 사람을 고용하는 게 맥킨지를 고용하는 것보단 훨씬 저렴했으니까.

점점 더 많은 전직 컨설턴트가 미국 기업계로 퍼져나가자, 직원들을 해고하고 핵심 역량을 지키며 어떻게든 단기 이익을 내야 한다는 이데올로기가 보편화되었다. "컨설팅 경영 모델을 신봉하는 사람들이 기업의 직원들을 해고하고 직접 기업에 취직하면서, 컨설팅 업계의 불안정과 고임금이라는 특성은 스스로 명맥을 잇게 되었다." 하이먼은 설명한다. "컨설턴트들에겐 이것이 통했다. 미국의 나머지에 통하지 않을 이유가 있겠는가?"**3** 이 같은 사고방식이 과로에 대한 기준도 확장시켰다. 그들 업계에선 과로가 효과적인 직원 분류 메커니즘이었다. 이것이 **모든 업계**에 적용되지 못할 이유가 있겠는가?

미국 구석구석으로 흩어진 컨설턴트들은 "좋은" 노동자는 무얼 하는지, 삶의 얼마나 많은 부분을 회사에 헌신해야 하는지, 그 대가로 얼마만큼의 안정성을 기대할 수 있는지(사실 아주 낮은 수준이다)에 관해 새로운 개념이 탄생하도록 도왔다. 그러나 컨설턴트들이 아무리 편재해 있다 해도, 그들만의 힘으로는 미국 노동 문화를 바꿀 수 없었다. 그러나 이미 그들과 비슷한 신조를 가진 업계가 있었다. 고상한 분위기가 감도는 투자 은행 업계였다.

맛있는 간식과 점심 식사가 무상으로 제공되는 사무실은, 지난 20년간 스타트업 기업 문화의 부조리함이나 밀레니얼들

이 요구하는 우스꽝스러운 특전을 강조하는 농담거리가 되어
왔다. 그러나 점심 제공은 단순한 혜택이 아니라 과로를 장려
하는 정책으로서, 과로의 다른 수많은 교리와 더불어 월스트리
트 문화에서 직수입된 것이었다.

대침체 직전과 직후를 아우르는 동안 월스트리트 문화를 연
구한 인류학자가 있다. 앞서 등장한 인류학자 캐런 호는 박사
과정 중 안식년을 내어 1996년 한 해 동안 투자은행에서 일했
다. 금융계에서 훈련받은 적이 없어도 취직이 가능했던 건, 투
자은행들이 엘리트들이 다닌다고 인식하는 학교인 프린스턴대
학교에서 대학원 과정을 밟고 있었던 덕분이었다.

호는 연구를 위해 전·현직 투자은행 직원 수십 명을 인터뷰
하며 월스트리트에서 보내는 일상에 대해, 또한 그들의 중요한
경제적 논리에 대해 짜임새 있는 통찰을 얻었다. 그녀가 발견
한 사실 하나는 투자은행 업계에서 표준이 된 "조직 특전"이 장
시간의 근무를 장려하고 영속시킨다는 것이었다. 구체적인 예
가 저녁 식사비와 퇴근 택시비 지원이었다. 투자은행 직원은
저녁 7시가 넘어서까지 일할 경우 회사 돈으로 배달 음식을 시
킬 수 있었다. 매우 늦게까지 일하는 직원이 많았고, 이들은 저
녁을 차릴 에너지는 물론 식료품을 사러 갈 시간조차 없었다.
이런 악순환은 직원을 직장에 붙들어놓았다. 저녁 7시 넘어 퇴
근할 거라면, 9시 넘어 퇴근하는 게 나았다(회사 돈으로 집까지
공짜 택시를 탈 수 있으니까). 은행 입장에서 이런 특전 비용은 부
가적으로 얻는 노동시간에 비하면 헐값이었다.

호는 투자은행들, 그중에서도 특히 최상위 은행 직원들이 끊임없는 노동을 곧 엘리트다운 것이자 그들 세상에서 "똑똑함"의 기표로 여기며 집착한다는 점을 발견했다. 투자은행에서는 초급 애널리스트를 거의 전적으로 아이비리그에서만 채용하며, 아이비리그는 오로지 최고 중에서도 최고인 사람들만 학생으로 받으니, 투자은행 직원들 역시 같을 거란 논리였다. 이는 그들이 구축하는 업무 스케줄이 어떻든 간에 우월하다는 논리로 확장되었다. 하루 18시간씩, 일주일 거의 내내, 한계점에 다다를 때까지, 한계점을 넘어서 일해야 함에도 말이다.

"당신이 먼 곳에 사는 가족을 둔 싱글이라면, 더 나은 애널리스트가 될 겁니다." 대형 투자은행 부회장이 호에게 들려준 말이다. 애널리스트들은 처음 취직하는 시점엔 대개 애인이 있지만, 앞의 부회장이 설명하듯 "몇 달이 지나면 갑자기 모두가 싱글이 된다는 걸 알게 된다",[4] "요점은 그들이 업무를 개시하고 며칠 안에 일터에서 '살기' 시작하는, 대학과 비슷한 분위기를 만드는 것"이라고 호는 주장한다. "누가 제일 늦게까지 남아 있는지, 누가 제일 많이 '혼쭐이 나는지' 비교하죠. 새벽 1시에 너프 사 공을 가지고 즉석 미식축구 경기를 벌이는 건 말할 것도 없고요."[5]

일부 1년 차 애널리스트들은 처음 이런 라이프스타일을 접한 후 충격의 시기를 잠깐 보낸다. 그러나 호가 관찰한 바에 따르면, 그들은 고등학교 시절과 대학 시절과 마찬가지로 과로를 영광의 훈장이자 탁월함의 증거로 빠르게 인식했다. 하버드대학교 교내신문의 한 사설에서는 투자은행이 자교 졸업생들에게 가진 관심에 대해 이렇게 표현했다. "그들은 우리가 4년 전에 최고의 자리를 원했다는 걸 안다. 우리는 3, 4위 대학에 안주하지 않았다. 그들은 활동, 여름방학 아르바이트, 연애, 커리어까지, 모든 것의 '하버드'를 찾으려는 우리의 욕망을 먹잇감으로 삼는다."[6] 다시 말해, 하버드만을 고집했던 고등학생들이 '무엇이 노력을 구성하는가'에 관한 모든 사람의 기준을 상향시켰다는 것이다.

하버드 졸업생들에게 과로는 실제로 그만한 가치가 있었다. 호가 지적하듯 월스트리트의 은행 직원들은 미국 경제에서 '아직까지 노력과 금전적 보상과 상향 이동 사이의 상관관계를 경험하는' 극소수에 속한다. 그들에게 과로는 막대한 상여금을 의미했다. 역사상 중산층 미국인의 대부분이 같은 시나리오를 경험한 적 있다. 회사가 극도로 생산적이고 수익이 높을 땐 그 이윤이 월급, 복지, 심지어 (결코 월스트리트에서 주는 만큼 크지는 않겠지만) 상여금의 형태로 직원들에게까지 흘러들어가 낙수효과를 일으켰다. 그러나 리스크의 대이동이 일어난 뒤인 현재 이윤은 주주와 CEO에게, 그다음 수익을 내는 회사들의 주식거래를 추천하고 실행한 은행 직원들에게 떨어진다.

투자은행 직원들은 아직 과로로 혜택을 보고 있으므로, 월스트리트 바깥의 사람들이 돈을 많이 벌지 못한다면 그건 노동윤리가 부족하기 때문이라는 논리 역시 쉽게 내면화한다. 골드만삭스의 한 직원은 호에게 그가 세상을 보게 된 관점을 설명했는데, 굉장히 유의미하다.

　　바깥세상으로 나가 사람들과 일해 보면, 그들은 우리만큼의 의욕이 없습니다. 바깥세상에서 뭐 하나라도 하려면 아주 골치가 아프죠. 사람들이 5시, 6시에 퇴근을 합니다. 점심을 한 시간이나 먹고 온갖 잡일들을 해요. 진짜로요. 이게 엄청난 차이를 만든다고요. 일을 완수하기 위해 뭐든 열심히 하는 사람들과 함께 일하면 너무 쉽거든요. 무언가 해내면 자기 인생에 대해 만족하며 중요한 사람이 된 기분을 느낍니다. 무언가를 해내는 것, 완수하는 것이 바로 자존감으로 직결됩니다. 대기업, 학계에서는 일을 해내기가 어렵습니다. 월스트리트에서는 함께 일하는 모든 사람이 상당히 똑똑하고 의욕이 넘치죠. 말을 걸면 너무나 잘 호응해 주기 때문에 대단히 좋은 환경입니다.

　　과거 50년대나 60년대엔 사람들에게 이미 정해진 생활 패턴이 있었다고 생각해요. 출근을 하고, 천천히 승진 사다리를 오르고, 시키는 일을 했죠. 제 생각에 요즘 사람들은 앞서 나가는 것, 큰 변화를 만들어 내는 것, 중요한 사람이 되는 것, 무엇이든 흥분되는 것… 이런 것들에 크게 유혹당합니다. 지금은 한 사람이 정말 많은 일을 하고, 정말 높은 생산성을 가질 수 있다는 게 매력적으로 느껴져요. 그게 차고 넘치는 돈을 지닌 사람들이, 차고 넘치는 명예를 가진 사람들이 가정을 희생해 가며 계속 이 일을 하는 이유입니다. 필요한 사람으로 느껴져야 하거든요. 제때 일을 끝마치는 것보다 더 좋은 건 없습니다.

나는 이 글을 열 번도 넘게 읽었는데, 제일 눈에 들어오는 표현은 번아웃에 엔진을 달아주는 문장이었다. "일을 끝마치는 것보다 더 좋은 건 없습니다." 일을 끝마치는 데 방해가 되는 존재는 헌신이나 노동윤리가 부족한 것으로, 혹은 글에서 강하게 암시되듯 지능이 부족한 것으로 받아들여진다(여기서 글쓴이가 말하는 일은 "업무"다). 이런 사고방식은 엘리트주의보다 훨씬 폭넓은 영향을 미친다. 다운사이징, 해고, 아웃소싱이 정당하다고 단언한다. '바깥세상' 사람들은 어쨌든 게으르다. 알고 보면 월스트리트는 그들에게 호의를 베풀고 있다. 살로몬 스미스 바니의 한 직원은 호에게 이렇게 말했다. "우리가 모두를 똑똑하게 만들었습니다. 1970년대 기업들은 너무 엉성했죠. 이제 그들은 발전했습니다. 우리는 모든 게 더 효율적으로 돌아가도록 만드는 윤활유입니다." 그 말은 곧 그들이 모두를 자신만큼 비참하되 훨씬 적은 보상을 받으며 살게 만드는 데 일조했단 뜻이다.

1990년대 기업들이 내부에서 경영진을 꾸리던 관행을 버리고, 월스트리트 출신 MBA와 전직 투자은행 직원들을 곧바로 고위직에 앉히기 시작한 것도 엘리트주의에 큰 역할을 했다.[7] 일단 경영진 자리에 오르면 전직 투자은행 직원들은 월스트리트에서 지내는 동안 노력에 대한 자신의 편견을 대놓고 (혹은 은연중에) 재생산할 수 있었다. (아마존에서 가혹한 직장 문화를 만들어 낸 CEO 제프 베이조스Jeff Bezos가 호와 같은 회사에서 일했다는 사실은 눈여겨볼 만하다).[8] 이 현상은 기업계에서 컨설팅 업계

'졸업생들'이 퍼져나간 것과 비슷하다. 사람들의 심리를 바꿔놓을 만한 유의미한 개입이 없을 경우, 누군가 좋은 노동을 과로와 등치시키면 그 개념은 여생 내내 그들을(그리고 그들 밑에서 일하는 모든 사람을) 떠나지 않는다.

우리는 과로를 정당화하려 자기 자신에게 온갖 이야기를 들려준다. 일부 월스트리트 은행 직원들은 과로가 최고의 근무 방법이라고 결정했다. 잡담을 하거나, 맞춤법 검사를 하거나, 프레젠테이션 수정본을 기다리며 업무 시간을 비효율적으로 채우는 사람이 많다는 사실을 인정하면서도 그랬다. 월스트리트식 업무가 반드시 더 나은 일이거나 더 생산적인 일은 아니다. 사실 월스트리트식 일은 그냥 **더 많은 일**일 뿐이다. 그런데도 월스트리트는 다른 미국인이 일하는 방식에 과도한 힘과 영향력을 행사했다.

일 때문에 스트레스를 받을 때면 나는 내게 몇 시간의 수면이 반드시 필요하다는 사실까지도 짜증이 난다. 수면이 실제로는 생산성을 제고시킨다는 걸 알면서도, 수면이 내가 쓸 수 있는 업무 시간을 줄인다고 이해한다. 내가 원하는 건 단지 잠에서 깨어나 골드만삭스 소속의 어소시에이트가 참으로 직설적으로 표현했듯 "제때 일을 끝마치기"를 시작하는 것뿐이다. 때로 하루에 몇 시간만 자고도 잘 살아가는 수십 명의 CEO들, 즉 신체적·정신적으로 비정상적인 "숏슬리퍼short-sleeper" 이야기를 읽으며 깊은 질투를 느낀다. 물론 그들은 모두 재능을 타고났지만, 그 재능에 날개를 달아준 건, 일이 삶의 더 많은 부분을 차지하게 하는 능력이었다.

잠을 자지 않아도 되는 직원이 누군지 아는가? 로봇이다. 우리는 모두 로봇이 되기는 싫다고 말할 것이다. 밀레니얼들은 간절히 갈망하지만 자꾸 손아귀를 빠져나가는 안정성을 얻겠다는 일념으로 기꺼이 로봇이 되고자 한다. 우리가 점점 더 우리 자신의 필요를, 생물학적 필요마저도 무시하고 있다는 뜻이다. 비평가 조너선 크레리Jonathan Crary가 지적하듯, 우리의 수면은 휴식보다는 작동과 접근이 연기되거나 감소한 상태인 기계의 수면 모드와 점점 더 닮아가고 있다.[9] 수면 모드는 전원을 완전히 끈 상태가 아니다. 다시 켜지는 순간만을 긴장하며 기다리는 상태다.

암울하게 들리겠지만, 학교에서든 직장에서든 2, 3일 밤을 연속으로 새는 사람들의 계좌 잔고 또한 굉장히 암울한 상태다. 프레카리아트로서 8시간 동안 간호사 보조로 근무한 뒤 몇 시간 눈을 붙이고 밖으로 나간다. 밤새 우버 운전을 하고 자녀를 학교에 데려다준 뒤, 주간 일터로 복귀하는 사람들의 이야기 역시 암울하다. 우리는 **이건 지나치다**라고 알려주는 몸의 모든 신호를 무시하도록 길들여졌고, 이를 투지, 투신이라고 부른다.

이런 사고방식의 결정체가 하나 있다. 2017년 짧은 기간 동안 뉴욕 지하철에서 그냥 지나칠 수 없었던, 최저 5달러부터 사업자의 서비스를 대행해 판매하는 앱인 피버Fiverr의 광고였다. 광고에서는 수척하고 힘들어 보이지만 기적적으로 매력을 발산하는 여성의 사진 위에 이런 글귀를 적어 넣었다. **점심으로 커피 한 잔. 한 번 시작한 일은 끝을 본다. 수면부족은 당신이 택한 약이다. 당신은 해내는 사람이니까.**

'해내는 사람(긱 경제에서 생존하기에 적합한 유일한 유형의 사람)'은 신체가 보내는 경고 체제를 효과적으로 묵살한다. 어쨌든 다량의 카페인이 들어 있는 에너지 드링크를 마시는 게 현재 경제 체제의 잔혹한 얼굴을 똑바로 마주하고 그것을 정확히 묘사하는 것보단 훨씬 쉽다.

지아 톨렌티노^Jia Tolentino^가 지적했듯 "이 모든 것의 뿌리에는 죽도록 일하는 사람이 경제 체제 결함의 증거라는 주장보다, 죽도록 일하는 사람에게 쳐주는 박수에 더 너그러운, 미국인의 자기신뢰적 집착이 있다."[10]

과로의 이데올로기가 어찌나 치명적이고 만연한지, 우리는 과로의 한복판에서 이 상태까지 오게 된 건 온전히 개인의 실패라고 생각한다. 우리가 모든 걸 갑자기 수월하게 만들어 줄 알맞은 인생 팁을 몰라서 이렇게 된 거라고 자기 자신을 탓한다. 그게 《그릿^Grit^》과 《시작의 기술^Unf*ck Yourself^》 그리고 별표 속에 비속어와 좌절감을 숨긴 다른 책들이 거대 베스트셀러에 등극한 이유다. 그들은 해결책이 바로 여기, 우리 손이 닿는 범위 안에 있다고 주장한다. 그들 눈에 문제는 현재 경제 체제도, 체제를 착취하고 거기서 수익을 얻는 회사들도 아니니까. 문제는 우리니까.

졸렬하기 짝이 없는 감시 문화

여기까지 읽고 나면, 위의 주장이 얼마나 그릇되었는지 확실히 보일 것이다. 아무리 잠을 줄여 가며 몸을 아끼지 않고 일해도, 망가진 체제를 당신에게 유리한 방향으로 움직이는 건 불가능하다. 노동자로서 당신의 가치는 언제나 불안정하다. 게다가 설상가상으로 우리의 가치는 최적화에 달려 있고, 최적화는 그 무엇보다도 유해한 직원 감시 문화를 통해 달성된다.

비용도 절감해 주고, 사무실 안의 모두가 뭘 하고 있는지 실시간으로 알려주는 두 가지 기능이 탑재된 개방형 사무실을 예로 들어 보자. 한때 '예의'였던 개인형 사무실과 달리, 개방형 사무실은 사실 모두의 업무를 대단히 어렵게 만든다. 끊임없이 방해하는 요소들에 시달리거나, 만에 하나 헤드폰이라도 꼈다가는 싸가지 없는 냉혈한이라는 — **팀플레이를 할 재목이 아니라는** — 인상을 주기 때문이다.

개방형 사무실에서 교열자로 일하는 스티비는 "높으신 분이 지나갈 때를 대비해 **언제나** 중요한 일을 하는 것처럼" 보이라는 말을 들었다고 했다. 버즈피드의 개방형 사무실에서도 비슷하게 편집장이 주기적으로 사무실 안을 돌아다니며 가볍게 대화를 걸고, 모두가 무얼 하고 있는지 확인한다. 버즈피드에서 컴퓨터로 무얼 하거나 본다고 해서 문제에 빠질 일은 거의 없다(포르노는 제외겠지만, 이조차도 이론적으로는 합리화가 가능하다).

하지만 내 담당 편집자가 시야에 보이지 않을 때조차도, 타이핑을 하고 있거나 중요한 무언가를 들여다보고 있어야 한다는 기분이 든다. 예전에는 레딧에 접속해 세 시간 동안 귀여운 동물 사진 게시물을 정독하는 딴짓이 탐탁찮았다면, 개방형 사무실에서는 업무 외의 일로 여겨질 수 있는 거라면 엄두조차 못 내는 게 일반적이다.

감시의 목표는 생산성일 수도, 혹은 품질 관리일 수도 있다. 어느 쪽이든 직원들에게 미치는 심리적 영향은 막대하다. 나는 국제 사진 에이전시에서 2년 동안 영화 시사회, 시상식, 뉴스 속보 등에 쓸 이미지 편집 일을 해온 브리라는 여자와 대화한 적이 있다. 그녀의 회사는 직원들에게 이미지 편집에 사내 소프트웨어를 사용하게 했는데, 이 소프트웨어로 관리자들이 클릭과 모션을 하나하나 감시할 수 있었다. 작업을 마치고 한 달 뒤 리뷰에서 관리자는 작업 중 어떤 모션이 사용되었는지 대단히 면밀하게 검사했다. 브리는 설명했다. "제가 기억하지 못하는 이미지에 대해 관리자와 대화하는 건 아주 어려웠고, 모멸감도 들었습니다. 저희 사무실에는 항상 불신의 구름이 끼어 있었죠. 저와 같은 직급의 직원들 중에 자신이 일을 잘하고 있다거나, 똑바로 하고 있다고 느끼는 사람은 한 명도 없었어요. 사기는 바닥을 쳤고 저는 가면 증후군을 앓기 시작했습니다. 업계 경력이 7년인데도요. 제 업무는 일일이 감시당했고 경영진에게 받은 유일한 피드백은 부정적이었습니다."

마이크로소프트의 관리자들은 직원의 생산성, 관리의 효율성, 워크-라이프 밸런스를 측정하기 위해 직원들의 채팅, 이메일, 달력 약속 등의 자료에 접근할 수 있다. 날이 갈수록 더 많은 회사가 직원을 감시하는 서비스를 이용하고 있다.[11] 스스로 히스패닉 백인이라고 밝힌 사브리나는 도심에 살고, 학사 학위가 있으며, 대략 3만 달러의 연봉을 받는다. 그녀는 작은 스타트업의 리서치 직무에 채용되어 무척 기뻐했으나, 알고 보니 그녀의 업무는 몇 시간이고 기계적으로 데이터를 입력하는 것이었다. 사브리나는 매일 각 과제를 수행하는 데 걸린 시간을 분 단위까지 구글 시트에 입력하라고 지시받았고, 근무시간 기록표를 상사에게 공유해야 했으며, 업무 속도가 너무 느릴 경우 상사에게 지적받았다. 각 데이터 부문을 입력하는 데 걸린 시간은 물론이요 이메일을 보내는 데, 혹은 업무 방법을 찾아보는 데 소요된 시간까지도 보고해야 했다. 그냥 넘길 수 있는 시간은 단 1분도 없었다.

"제가 얼마나 생산적인지 일분일초 기록해야 하는 상황이었어요. 화장실에 가는 것조차 마음이 불편했습니다. 근무시간 기록표에 문자 그대로 '화장실'이라고 적어야 할까요? 그래서 저는 데이터를 어지럽히지 않고 질책을 피하기 위해 화장실에서 이메일을 보내기 시작했습니다. 그러고 나니 근무시간 기록표에 이메일 보내는 데 6분을 썼다고 적으면 이메일 한 통에 시간을 너무 많이 들이는 것처럼 보일까 봐 겁이 났죠. 이런 생각의 연결고리가, 어떤 나쁜 결과가 닥칠지 모른다는 사실이, 저를 비참하게 만들었어요."

엄중하게 감독받는 직원들이 그렇듯, 사브리나는 매일 출근하기가 끔찍이 싫었다. 업무는 정신을 무감각하게 만들었다. 쉬는 시간 없이 너무 빠르게, 너무 오랫동안 타이핑을 하다 보니 팔목과 손이 아파왔다. 하지만 그녀는 그런 업무 방식을 고수했다. 업계에서 유명인에 가까웠던 그녀의 상사가 "노력하면 자기 가치를 입증할 기회가 생기리라" 약속했기 때문이었다. "그 과정을 통해 정확히 뭘 얻을 수 있는지는 모르겠어요. 그와 어울릴 수 있는 특권을 얻는다는 걸까요? 하지만 당시엔 그런 약속들로 인해 어디에도 저항하기가 어려웠어요. 기꺼이 그를 만족시키려 했고, 그의 감시를 받아들이게 되었죠."

이런 종류의 감시는 흔히 효율성이라는 명목으로 은근히 행해지기 때문에, 직원들이 저항할 길이 거의 없다. 직장 내 감시를 연구한 MIT 소속 과학자 벤 웨이버 Ben Waber는 이렇게 설명한다. "고용주는 당신의 밥줄을 쥐고 있습니다. 윗선에서 자료를 청하면 거절하기가 아주 어렵죠."**12** 당신에겐 감시를 받을지 말지에 관한 결정권이 없다. 단지 감시에 따르는 괴로움을 다스리는 방법을 찾아내야 할 뿐이다.

더 많이 감시받는다고―그리고 덜 신뢰받는다고―느낄수록 생산성이 떨어진다는 유의미한 증거가 있다. 《직업: 급진적 변화의 시대에 일과 그 미래》에서 조직심리학자 에이미 브제스니에프스키 Amy Wrzesniewski는 엘런 러펠 셸에게 상사의 밀착 감시가 "우리를 독립적으로 사고하고 적극적으로 행동하기 어렵게 만들며, 우리가 일에서 의미를 찾을 수 없게" 만든다고 이야기

한다.[13]

러펠 셸은 보모를 예로 든다. 근래까지 대다수의 보모는 낮에 자신이 맡은 아이에 대한 완전한 통제권이 있었다. 아이에게 밥을 먹이고 정해진 시간에 낮잠을 재워야 했지만, 자율성이 있으니 근무는 견딜 만했고 심지어 즐겁기까지 했다.

내가 보모로 일했을 때에도 자율성 덕분에 ─ 먹고살 만한 임금과 더불어 ─ 일이 정말로 재미있었다. 나는 두 살 난 아이와 함께 버스를 타고 도시 곳곳을 쏘다녔다. 주중이면 새로운 공원을 탐험했다. 박물관과 거리 축제를 찾아갔고, 간혹 닷새 연속 비가 내리면 극장에서 함께 영화를 보기도 했다. 위급 상황을 대비한 핸드폰이 있었지만 우리의 집 안팎 활동에 대한 감시는 전혀 없었다. 그 직전 해에 나는 부촌인 시애틀 이스트 사이드에서 또 다른 경험을 했다. 예기치 못한 상황으로 아기의 할머니가 몇 달 집에 함께 머무르게 되었다. 그동안 나는 행동 하나, 말 한 마디, 아기의 울음소리 하나까지 전부 감시받는 기분이었다. 긴 통근 거리를 핑계로 일을 그만뒀다. 하지만 통근보다 감시가 더 싫었다.

오늘날 보모들이 당하는 감시는 ─ 숨겨진 CCTV, 아이가 잠이 들고 일어나는 정확한 순간을 보여주는 카메라, 끊임없는 문자 보고 등의 형태 ─ 점점 더 정상으로 여겨지고 있다. 내가 보모로 일하던 때에는 매일 근무를 마치며 아이가 무얼 먹었는지, 뭘 하고 놀았는지에 관해 짧은 쪽지를 쓰곤 했다. 지금이라면 앱에 들어가서 고용주들에게 실시간으로 모든 결정에 대해 승인을 받아야 할 것이다.

트래커, 즉 추적기도 있다. 건강보험료를 줄이기 위해 점점 더 많은 회사가 직원들에게 무료로 핏빗^{FitBit}과 칼로리 계산기를 제공하는 프로그램을 만들고 있다. 거래는 단순하다. 매일 만 보를 걷거나 체중을 감량하면 우리 모두에게 이득 아닌가! 그러나 이는 직장이 다시금 직원의 사적 영역에 급습한 현상이자, 좋은 노동자는 회사가 자신의 움직임을 감시하게 허락한다는 암울한 생각을 정당화한다.

2017년 9월에 아마존은 창고 직원들의 움직임을 추적하여 배달할 물건 가까이에 갔을 때 (혹은 물건을 잘못 집었을 때) "촉각 피드백"(예를 들어 가벼운 진동)을 주는 손목 밴드 기술에 대한 특허를 획득했다. 특허가 공개되자 아마존이 직원들을 로봇처럼 대하게 될 거라는 우려가 제기되었다. 사실 아마존은 이미 직원들을 로봇처럼 대하고 있다. "1년 동안 창고에서 일하고 나서, 저는 제가 함께 일하는 로봇 중의 하나가 되었다고 느꼈습니다." 전직 아마존 창고 직원이 〈뉴욕 타임스〉에 들려준 이야기다.[14] "그들은 사람들을 기계로 만들려고 해요. 로봇이 아직 만족스럽지 않으니, 만족스러워질 때까진 인간을 로봇처럼 부리겠다는 거죠."

스파이어 스톤을 생각해 보라. 스파이어 스톤은 피부에 닿게 착용하도록 만들어진 아름다운 디자인의 자그마한 트래커다. 다양한 센서의 작동을 종합한 결과 직원이 스트레스를 받은 것 같으면, 스파이어 스톤은 짧은 명상을 유도한다. 이론적으로 스파이어 스톤은 일터에서의 스트레스를 **경감**시키는 수단으로서, 직원을 더 많이 일하게끔 환경을 조성한다. 피부에 착용한 괴상한 기기가 관리자에게 직원이 스트레스를 받았다고 보고 받는 것이야말로 스트레스 수치를 높이는 제일 확실한 방법일 것이다.

이런 전략들은 큰 변화를 추구하는 몇몇 회사의, 특정한 노동자에게만 해당되는 것처럼 느껴질지 모른다. 그러나 노동자를 일터에 최적화해 수익을 증가시키려는 기술적 감시는 패스트푸드와 소매업계에선 벌써 표준이 되었다. 저널리스트 에밀리 군델스버거Emily Guendelsberger는 〈복스Vox〉에 기고한 글에서 패스트푸드 업계가 직원들에게 주는 특정 스트레스들이, 어느 뇌과학자가 실험용 쥐들에게서 우울증을 유발하는 조건으로 사용한, "절망의 구덩이"라는 것과 유사하다고 묘사한다.

직원들은 끊임없이 감독당하며, 감독의 주체는 짜증 나는 관리자뿐만이 아니다. "모든 게 초 단위로 시간이 기록되고 디지털 방식으로 감시된다. 속도가 느릴 경우 시스템이 관리자에게 통보하여 질책을 듣는다."[15] 절망의 구덩이에 빠지는 건 단지 계산대나 그릴 앞 같은 일터에 있어서가 아니다. 최저임금을 받는 노동자 주변을 둘러싼, 한 다발의 불안이 노동자를 절망으로 밀어넣는다.

우선 근무시간을 1분이라도 넘겨 출근할 경우 페널티를 주는 디지털 시계가 있고, 알고리즘이 언제, 몇 명의 직원이 필요한지 과거 데이터를 이용해 판단 후 직원에게 통보한다. 직원들에겐 근무 스케줄에 대한 전반적인 스트레스가 있다. 현실에서 근무일은 계속 바뀌며 전혀 안정적이지 않고, 심지어는 직원들에게 이틀 전에 통보된다(뉴욕, 샌프란시스코, 시애틀처럼 스케줄을 2주 전에 알려야 하는 노동법을 보유한 일부 도시를 제외하면 그렇다). 호텔 프런트데스크에서 오랫동안 매니저로 일한 사람이 내게 말하길, 2015년 전에 그녀가 일한 모든 호텔들은 늦어도 2주 전까지는 스케줄을 공지했다고 한다. 2015년 이후로는 그럴 수 없게 되었다. 알고리즘이 막판까지 일정을 수정하는 통에, 바로 전날에야 스케줄이 정해지는 일이 흔했다. 설상가상으로 인건비 예산까지 감축되는 바람에 그녀와 동료들은 어쩔 수 없이 주당 60~70시간을 일해야 했다. 휴일은 일주일에 단 하루였고 그녀는 그 하루를 자는 데 썼다.

한 대규모 패션 소매점에서 일하는 직원은 알고리즘이 작년, 같은 날의 매출을 근거로 스케줄을 정하기 때문에 휴일이나 날씨는 고려되지 않는다고 했다. '오픈·마감' 근무라는 스케줄이 있는데, 이 일정이 걸리면 가게를 닫기 몇 시간 전 출근해서 마감 업무를 한 다음 집에 돌아가 잠시 눈을 붙이고 다시 아침 일찍 가게로 나와 오픈 업무를 해야 한다. 고급 캐주얼 레스토랑에서 서버로 일하는 브룩은 주기적으로 이런 스케줄을 할당받고, "일정한 수면을 취하기가 대단히 어렵다"라고 말한다. 일과 중 특정 시점에 **정확히 필요한 만큼**의 직원만 근무하게 하는 '언더스태핑 understaffing' 관행도 마찬가지다. 알고리즘이 예측하지 못한 일로 갑자기 상황이 분주해지면 모두가 지원 인력을 달라며 소리를 질러댄다. 그렇게 됐을 경우 군델스버거의 말을 빌리자면 "**직원 그리고 손님**의 고통이 최대화"된다. 물론 비인간적이지만, 회사엔 이윤을 남긴다.

최근 호텔 프런트데스크 에이전트로 일하기 시작한 홀리의 근무 스케줄은 해당 날짜의 예상 체크인·체크아웃 수에 근거한다. 고참 직원들은 정기 휴일도 있고 스케줄도 더 일정하다. 반면 그녀와 같은 신입들은 시시때때로 스케줄을 소화해야 하며 마감·오픈 근무를 뛰어야 한다. 휴가 요청이 받아들여진다는 보장도 없어 "계획한 일을 직전에 취소하는 상황이 생기고, 일 말고는 어디에도 전념할 수 없기 때문에 가족과 친구들의 실망과 짜증에도 대처해야 한다." 주당 40시간 근무가 보장되지 않지만, 스케줄이 일관적이지 않으니 다른 일자리를 구할 수도 없다. "생활비 예산 계획은 낙서나 다름없습니다. 악몽이죠." 그녀가 말한다.

가까스로 생활비를 벌고 있거나, 패스트푸드 업계 노동자 4분의 1이 그렇듯 아이가 있다면, 스트레스 경감이나 개선에 쓸 수 있는 선택지는 더욱 줄어든다. 헬스장에 갈 시간은 있어도 돈이 없다. 건강한 음식을 사거나 만드는 데 필요한 돈과 수단도 점점 줄어든다. 몸에 노동의 증표들이 나타나기 시작한다 (2015년 패스트푸드 업계 노동자의 79퍼센트가 번아웃에 빠지거나, 혹은 완전히 녹초가 된다고 보고되었다).[16] 보수는 쥐꼬리만 하고 저축하기엔 턱없이 부족하며, 노동으로 지친 이들에게 출구를 찾는 일이란 요원하다.

홀리는 호텔에서 일하다가 한동안 진정된 것처럼 보였던, 힘들게 관리해 온 공황장애가 재발했다고 말한다. 그는 관리자들에게 불규칙한 근무 스케줄 때문에 불안을 관리하기가 너무 힘들다고 상담을 요청했다. 그러나 돌아온 건 이런 대답뿐이었다. "일이란 게 원래 그래요." 건강을 관리하는 유일한 선택지는 일을 그만두는 것이지만, 마땅한 대안 없이 퇴사를 할 수는 없다. 더구나 심한 불안에 빠져 있을 땐 구직 자체가 불가능한 일처럼 느껴진다. "다행히 제겐 어두운 곳으로 미끄러지지 않게 붙들어 주는 친구들이 있습니다. 하지만 사회나 가족의 든든한 지원이 없는 사람들에게 이런 경험은 삶을 크게 파괴시킬 수 있어요." 그녀는 말한다.

스트레스는 상사의 지시를 수행할 때, 지각할까 봐 15분 일찍 출근할 때만 생겨나는 것이 아니다. 스트레스는 신체를 와해시켜 다른 어떤 유형의 일에도 적응하지 못하게 만들 수 있다. 스트레스가 심한 직업은 번아웃으로 직행하게 하고, 그 이상이기도 하다. 계속 일하는 것 외에 다른 선택지를 보지 못하게 만들어 당신을 가두기 때문이다.

파트타임 노동도 마찬가지다. 농장 일꾼이든 보모든, 등록하지 않고 일하는 이들에겐 법적 지위가 없다. 착취를 보고할 수단도, 임금이 체불됐을 때 의지할 곳도 없다. 가정에 고용된 사람들을 비롯해 '장부 외' 노동자들에겐 초과근무 수당을 주지 않아도 된다. 그게 바로 선택지가 없을 때 일어나는 일이다. 적어도 일터에 관한 한, 당신에겐 협상할 힘이 없다. 그 어떤 종류의 힘도 없다. 이것이 선택의 여지가 있는 프리랜서가 매력적으로 보이는 이유다. 패스트푸드 음식점에서든 로펌에서든 풀타임 근무가 노동자에게 너무나 심한 스트레스를 주자, 원래 일하던 분야에서 프리랜서로 나가거나 긱 경제에서 프리랜서로 일하는 게 완벽한 해결책처럼 보이기 시작했다.

프리랜서, 위태로운 독립

대침체 동안 미국에서만 880만 개 이상 일자리가 사라졌다. 미국인들은 공사장에서, 대학에서, 비영리단체에서, 로펌에서, 폐업하는 대형 할인점에서 일자리를 잃었다. 레크리에이션 업계에서, 신문사에서, 공영라디오 방송국에서, 자동차 공장과 스타트업에서, 금융계에서, 광고계에서, 출판계에서 일자리를 잃었다. 과거에도 침체기가 오면 취업 시장이 망가졌지만, 회복기에는 취업 시장도 회복되었다. 회사가 허리띠를 졸라매면서 사라졌던 일자리들은, 회사가 다시 확장에 나서면 돌아오는 식이었다.

대침체는 그렇지 않았다. 그 시기에 뭐가 되었든 첫 일자리를 구하려 분투하던 밀레니얼이 일과 관련해 부정적인 경험을 하게 된 주된 원인이다. 엄밀히 말해 일자리가 창출되지 않은 건 아니었다. 사실은 매일 만들어지는—처음엔 오바마에 의해, 다음엔 트럼프에 의해—많은 수의 일자리가 외면받았다.

그 일자리들은 과거와 달랐다. 예전처럼 일자리라고 불리긴 했지만 내용을 보면 프리랜서에게 주어진 임시직, 계절성 일자리, 기간제 일자리, 심지어 파트타임일 수도 있었다. 한 연구에 의하면 2005년에서 2015년 사이에 경제에 추가된 일자리의 **거의 전부**가 기간제이거나 대안적 성격의 것이었다고 한다.[17]

절박한 구직자들, 특히 학교를 졸업하고 대침체 후의 취업 시장 문을 두드린 밀레니얼에게 이런 일자리들은 매우 빈약할지언정 당장에 필요한 월급은 주었다. 그리하여 프리랜서와 기간제 노동자로 구성된 긱 경제는 폭발적으로 몸집을 불렸다. 노동자들이 이런 근무 조건에 기꺼이 안주하자 일터의 균열은 더더욱 깊어졌다. 처음엔 프리랜서 시장의 낮은 기준이 정상으로 여겨져서. 그다음엔 고용의 의미가 '재규정'되었기에.

프리랜서를 뒷받침하는 논리는 대충 이런 식이다. 그래픽디자인, 사진, 글쓰기, 디지털 편집, 웹디자인 등 시장에 팔 만한 기술을 가진 사람이 있다. 그런 기술을 필요로 하는 회사도 여럿 있다. 과거엔 중견기업과 대기업들이 이런 기술을 가진 사람을 직원으로 고용했다. 그러나 균열 일터에서는 기업들이 굳이 필요 이상의 직원을 채용하려 들지 않는다. 그러느니 한 명의 직원이 할 일을 나누어 맡을 다수의 프리랜서를 고용한다. 그러면 회사는 고품질의 작업물을 얻고, 직원의 건강보험료 분담이나 공정한 근무 조건을 조성하는 등의 부가적 책임은 지지 않아도 된다.

밖에서 보기에 프리랜서는 꿈처럼 보인다. 그들은 원할 때 일하며, 표면상으론 자신의 운명을 통제할 수 있는 것처럼 보인다. 그러나 프리랜서로 일하는 당사자들은 이런 '장점'의 어두운 이면에 익숙하다. '스스로 일할 시간을 정할 자유'란 '스스로 건강보험료를 납부할 자유'이기도 하다. 감당 가능한 건강보험법Affordable Care Act이 통과되어 시장에서 개인적으로 보험에 드는 게 한결 쉬워졌지만, 그 전에는 프리랜서로서 감당 가능한 보험에 가입하는 게 날이 갈수록 불가능한 일이었다.

캘리포니아에 사는 어떤 사람은 자신이 찾았던 제일 **저렴한** 보험의 월 납부액이 330달러였다고 이야기한다. 1인 보험이었고, 보장 범위가 작으며, 자기부담금이 높은 보험이었다. 시애틀에서 개를 산책시키는 일을 하는 사람은 치과 진료는 보장되지 않는 보험에 매달 675달러를 내고 있었다. 댈러스에 사는 어떤 사람은 자기부담금이 1만 달러인 재난보험에 매달 378달러를 내고 있었다. 이건 전부 1인가구의 경우였다. 한편 어떤 프리랜서 작가는 자신은 유방암에 걸렸고, 프리랜서 사진가이자 사진 편집자인 남편은 인슐린 의존성 2형 당뇨병이 있다는 이야기를 들려주었다. 뉴욕주 교외에 거주하는 그들은 현재 매달 보험비로 1천 484달러를 낸다고 한다. 많은 프리랜서가 병원에 가면 자기부담금이 너무 높기 때문에, 가능하면 애초에 의사에게 가는 일을 피한다고 했다. 자칫 더 버티지 못하고 병원에 가면 **더 비싼** 청구서가 날아오기 일쑤라고 했다. 회복할 때까지 주어지는 유급휴가 따위는 당연히 없다.

프리랜서로 일하면 고용주의 도움을 받아 401k에 가입할 수 없고, 고용주가 보태어 주는 납입액도 받을 수 없다. 그들은 매달 퇴직을 위한 저축 개념으로 사회보장연금에 일정 금액을 넣는다. 이것 외에는 다른 보조 장치도, 은퇴 후의 안정을 보장하는 협정된 수단도 없다. 쓸데없이 어려운 세무 구조를 상대하기 위해 회계사를 고용해야 할 수도 있고, 몇 시간을 일하든 제공한 서비스에 대해선 고정된 보수를 받아야 할 때도 있다. 프리랜서로 일한다는 건 완전한 독립을 뜻한다. 이는 현재 자본주의 시장에서, 완전한 불안정의 다른 표현이다.

프리랜서 디자이너 겸 일러스트레이터로 일하는 앨릭스는 내게 이렇게 말했다. "제 기술에 대해 일반적이고 일관적인 피드백을 전혀 받지 못하는 상태입니다. 일거리를 구하기 위해서는 제 가치보다 더 적은 보수도 받아들여야 하죠. 작업비를 줄이려는 움직임이 꾸준히 있습니다. 제 삶을 제가 충분히 통제할 수 없다는 불안도 느낍니다." 어쨌거나 고객들은 프리랜서에게 아무것도 빚진 게 없다. 특정 기술이나 서비스를 제공할 수 있는 프리랜서의 공급이 수요보다 클 경우, 보수 협상은 불가능하다. 고객이 내고자 하는 비용이 얼마든 그에 자기 몸값을 맞춰야 하는 것이다.

저널리즘의 예를 보자. 한때는 모든 작가가 자유로운 프리랜서 생활을 꿈꿨다. **자신이** 쓰고 싶은 이야기만 쓰기를, **자신이** 글을 싣고 싶은 매체를 위해서만 쓰기를 바랐다. 잡지 출판계가 건실했던 과거엔 짧은 시간 동안 큰돈을 벌 수도 있었다. (굉장히 보수적으로 어림잡아도) 단어당 2달러를 받을 경우, 몇 달 동안 일해서 5천 단어짜리 기사를 쓰면 1만 달러를 벌었다.

하지만 대침체와 더불어 저널리즘 시장이 폭삭 망하자 모든 게 달라졌다. 직장에서 해고당한 뒤 일거리를 필사적으로 찾아나선 저널리스트들이 시장에 넘쳐났다. 경쟁이 심해지자 요율은 낮아졌고 대다수 매체의 지불 능력도 그 수준으로 떨어졌다. 나 같은 사람들도 있었다. 라이브저널이나 워드프레스 같이 온라인 공간에서 무보수로 목소리를 갈고닦은 사람들이었다. 2010년에 나는 대침체가 지나간 잿더미에서 태어난 웹사이트 헤어핀Hairpin의 독자가 되었다.

헤어핀의 사업 모델은 당시 다른 기업들처럼 돈을 받지 않고 기꺼이 글을 쓰고자 하는 누군가의 좋은 글을 소개하는 것이었다. 나는 내 전공 연구를 기반으로 연예인 가십과 고전 할리우드 스캔들에 대한 글을 쓰기 시작했다. 전형적인 밀레니얼처럼, 누가 내 글을 출판해 준다는 사실만으로 뛸 듯이 기뻤다. 돈을 받고 싶은 마음보다 내 열정에 대해 귀 기울일 독자를 바라는 마음이 훨씬 컸다. 이런 사업 모델 덕분에 수백 명이 글쓰기에 뛰어들 수 있었다. 동시대의 여러 저명한 작가들이 헤어핀, 헤어핀의 자매 사이트 올Awl, 올의 사촌 사이트 토스트Toast에서 커리어를 시작했다. 블리처 리포트Bleacher Report 같은 사이트에서 무료로 블로그를 시작한 수십 명의 스포츠 작가도 마찬가지였다. 우리가 성공한 이유는 글쓰기가 본업이 아니어서다. 처음엔 돈을 받지 않고서, 웹사이트에 영향력이 생기고 침체가 지나간 다음엔 우리 할머니라면 "쌈짓돈"이라고 불렀을 만한 가외의, 잉여의, 뜻밖의 돈을 받고 글을 썼기에 가능했다.

그러나 우리는 모두 글쓰기를 부업으로 했기 때문에—그래서 돈을 받지 않고 일할 형편이 되었던 거다—요율을 바닥으로 떨어뜨리는 데 일조했다. 미술사를 공부하는 대학원생에게 공짜로 통찰이 담긴 글을 받을 수 있는데, 뭐하러 월세를 벌어야 하는 프리랜서에게 정해진 요율로 돈을 지불하는가?

실제로 회사들은(소수만 아는 작은 웹사이트가 아니라 버젓한 회사들은) 이런 상황을 이용했다. 그중에서도 가장 큰 이득을 취한 건 새로 부상하고 있던 긱 경제의 고용주들이었다. 우버, 핸디 Handy, 도어대시 Doordash 외에 수십 개 회사들이 해당된다. 훗날 대침체 직후를 돌아보면 그 시대는 대혁신의 시대가 아니라 대착취의 시대로 기억될 것이다. 테크 기업들이 직원으로서 존중하기는커녕 직원이라는 이름표도 붙이기 싫은 노동자들을 밟고서 '유니콘(기업 가치 10억 달러가 넘는 스타트업)' 지위를 획득한 시대였다.

▾　▾　▾

실리콘밸리의 역학과 철학은 균열 일터를 탄생시킬 완벽한 조건을 형성한다. 실리콘밸리는 이전의 낡은 업무 방식이 망가졌다고 생각한다. 실리콘밸리는 **과로를 사랑한다.** 실리콘밸리의 '파괴' 이데올로기는—마크 저커버그의 유명한 발언에서처럼 "빠르게 움직이고 부서뜨리는" 이데올로기는—안정적 일터와

닮은 것은 뭐든지 없애려는 의지에 달려 있다. 스타트업 세계에서 궁극적 목표는 '주식 상장'이다. 얼마나 많은 대가를 치러야 하는지는 상관없이, 주식 가치를 충분히 높이고 누그러지지 않는 성장을 이룩하는 것이다. 그게 스타트업 회사들이 투자받은 벤처캐피탈 회사에 돈을 갚는 방식이자 설립자, 이사, 초기 직원들을 대단히 부유하게 만드는 방식이기도 하다.

실리콘밸리와 일이라는 개념의 변화에 대해 이야기한다는 건 곧 우버에 대해 이야기하는 것이다. 아마 여러분도 나만큼이나 우버 이야기가 지긋지긋할 것이다. 그러나 우버는 우리 사회에 부정할 수 없는 거대한 영향을 미쳤다. 우버는 우리의 턱밑에서 가족이나 보육 방식, 근무 조건이나 경영 관습, 통근 패턴이나 도시 계획, 인종 평등 캠페인과 노동권 법안까지 사회 대부분의 면을 건드리는 변화의 물살을 이끌었다." 앨릭스 로젠블랫Alex Rosenblat은 《우버랜드Uberland》에서 주장한다. 우버는 "혁신과 무법, 노동과 소비, 알고리즘과 관리자, 중립과 통제, 공유와 고용 같은 분류에 혼란을 가져온다."[18] 실제로 우버를 운전해 본 미국인 수는 비교적 적다. 그러나 우버가 시작한 변화는 시장의 일부분과 우리 일상을(특히 긱 경제에 의존하는 이들의 일상을) 잠식해 나가고 있다.

대침체 후 시기에 탄생한 다른 많은 스타트업 회사처럼, 우버는 파괴를 전제로 만들어졌다. 오래되고, 다소 투박하며 아날로그적이었을지언정 직원들에게 먹고살 만한 임금을 주던 산업을 가져다가 디지털 기술을 이용해 더 매끈하고 쉽고 쉬운 서비스로 바꾸어서, 파괴를 일으킨 회사로 돈을 끌어온다. 리프트Lyft, 주노Juno, 그리고 다른 몇 개의 승차 호출 서비스 회사와 더불어 우버는 전통적으로 "제복" 산업으로 불리는, 사람을 태우고 다른 곳으로 이동시켜 주는 산업을 파괴시켰다. 이들이 인기를 얻자 아예 각종 일상적 업무의 개념을 바꾸는 가내공업 서비스 업계 전체가 태어났다. 로버Rover는 반려동물 케어 업계를 파괴했다. 에어비앤비Airbnb는 숙박업을 파괴했다. 핸디는 심부름 업계를 파괴했다. 포스트메이트Postmate와 심리스Seamless와 도어대시는 테이크아웃을 파괴했다. 이 앱들은 소비자들이 더 쉽게 휴가를 떠나도록, 음식을 배달시켜 먹도록, 다른 곳으로 빠르게 이동할 수 있도록 만든 반면 엄청난 수의 나쁜 일자리를 창출했다. 이는 대침체 이후 아직도 절박하게 살아가는 노동자들이 (적어도 일시적으로는) 기쁘게 받아들인 일자리들이었다.

짧은 기간이었지만 우버 같은 회사들은 경제적 구세주로 간주되었다. 그들은 옛 체제보다 훨씬 더 효율적으로 자원─차, 운전수, 청소부, 침실─을 사용하고 분배하는 수단이라고 스스로 광고했고, 지푸라기라도 잡아야 했던 중산층들은 그들이 만든 일자리를 필사적으로 잡았다. 그러나 이런 일자리의 비밀은 엄밀히 말해 아예 일자리로 분류되지 않는다는 점, 망가진 계급의 사다리를 고칠 수 있는 일자리는 절대 아니었다는 점이다. 이런 일자리들은 미국과 전 세계에서 테크 칼럼니스트 파하드 만주Farhad Manjoo가 "마땅히 보호를 받지 못하고 영원히 노

역하게 될 운명의 영구적 디지털 하류계급"이라고 부르는 이들을 만들어 냈다.[19]

우버에서는 우버를 위해 운전하는 수만 명 사람들을 직원으로 여기지 않았다. 대외적으로 그런 운전자들을 향한 우버의 태도는 한결같았다. 운전자들이 실은 **일종의 고객**이라는 태도였다. 우버 앱은 단지 태워줄 누군가가 필요한 고객 집단을 누군가를 태울 의향이 있는 고객 집단과 연결시켜주는 것이었다. 《직장이 없는 시대가 온다*Gigged*》의 저자 새라 케슬러^{Sarah Kessler}가 지적했듯 "우버는 단순히 직원을 가능한 한 적게 고용하는 기업계 트렌드를 가져다가 스마트폰 시대에 적용시켰다."[20]

어쨌거나, 기업들에게 직원 고용은 아무리 최저임금을 지불한다 해도 여전히 "비싸다." 직원 고용은 기업에 온갖 종류의 책임을 지운다. 벤처캐피탈에서 수백만 달러를 투자받은 스타트업 기업에게 목표는 언제나 성장이며, 책임은 성장을 저해하는 방해물이다. 우버는 이 문제를 해결하기 위해 직원들을 '고객'으로 명명했고 공식적으로 '독립 계약직'이라고 지정했다.

독립이란 우버를 위해 운전하는 이들이 스스로 스케줄을 정할 수 있고, 진정한 의미에서 상사가 없으며, 자신을 위해 일한다는 의미였다. 그러나 이는 준직원인 이들에게 조합을 이룰 권리가 없다는 뜻이기도, 우버에겐 그들을 훈련시키거나 복지를 제공할 책임 회피의 뜻이기도 했다. 긱 경제는 독립성으로 노동자들을 유혹했다. 우리의 생활과 자녀의 스케줄, 우리의 다른 책임들에 맞추어 업무를 조정할 수 있다고. 사람들은 이런 형태의 업무가 자기중심적이며 까다롭고 독선적이라고들 하는 밀레니얼 세대에 적합하다고 떠들어댔다. 〈포브스*Forbes*〉에서는 긱 경제가 눈에 보이게 성장함에 따라 "밀레니얼들이 자기들 뜻대로라면, 9시 출근 5시 퇴근 직장인은 곧 과거의 유물이 될 것이다"라고 선언했다.[21]

하지만 일이 그렇게 풀리진 않았다. 적어도 핸디에서 청소하는 사람들, 태스크래빗에서 일하는 사람들, 아마존의 머케니컬 터크에서 푼돈을 받고 하찮은 온라인 작업을 해주는 사람들에겐 그렇지 않았다. 도어대시에서 일하는 사람들에게도 마찬가지였다. 온라인에서 심한 반발이 퍼지기 전까지, 도어대시는 손님이 준 팁을 독립 계약직의 기본급 충당에 사용했다. 즉 도어대시 배달원이 보장받는 배달비 6.85달러에서 3달러 팁을 받았다 해도 실제로 받는 돈은 여전히 6.85달러였다. 사용자가 배달원이 아닌 도어대시에 팁을 주게 된 것이다. 한때 우버 측에선 운전자가 연간 9만 달러를 벌 수 있다고 주장했지만 (그 이후 철저하게 반박당했지만) 긱 경제에서 운전을 하거나, 청소를 하거나, 남는 침실을 빌려주거나, 쉼 없이 마우스를 클릭하는 사람들은 이 일을 n잡으로 삼고 있다. 시궁창 일자리를 보조하기 위한 또 다른 시궁창 일자리인 것이다.[22] 긱 경제는 전통 경제의 대체제가 아니다. 사람들에게 전통 경제가 망가지지 않았다고 설득하면서 전통 경제를 받쳐 주는 존재다.

프리랜서와 임시직 근무는 고된 일과 불안을 악화시키면 악화시켰지, 없애주지 않는다. 혹여 쉬는 시간이 생기면, 그 시간에 일을 할 수도 있었다는 후회나 불안이 더해진다. 생일파티에서 보낸 한 시간 동안 우버에서 30달러를 벌 수도 있다. 달리기 한 시간이면 새 고객을 찾아 홍보를 할 수 있다. 책을 읽으며 보낸 한 시간 동안 글을 쓸 기회를 알아볼 수도 있다. 프리랜서로 일하겠다는 건 언제나 더 많이 일할 수 있고 일해야 한다는 사실을 받아들인단 의미다. 업워크^{Upwork} 플랫폼에서 프리랜서로 수치 분석을 하는 닉은 "영원히 매 순간 일해야 한다는" 심리적 압박이 있다고 묘사했다. 프리랜서 작가인 제인은 이렇게 설명했다. "프리랜서로 일할 땐, 아무리 일해도 결코 충분하지 않다는 느낌, 더 많이 일하고 더 많이 돈을 벌고 더 아낌없이 몸을 내던져야 한다는 느낌이 있습니다. 실패를 하면 (그것이 진짜든, 자기만 느끼는 실패든) 전적으로 자기 잘못이죠. 사무실 직원의 경우 차 한 잔을 우리는 시간에 대해서도 돈을 받습니다. 프리랜서는 일하지 않는 매시간 돈을 잃고 있죠."

프리랜서로 일한다는 건 '나쁜 건 전부 좋고, 좋은 건 전부 나쁘다'라는 사고방식에 빠진다는 뜻이다. 이 문장은 대학원 시절 내가 친구들과 과로를 왜곡시키는 연금술을 말할 때 사용한 주문이었다. 이는 힘든 노역이 훌륭하게 느껴지고, 실제로 즐거운 활동들이 지울 수 없는 죄책감에 물든다는 점에서 연금술과 비슷하다. 케슬러가 책에서 말했듯 우버는 바로 이 사고방식을 착취한다. 운전자가 콜을 거부하려 앱을 닫으려 하면, 여러 가지로 변형된 메시지창이 뜬다. "정말 앱을 *끄겠습니까*? 당신 지역의 수요가 대단히 높습니다. 더 많은 돈을 버세요. 지금 멈추지 마세요!"**23**

당신의 역량은, **프리랜서**라는 단어가 주장하듯 '자유'가 절대 아니다. 차를 수리해야 할 경우, 오랫동안 아플 경우, 혹은 그저 운전을 하기 싫을 경우, 쉬었다가 다시 우버 일을 시작하기는 어렵다. 게다가 툭하면 재미로 별점 1점을 주는 취객들의 변덕에 시달려야 한다. 가이 스탠딩은 이렇게 지적한다. "자신을 위해 일하는 사람은 독재자를 위해 일하는 것이다. 당신이 받는 평가는 기껏해야 마지막으로 끝낸 일과 그 성과를 넘지 못한다. 당신은 계속 평가받고 채점당한다. 다음 끼니를 댈 돈이 어디서 나올지 걱정해야 한다는 건, 자기 삶을 통제하지 못한다는 의미다."**24** 한 우버 운전자는 로젠블랫에게 이렇게 말했다. "머리 꼭대기에 상사가 앉아 있는 게 아니라, 핸드폰이 앉아 있습니다."**25**

프리랜서 일은 그 자체로도 피로하며, 불안을 일으킨다. 그뿐 아니라 당신이 하는 일을 **일로** 보지 않으려는 경향이 있다. 교사나 어머니의 일이 가치 절하되듯(혹은 무가치하게 여겨지듯), 공유경제에서 뛰는 프리랜서의 업무는 아예 일로 대우받지 못한다. 그저 취미로 돈을 좀 벌려는, 드라이브를 하면서 재미있는 대화를 나누려는, 사람들을 집에 초대하려는 시도로 취급된다. 이런 일자리를 가볍고 즐겁다는 어감을 내재한 "긱 gig"이라고 부르는 것부터가 노동으로서의 지위를 무시하는 것이다. 우리의 경제는 긱 경제가 아니다. 항상 미친듯이 **다음 임시 일자리**를 찾는 경제다.

　　　　▼　　　▼　　　▼

"우리는 우버 운전자들을 '스스로 정한 가격에 판매할 만한 능력을 지닌 채 돌아다니는 사람들'이라는 개념을 촉진시켰다. 이를 통해 '이동 가능한 일'이라는 생각을 이상적인 개념으로 만들어 냈다. 물론 실제로 그렇게 할 수 있는 사람들도 일부 있다. 하지만 사회 전체가 아무런 보호 장치가 없는 이 플랫폼을 기반으로 돌아갈 수 있다고 생각하는 건 공상이다."[26] 스탠딩은 주장한다.

우버 직원 다수는 아직도 고용주와 협상하기 위해 싸우고 있다. 미국 전국의 미디어 업계에서 일하는 프리랜서들은 자기들 나름의 조합을 만들어 단체로 인건비를 정한다. 미디어 업계 직원이 조직에서 해고되거나 파업을 했을 경우 그가 비운 일자리로 들어가는 일종의 배신 행위는 거부한다. 점점 더 많은 프리랜서, 긱 경제 노동자, 임시직들은 안정성 없는 유연성은 무의미한 요소라는 것을 깨닫고 있다.

이런 종류의 행동을 요구할 유일한 방법은 영향력을 지니는 것이다. 선택지를 갖기 위해, 직원으로 인정받기 위해 영향력이 있어야 한다. 그러려면 현 체제를 전복해야 하는데, 여기엔 정부 개입이 필요하다. 입법자들이 우버 같은 회사에게 직원들을 독립 계약직으로 분류하는 관행을 그만두라고 강제한다면, 회사와 노동자 사이의 사회적 계약은 강화될 것이다. 회사에서는 노동자들의 생계를 책임져야 하고, 그 사람들의 노동으로 얻은 이윤이 어떤 형태로든 그들에게 분배되어야 한다는 생각이 힘을 얻을 것이다. 위와 같은 내용이 대단히 급진적인 방법처럼 느껴질지 모르겠지만, 정확히 60년 전 과거에는 이러한 인식이 대단히 미국적인 것으로 여겨졌다.

회사의 수장이 애초에 문제될 게 없다고 말하는 경우에 이런 해법을 적용하기는 특히 어렵다. 도어대시의 CEO 토니 쉬Tony Xu는 〈리코드 디코드ReCode Decode〉에 이렇게 말했다. "이것을 직원과 독립 계약직의 문제로 보는 건 요점에서 약간 빗나간 측면이라고 생각합니다. 제 말은, 문제의 근본은 도어대시에서 일하는 사람들이 사랑하는 큰 유연성을 극대화하면서, 이를 필요로 하는 사람들에게 안전장치를 제공할 방법이 뭐냐는 거죠."**27**

아주 빤한 방법이 하나 있다. 그들을 직원으로 고용하면 된다. 착취를 프리랜서와 독립 계약직이 유연성을 누린다는 미사여구로 가려놓는 건, 사람들이 유연성을 원하는 이유에 대한 논의를 회피하는 것이다. 한창 번성 중이라고 이야기들 하는 오늘날의 경제는 로봇처럼 취급받는 수백만 명을 짓밟고 지어졌다. 만주는 도어대시의 팁 처리에 관련된 반발이 휩쓸고 지나간 여파에 이렇게 적었다. "내가 가장 우려하는 건, 이게 시작에 불과하단 거다. 소프트웨어가 주도하는 착취와 굴종의 정책들은 경제적 가치 사슬을 타고 전이될 것이다. 오늘 도어대시 노동자들의 팁을 빼앗아 가는 게, 내일 모든 사람을 이용할 길을 닦는 일이다."

만주가 옳다. 금방 다가올 미래에 이용당할 상황에 놓인 사람들은 다른 선택지가 없는 이들, 즉 밀레니얼 세대와 Z세대처럼 다른 길이 있다는 걸 알지 못하는 이들이다. 이것이 현재의 문제를 정확히 보여준다. 시궁창 같은 근무 조건이 번아웃을 만들고, 번아웃이 — 그리고 번아웃에 뒤따르는 능력 부족이 — 일터가 시궁창에서 좀처럼 나아지지 못하게 만든다. 현재 일터의 현실에 맞게끔 노동법을 갱신하는 중요한 법안들이 통과된다면 도움이 될 수 있다. 연대하는 것 또한 도움이 될 것이다. 이 케케묵은 단어는 끈끈한 결연보다는 단순한 합의를 의미한다. 같은 생각을 하는 다양한 사람들끼리 마음을 모으면 저항할 수 있다는, 가능성에 대한 합의다.

7장

전시와
감시의 장,
온라인

아침에 내 귀에 제일 먼저 들리는 건 수면 사이클 앱의 알람 소리다. 이 앱은 내가 뒤척거리는 움직임을 감시하다가 잠에서 살짝 깼을 때 '부드럽게' 나를 깨워준다고 한다. 알람을 끄고 핸드폰에 설치해 둔 갖가지 뉴스 앱에서 보낸 알림들을 본다. 나쁜 뉴스들. 더 나빠진 뉴스들. 침대에 누워 있으면 자연스럽게 엄지가 인스타그램을 누른다. 내가 왜 그러는지 도통 모르겠다. 내 관심사는 남들이 올린 게시물이 아니라 내가 어젯밤 올린 사진이 받은 '좋아요' 수다. 개인 이메일을 확인한다. 업무 이메일을 확인한다. 트위터 앱은 지웠지만 문제없다. 크롬 브라우저를 열고 주소를 입력하면 되니까.

침대에서 나와 인공지능 스피커에게 NPR을 틀어달라고 몇 차례 소리친다. 샤워기를 튼다. 온수가 나오기를 기다리는 동안 메신저에 접속해서, 출근이 시작된 동부에서 오늘 회의에 참석해야 한다는 공지가 오지 않았는지 확인한다. 샤워를 마치고 나니 라디오에서 뭔가 재미있는 얘기가 나오고 있다. 수건으로 몸을 감싼 채 그대로 서서 관련 내용을 검색하고 트위터에 올린다. 업무 메신저를 다시 확인한다. 이번엔 오늘 할 일에 대해 우리 팀과 공유하기 위해서다. 옷을 입고, 커피를 타고, 컴퓨터 앞에 앉아서 이것저것 읽고, 트위터에 올리고, '마음에 들어요' 받기를 기다리며 꼬박 30분을 보낸다. 10년 동안 운영한 팔로워 4만 3천 명의 페이스북 페이지에 내가 읽은 이야기 하나를 올린다. 5분 뒤 페이스북으로 돌아가 혹시 댓글이 달렸는지 확인한다. 이제 일을 해야 한다고 나 자신에게 이른다. 이것도 내 업무 중 하나라는 걸 잊은 채로.

나는 생각한다. **이젠 진짜 글을 쓰기 시작해야겠어.** 브라우저에 열어 둔 구글 문서 초안으로 가…려다가 지난주 장바구니에 담아 둔 아이템 중 할인하는 게 있는지 보러 옷가게 웹사이트에 접속한다. 아니, 그 전에 메신저 채팅창에 링크 하나를 공유해서 내가 접속해서 일하고 있다는 사실을 알린다. 원고를 200단어 정도 쓰고 나서, 나의 '죄책감 가득한 수신함'에서 묵히고 있던 강연 계약서에 드디어 서명을 해야겠다고 결정한다. 내겐 프린터도 스캐너도 없다. 온라인 문서 서명 서비스는 비밀번호가 기억나지 않는다. 비밀번호를 재설정하려고 시도하지만 지난 세 번 동안 사용한 것과 같은 비밀번호는 사용할 수 없다는 친절한 안내가 돌아온다. 시애틀 지역번호로 전화가 걸려오다가 끊어진다. 메시지를 받지는 못한다. 내 음성 사서함은 6개월째 가득 차 있기 때문에.

메일을 열어 보니 어쩐 일인지 '프로모션' 탭에 분류된 메일이 지난 세 시간 동안 2통에서 42통으로 늘어났다. 일전에 IT 부서 사람들이 전 직원에게 비밀번호를 바꾸라고 요청했는데, 바꾸고 나니 몇 달 전에 설치한 구독 취소 위젯이 작동을 멈췄다. 그 때문에 요새 가구점에서 보낸 구독 메일을 삭제하는 데 상당한 시간을 보내고 있다. 잠깐, 페이스북 알림 메시지가 떴다. 내가 강아지를 입양한 유기견 구조 그룹 페이지에 새 글이 올라왔다! 고등학교를 졸업한 뒤 한 번도 대화를 나누지 않은 누군가도 새 글을 올렸다!

링크드인에선 내 출판 에이전트가 처음 일을 시작한지 50주년을 맞았다는 축하 메시지가 뜬다. 얼굴이 가물가물한 예전 제자도 무슨 기념일을 맞았다고 한다. 점심을 먹고, 몇 년째 혐오하는 마음으로 보고 있는 블로그를 혐오하는 마음으로 훑어본다. 트럼프가 기분 나쁜 트윗을 올렸다. 누군가가 수준 낮은 의견을 올렸다. 메신저에서 가수 조 조나스의 근육에 대한 아주 진지해 보이는 대화에 참여하는 사이에, 가까스로 조금 더 글을 쓴다.

피트니스 센터에 간다. 스핀 바이크를 타면서 트위터에서 보고 포켓 앱에 저장해 둔 글들을 읽는다. 단체 채팅방 알림으로 한 번, 두 번, 열다섯 번 방해를 받는다. 마음에 드는 글이 있어서 바이크 속도를 줄이고 물을 한 잔 마신 뒤 트윗을 쓴다.

운동을 마치고 화장실에 들어가 짬을 내어 핸드폰을 다시 본다. 차를 타고 마트에 가는 길에 긴 신호에 걸린다. 핸드폰을 집어 드니 "운전 중이신 것 같군요"라는 경고 목소리가 나온다. 나는 핸드폰에게 거짓말을 한다.

마트 계산대에서 메신저를 확인한다. 차를 타고 집에 돌아가 친구에게 우리끼리만 통하는 농담을 건넨다. 집까지 5분이 남았다. 남자친구와 오늘 하루가 어땠는지 안부를 나눈다. 개를 데리고 예쁜 오솔길로 산책을 나가서, 핸드폰을 꺼내 쉴 새 없이 사진을 찍는다.

맥주 한 캔을 사들고 집으로 돌아와 뒤뜰에 앉아 인터넷 글을 읽고, 트위터를 하고, 글 편집을 마무리하며 **휴식**을 취한다. 엄마에게 전화를 거는 대신 메시지를 보낸다. 인스타그램에 개와 산책하며 찍은 사진을 올리면서 최근에 개 사진을 너무 많이 올린 건 아닌지 고민한다. 저녁을 요리하며 인공지능 스피커에게 내게 별로 와 닿지 않는 뉴스에 대해 사람들이 대화하는 팟캐스트를 틀어달라고 한다.

침대로 향하며 나이트스탠드를 켜고 책을 읽겠다고 결심하지만 세상에나, 배꼽 잡게 웃긴 틱톡 동영상을 봤다. 인스타그램에 접속해서 아까 고민하다가 올린 개 사진이 '좋아요'를 몇 개나 받았는지 확인한다. 이메일과 또 다른 이메일과 페이스북을 확인한다. 더 확인할 게 없는 지금은 델타 앱을 열고 단골고객 마일리지가 몇 점 쌓였는지 확인하기에 최적이다. 아, 이젠 책 읽을 시간이 없다. 수면 사이클 앱을 켜야겠다.

SNS의 늪, 디지털 피로

　　나의 일상에서 상당히 표준적인 하루를 묘사하는 동안 수치심과 피로가 동시에 밀려왔다. 심지어 시시때때로 핸드폰을 들여다보거나, SNS를 확인하거나, **내가 이 문장을 쓰는 방금 두 번 그랬듯** 원고와 인터넷 창 사이를 오가는 시간은 넣지도 않았다. 2013년의 한 연구에 따르면 미국의 밀레니얼 세대는 하루에 핸드폰을 150번 확인한다고 한다. 2016년의 또 다른 연구에 따르면 우리는 일주일에 6시간 19분을 스크롤하고, 메시지를 보내고, 이메일을 쓰는 데 스트레스를 받으며 보낸다고 한다.[1] 내가 아는 사람 중 핸드폰을 좋아하는 사람은 없다. 심지어 핸드폰에서 얻는 이점보다 핸드폰으로 인한 산만함이라는 단점이 훨씬 크다는 사실을 대부분 인정한다.

　　그렇다, 우리는 안다. 핸드폰이 짜증 난다는 걸 안다. 핸드폰에 깔린 앱들이 중독을 일으키게 설계되었다는 것마저 안다. 유토피아를 연상시키는 기술의 약속들이 일을 더 효율적이게, 사람과 사람 사이의 연결을 더 끈끈하게, 사진을 더 공유하기 편하게, 뉴스를 더 접근 가능하게, 커뮤니케이션을 더 쉽게 만들어 주었다. 하지만 그 약속들이 사실은 **더 많은** 일, **더 많은** 책임, **더 많이** 실패할 기회를 만들었다는 것을 잘 알고 있다.

　　문제의 일부는 이런 디지털 기술들이 우리에게 가장 나쁜 습관을 심어준다는 것이다. 기술들은 우리가 자신을 보호하기 위해 최선을 다해 세운 계획을 방해한다. 우리의 자유 시간을 약탈한다. 우리를 현실에 발붙이게 해주는 일들을 점점 더 하지 못하게 만든다. 숲속에서의 달리기를 자기 최적화의 기회로 바꿔 버린다. 타인과의 상호작용에서 가장 요구사항이 많으며 이기적인 주체는 나도 상대도 아닌 디지털 기술들이다. 그것들은 우리가 무언가를 경험하는 **바로 그 순간에도** 미래에 이 경험을 어떤 문구로 설명할지 생각하라고 강요한다. 여행은 남들에게 내보일 수 있도록 기록할 때에만 가치 있다는 생각을 심어 준다. 즐거움과 고독을 빼앗아가고 피로와 후회만 남겨놓는다. 나는 디지털 기술들을 혐오하고 그것들에 화가 나면서도, 점점 더 그것들 없이 살기는 어렵다고 느낀다.

디지털 디톡스가 문제를 해결해 주진 않는다. 장기적으로 보았을 때 유일한 해결책은 배경을 전경으로 바꾸는 것뿐이다. 디지털 기술들이 효율성이라는 이름 아래 어떻게 우리의 번아웃을 악화시키고 확장시켰으며, 우리 삶을 식민화했는지 정확히 짚어 보는 것 밖에는 없다.

디지털 기술들의 특기는 우리에게 무얼 하지 않고 있는지 상기시키는 것이다. 누가 우리를 빼놓고 놀고 있는지, 누가 우리보다 더 많이 일하고 있는지, 우리가 어떤 뉴스를 읽지 않고 있는지 일깨운다. 디지털 기술들은 우리가 잠시 의식을 내려놓은 채 우리를 지켜주고 재생시키는 필수 활동인 승화와 억제를 실행하게 놔두지 않는다. 도리어 우리를 그 반대로 이끈다. 끊임없이 알림의 세례를 보내고, 잊은 것들을 상기시키고, 상호작용을 요구한다. 우리와 다른 이들의 삶의 모든 디테일을 무시할 수 없도록 전방으로 가져온다. **당연히** 우리는 더 많은 활동을 하게 된다.

▾　▾　▾

번아웃의 너무나 많은 면모가 그러하듯 디지털 피로 역시 밀레니얼 세대만의 전유물이 아니다. 그러나 적어도 현재 시점에 우리 세대와 디지털 기술의 관계는 유난히 엉망이다. 성인기 초기에 우리의 삶은 디지털 기술들에 깊은 영향을 받아 빚어졌지만, 우리에겐 그 기술들이 **만들어지기 전의 삶**에 대한 기억도 뚜렷이 남아 있다. 연령과 계층에 따라 기억의 내용이 다소 다르긴 해도 공통점이 있다. 우리 유년기는 스마트폰에 의해 직조되지 않은 반면, 대학 시절과 성인기 초기는 디지털 카메라와 초창기 페이스북, 끊임없는 접근성에 의해 윤곽이 잡힌다.

디지털 기술들은 밀레니얼들이 계획을 세우는 방식, 사귀기 전 밀고당기기를 하는 방식, 행동하는 방식과 공공장소에서의 행동을 책임지는 방식을 바꿔놓았다. 기술들은 우리가 사진을 찍는 방법, 음악을 찾아 듣는 방법, 컴퓨터로 하는 일들, 컴퓨터 앞에서 보내는 시간의 길이를 바꿔놓았다. 모든 게 더 쉬워지고 더 저렴해지고 더 간단해지는 것처럼 보였다. 그러나 맨 처음엔 변화는 아직 **점진적**으로 일어나는 것처럼 느껴졌다. 내 첫 스마트폰은 카메라 화질이 구렸고 이메일 한 통을 여는 데 10분이 걸렸다. 아파트와 차에선 여전히 CD를 들었다. 넷플릭스에서 판매한 DVD를 노트북으로 보았다. 워드프레스 블로그를 사용했다. 블랙베리 핸드폰을 사용하는 사람들이 있었지만, 내 세상은 아직 그렇지 않았다.

변화는 천천히 찾아오는가 싶더니 급작스럽게 모든 걸 바꿔 놓았다. 아이폰을 AT&T가 아닌 통신사에서도 사용할 수 있게 되었다. 넷플릭스에서 스트리밍 서비스를 시작했다. 훌루와 아마존과 HBO에서도 스트리밍을 시작했다. 트위터가 서비스를 시작하여 블로그 세계를 초토화시켰다. 밀레니얼들은 부모들이 하나둘 계정을 만들기 시작한 페이스북을 그만뒀다. 인스타그램이 부상했고, 그와 더불어 사람들이 계속 소비할 수 있도록 경험을 미화시키고 포장하라는 지령이 떨어졌다.

핸드폰은 우리 자신의 확장이자, 우리 삶을 정리하는 주요 수단이 되었다. 나는 핸드폰으로 이메일을 확인한다. 핸드폰으로 수표를 입금한다. 핸드폰으로 에어비앤비를 예약한다. 핸드폰으로 식료품, 배달 음식, 옷을 주문한다. 핸드폰으로 술값을 더치페이하고, 집에 돌아가는 지하철 노선을 알아낸다. 핸드폰을 이용해 친구들의 아이들에게 재미있는 표정을 지어 준다. 피트니스 센터에 더는 잡지를 가져가지 않고, 그냥… 핸드폰을 가져간다. 케이블TV 대신 애플TV를 신청했다. 아이팟과 디지털 카메라와 주소록과 테이프 녹음기와 컴퓨터의 DVD 드라이브는 더 이상 사용하지 않는다. 새로 산 컴퓨터에는 DVD 드라이브가 **아예 없다.**

내가 아는 다른 밀레니얼의 삶도 비슷한 기술적 통합을 겪었다. 우리 오빠는 2017년까지 스마트폰을 쓰지 않겠다고 뻗대다가 결국 항복했다. SNS를 성공적으로 끊거나 애초에 무시한 이들도 있긴 하지만, 그들은 점점 더 특이한 경우가 되고 있다. 사람들에겐 이제 삶 자체가 핸드폰과 핸드폰에 설치된 앱을 통해 흘러간다. 할 일, 여행, 업무, 운동, 정리, 기억, 인간관계, 금융, 우정, 이 모든 것의 주된 중재자가 핸드폰이다.

이것이 핸드폰과의 관계를 전적으로 끊는 건 고사하고 조정하는 것조차 그토록 어려운 이유다. 사람들에게 핸드폰에서 분리되는 것은 곧 삶에서 분리되는 것과 동일한 의미다. 이런 새로운 현실에는 상당한 수치심이 결부되어 있다. 핸드폰에 남들보다 더 집착하는 사람은 모자란 사람, 혹은 의지가 부족한 사람이라는 부끄러움이다. 그러나 핸드폰(더 구체적으로 말하면 핸드폰에 설치한 앱들)은 우선 필요를 창조한다. 그다음엔 대체가 불가능한 방식으로 그 필요를 채워주게끔 설계된다. 생산성과 효율성이라는 이름으로 **위장**한 핸드폰의 약속에 굴하는 게, 당신의 의지가 약하다는 뜻은 아니다. 그건 단지 당신이 당신에게 요구한 모든 것을 완수하고자 미친듯이 노력하는, 보통 사람이라는 뜻이다.

핸드폰이 어떻게 우리에게 최악의 습관을 심어주며 번아웃을 악화시키는지 알아보기 전에, 살펴보고 넘어가야 할 것이 있다. 우선 우리가 싫어하는 서비스를 제공하는 바로 이 물건이 사용자에게 쓰레기가 된 기분을 안겨주도록 설계된 이유다. 요약하자면, 그래야 돈이 되기 때문이다. 핸드폰은 우리의 관심을 조종하고, 유지시키고, 이끈 다음 광고주들에게 팔아넘겨 앱이 돈을 벌게 만든다. 그리고 사용자인 우리는 핸드폰 없이 살 수 없게 만든다.

'주목 경제attention economy'에 대한 이야기는 곧 우리의 시간을 사고파는 것에 대한 이야기다. 우리가 의식하지 않고 길을 거닐거나, 운전 중 신호에 걸려 허공을 바라보거나, 잠자기 전 뒤척이던 17분 같은 시간을 사고파는 것. 주목 경제는 우리 삶의 틈새 시간을 점유하는 것뿐 아니라 주요한 사건들을 미묘하게 반복해서 일상을 차지하는 것을 기반으로 삼는다. 넷플릭스 CEO가 던진, 넷플릭스의 주된 경쟁자가 수면이라는 유명한 농담처럼.[2]

우리가 이미 직관적으로 아는 사실을 확인해 주는 수십 편의 연구와 글들이 있다. SNS를 확인하면, 적어도 긍정적이거나 흥미로운 것을 발견했을 경우, 우리 뇌에서는 즐거움을 추구하는 화학물질인 도파민이 소량 분비된다. 우리 뇌는 도파민을 사랑하기 때문에 계속 즐거움을 추구하고, 점점 더 커지는 변화에 중독된다. 새 사진, 새 '좋아요', 새 댓글—'좋아요' 버튼을 설계한 사람이 "가짜 즐거움의 밝은 딩동 소리"라고 부르는 것—들이다.[3] 동일한 원리가 핸드폰 전체에 적용된다. 핸드폰을 집어들 때마다 바탕화면에 매번 새로운 게 떠 있어야 한다는 뜻은 아니다. 새롭고 시간을 내줄 가치가 있는 무언가 **가끔** 떠 있으면 충분하다.

하지만 SNS가 원래 이랬던 건 아니다. 페이스북에 대한 첫 기억, 뉴스피드와 '좋아요' 버튼이 존재하기 전 시대로 돌아가 보자. 그때 우리는 사이트에 접속하고 (컴퓨터로!) 아마 하루쯤 뒤에 다시 사이트를 방문했다. 하지만 '좋아요' 버튼이 추가되고, '알림'이 파란색에서 빨간색으로 바뀌며 무시하기 어려워지자 사이트에 강박적으로 반복해서 접속할 동기가 생겨났다. 페이스북이 처음 만들어지고 몇 년 동안, 페이스북이나 트위터나 인스타그램에서 더 많은 글을 읽고 싶으면 사이트를 새로고침해야 했다. 2010년에 로렌 브릭터 Loren Brichter가 '당겨서 새로고침' 기능을 추가한 이래 이 기능은 SNS는 물론, 그밖에도 많은 앱의 표준이 되었다. 오늘날 당겨서 새로고침 기능은 불필요하다. 자동으로 앱을 새로고침할 수 있는 기능이 있으니까. 하지만 이 기능은 일종의 슬롯머신 레버처럼 작용해, 사용자가 평소에 앱을 끄던 시점 이후까지도 접속을 유지하도록 유도한다.

SNS가 아닌 다른 서비스들도, 원래 이랬던 건 아니다. 스냅챗이 처음부터 누군가 **메시지를 입력 중**이라는 알림을 보냈던 건 아니다. 뉴스 사이트가 원래 푸시 알림을 보냈던 건 아니다. 명상, 스타벅스, 데이트, 뉴잉글랜드 패트리어츠, 스페인어 학습, 숫자 매칭 게임도 마찬가지다. 세포라는 점포 가까이에 갈 때마다 알림을 보내지 않았고 구글은 지하철 탑승이 어땠는지 평가해 달라고 요청하지 않았다. 하지만 당신이 주목하지 않는다면—강박적으로 되풀이하여 주목하지 않는다면—이 앱들은 가치가 없어지거나 크게 떨어질 것이다. 그래서 앱들은 알림을 통해 부드럽게 주목을 요구하고, 조종하고, 명령한다.

오늘날 핸드폰은 대부분의 밀레니얼이 은행 잔고를 확인하고, 아마존에서 물건을 주문하고, 택시를 부르고, 길을 찾고, 음악을 듣고, 틱톡을 감상하고, 사진을 찍고, 옷을 중고로 팔고, 레시피를 찾고, 자는 아기를 감시하고, 티켓을 저장하는 수단이다. 이들 중 일부는 여전히 핸드폰 없이도 할 수 있지만 점점더 앱을 통해 수행하게끔 설계되고 있다. 그렇게 핸드폰은 그저 한 개나 다섯 개의 앱이 아니라 하나의 소용돌이를 통해 우리의 주의를 공격함으로써 우리 삶에 뿌리를 내렸다. 표면적으로 핸드폰 사용자는 이 모든 기술 발전의 수혜자이지만, 핸드폰에 대한 의존은 결과적으로 사용자에게 손실을 일으킨다. 사용자는 프라이버시와, 주의력과, 자율성을 잃는다. 진정한 승자는 편리함에 대한 우리의 욕구를 몇 번이고 효율적으로 착취해 수익을 얻은 회사들이다.

처음 아이폰을 샀을 때, 아무 때나 무엇이든 검색할 수 있다는 게 너무 기이했다. 그랬던 내가 지금은 핸드폰에서 분리되면 환지통을 느낄 것 같다. 예전엔 집에 핸드폰을 놓고 와도 온종일 그 사실을 알아채지 못했다. 작년 주말 여행을 떠날 때 집에 핸드폰을 두고 왔다가 엄청나게 붕 뜬 기분을 느꼈다. 각종 알림들이 나를 어떻게 조종하는지 정확히 알면서도, 리프트 앱으로 부른 차에서 내리며 주머니에서 진동을 느낄 때면 짜릿하다. 무슨 알림이지? 아, 리프트에서 운전자를 평가해 달라는 거군. 나는 찰나이지만 사탕처럼 달콤한 독약을 나에게 먹이기 위해, 레버를 누르는 실험용 쥐가 되어버렸다.

물론 직업상의 이유로 내가 다른 사람들보다 온라인에서 더 많은 시간을 보내야 하며, 나만큼 트위터에 붙어 있는 사람은 별로 없다는 건 인정한다. 하지만 우리를 붙들어 놓는 올가미들은 그밖에도 수없이 많다. 핀터레스트, 인스타그램 스토리, 포시마크, 스포츠 앱, 크로스워드 앱, 학교 앱, 생리주기 앱, 식사 계획 앱, 운동 앱까지. 핸드폰 의존도를 줄이는 팁을 따라 해봤자 효과는 미미하다. 푸시 알림과 이메일 알림을 끌 수는 있지만, 핸드폰을 끊임없이 확인하는 습관은 이미 몸에 밴 지 오래다. 내가 트위터 앱을 지우고도 접속할 다른 방법을 찾아냈듯이. 저녁 8시가 지나면 핸드폰을 비행기 모드로 설정하지만, 아침 8시면 매번 핸드폰에 의존하는 경향이 부활하는 걸 발견하듯이.

핸드폰의 유혹은 왜 이렇게 큰 걸까? 물론 도파민을 분비시킨다는 것만으로도 어느 정도 설명이 된다. 하지만 내가 핸드폰에서 느끼는 더 큰 매력은 우리가 공유하는 하나의 망상에서 비롯된다. 핸드폰이 있으면 내가 미친놈처럼 멀티태스킹을 해낼 수 있다는 망상. 모두를 위해 무엇이든 되어 보일 수 있다는 망상. 진정으로 나 자신이 될 수 있다는 망상. 실제로 매력을 지닌 건 광택이 나는 검은색 직사각형 물체가 아니다. 당신의 삶이 아름답고도 무자비할 정도로 효율적일 수 있다는, 무결할 수 있다는, **통제될** 수 있다는 생각이 핸드폰을 그토록 매력적으로 만드는 거다.

물론 그건 거짓부렁이다. 하지만 멀티태스킹이 실제로는 일을 완수하는 능력을 제약한다는 연구를 아무리 읽어도 소용없다. 우리는 인터넷이 우리를 더 낫게, 더 효율적인 사람으로, 더 '날아다닐' 수 있게 만든다고 굳게 믿는다. 우리는 일에 집중할 것이다. **앱**을 통해 할 일 마비를 극복할 것이다. **다른 앱**을 통해 집을 질서정연하게 관리할 것이다. 큰 관심을 갖지 않아도 자신의 브랜드를 발전시키고 다듬을 수 있는 SNS 전략을 알아낼 것이다. 우리가 아는 모든 사람이 **문자 메시지** 덕분에 우리에게 인정받고 특별한 사람이 된 기분을 느낄 것이다!

이 모든 일이 벌어지지 않을 때 우리는 스트레스를 받고, 그래서 상황을 통제하고자 더 많이 활동하려 들며, 그래서 더욱 비효율적이 된다. 이것이 우리 모두가 빠져 버린 주목의 악순환이다. 이쯤해서 번아웃을 유독 촉진시키는 인터넷 서비스의 유형을 나눠볼 가치가 있겠다. 여기엔 세 유형이 있다. ①밀레니얼을 겨냥한 SNS, ②뉴스, ③일의 영역에 속해 있지 않은 생활에도 일을 침투시키는 기술들.

▼　　▼　　▼

밀레니얼들의 십 대, 이십 대 시절에 페이스북은 그들의 사회생활을 빚어주었다.(그리고 망쳤다.) 오늘날 내가 아는 밀레니얼들은 대체로 페이스북을 그만뒀다. 페이스북은 유해하다. 페이스북은 정치적이다. 페이스북이 어떻게 우리의 개인 정보를 오용했는지 알게 된 이상, 그 사실을 무시하기는 어렵다. 친구들 대부분은 현재 페이스북을 거의 그룹 기능을 위해서만 사용하고 있다. 비공개 그룹, 공개 그룹, 팟캐스트와 취미와 토론 주제를 중심으로 만들어진 비밀 그룹들이 대부분이다.

사실 번아웃에 가장 공공연한 책임이 있는 플랫폼은, 당신이 직관적으로 떠올린 대답이 아닐지 몰라도, 인스타그램이다. 인스타그램의 매력은 페이스북과 비슷하되 그만큼 극적이지 않다. 인스타그램은 애초에 페이스북을 흥미롭게 만들었던 특징을 증류해 놓은 플랫폼이다. 그러니까, **귀여운 사진** 말이다. 하지만 귀여운 사진 콘텐츠를 선별해 올리는 일은 피곤하다. 매력적인 사진을 감상하는 것도, 그러니까 인스타그램에 접속해 당신의 삶보다 멋질 뿐더러 더 균형 있고 잘 구성된 것처럼 보이는 삶들을 끝없이 구경하는 일도 나름대로 힘들다. 인스타그램 피드는 당신이 아직 알지 못하는 온갖 노하우에 대한, 꾸준하고도 소박한 수업과 같다.

지금 내 피드엔 이런 사진들이 떠 있다. 아름다운 아침 햇살 아래 서 있는 얌전한 강아지, 오리건주의 한 대마밭에서 아기를 안고 있는 대학 친구, 글래시어 국립공원 바깥의 지그재그 모양 암벽 길에 선 몬태나의 기자, 불가리아에서 근사한 웨딩 사진을 찍은 또 다른 기자, 어제 내가 검색한 수영복 광고, 평일 밤에 노래방에서 끝내주는 시간을 보낸 흐릿한 친구의 사진, 2년 전을 마지막으로 대화를 나누지 않은 어느 작가가 초고를 끝냈다며 올린 사진, 내가 딱 한 번 만나본 친구 아기의 사진

(빛이 정말로 훌륭하다), 낚시를 마치고 강에 들어간 동네 친구 사진, 대학에서 만난 제일 친한 친구가 내가 모르는 사람들과 수영장 파티에 참석한 사진. 이 각각의 사진이 내게서 어떤 불안을 일으켰는지 분석해 보았다.

- 귀엽고 얌전한 강아지 → 내 강아지 사진도 더 귀엽게 찍어야겠다.
- 대마밭에 들어간 대학 친구 → 일거리가 많겠어.
- 글래시어 국립공원의 기자 → 난 저렇게까지는 못해.
- 근사한 불가리아 웨딩 사진 → 여기에 있으니 원시인이 된 기분이군.
- 수영복 → 30대 후반은 이제 원피스 수영복을 입기 시작할 나이인가?
- 끝내주는 노래방 → 나는 친구 없는 늙다리가 되어버린 걸까?
- 책 마감 → 내 책은 끝내지 못했다는 걸 기억해야겠군.
- 훌륭한 빛 아래서 찍은 아기 사진 → 내가 아기를 낳지 않아 후회하면 어쩌지?
- 강에 들어간 동네 친구 → 나는 컴퓨터 앞에서 시간을 너무 많이 보내.
- 수영장 파티에 간 친한 친구 → 나 말고 새로운 친구를 사귀었다는 게 너무 싫어.

교훈들이 합리적인가? 그렇게 보일 수 있다. 이것들은 일반적인 불안, 잡지나 친구가 보낸 엽서를 보다가도 튀어나올 수 있는 유형의 걱정들이다. 하지만 인스타그램에서 이 걱정들은 하나로 이어진 선을 빼곡히 채우고, 우리가 품을 수 있는 잠재적 불안의 모든 구석을 찌른다. 우리가 살고 있지 않은 삶, 우리가 내리고 있지 않은 선택들로 이루어진 모자이크를 만들고, 비교의 악순환을 형성한다. 몇 달, 몇 년에 거쳐 포스팅된 사진 한 장 한 장은 다른 이들이 밀레니얼의 꿈을 실현하고 있다는, 거대하게 쌓인 증거가 된다. 멋진 직업을 가졌으되 너무 많이 일하진 않는 것. 재미있고 힘이 되는 반려자/연인과 시간을 보내는 것. 원한다면 귀엽고 싫증나지 않는 아이들을 키우는 것. 독특한 휴가를 보내고, 시간을 내어 흥미로운 취미생활을 하는 것.

우리는 모두 인스타그램의 모습이 현실이 아니라는 걸 안다. 인스타그램은 큐레이션을 거친 인생이다. 하지만 그렇다고 해서 우리가 인스타그램에 빗대어 우리를 평가하지 않는 건 아니다. 내가 발견한 바, 밀레니얼들은 인스타그램에 올라온 물건이나 소유물보다 그곳에 그려진 경험들에 대해 훨씬 더 큰 질투를 느낀다. **저도 당신처럼 살고 싶어요**라고 댓글을 달게 만드는 유형의 경험들 말이다. 인스타그램에 묘사된 밀레니얼의 꿈은 단지 바람직할 뿐 아니라 균형 잡혀 있고 만족스러우며, 번아웃과는 상관없다.

그중에서도 가장 큰 질투를 유발하는 사진과 동영상은 완벽한 평형(열심히 일하고, 열심히 놀아라!)을 이룩한 것처럼 암시하는 포스트들이다. 밀레니얼의 인스타그램에 일이 자주 묘사되는 건 아니지만, 일은 언제나 그곳에 존재한다. 일터는 재미있거나 엉뚱하거나 전망 좋은 공간으로 사진에 담긴다. 일은 보람 있거나 만족스러운 것으로 표현된다. 하지만 대부분의 경우, 일은 도피하고 싶은 대상이다. 충분히 열심히 일했으니 이제 **인생**을 즐기겠다는 것이다.

그러나 일과 삶의 평형 상태 근처에라도 가 본 사람은 극소수다. 우리는 SNS 포스팅을 통해 자신의 삶을 서사로 만든다. 즉 우리 삶이 어떤 모양인지 나 자신에게 이야기를 들려주는 것이다. 그리고 우리가 **보람찬** 좋은 직업과 균형 잡힌 개인 생활로부터 얻게 되리라 기대했던 만족을 느낄 수 없을 때, 자기 삶에 확신을 가질 최선의 방법은 남들이 그렇게 보도록 그와 같은 만족을 전시하는 것이다.

내 인스타그램을 보는 이들은 내가 자연과 반려견들을 벗 삼아 산에서 달리거나 걷거나, 크로스컨트리 스키를 타면서, 또는 격주로 매번 똑같이 아름다운 새로운 장소로 여행하면서 모든 시간을 보낸다고 추측할 것이다. 나는 실제로 야외에서 개들과 많은 시간을 보내고, 직업상 여행하며 보내는 시간도 많다. 그러나 내가 야외 사진을 포스팅하는 이유는 나 자신과 남들에게 내가 대부분의 시간을 집 컴퓨터 앞에서 보내며 살지 않는다고 입증하기 위해서다. 다른 사진들은 나 자신과 남들에게 여행을 떠나는 일이 소외감을 주는 강행군이 아니라 설렘이라고 입증하기 위해서다. 내가 체험한 삶은 사진 찍힌 삶과 목표한 삶 사이 어딘가에 있을 것이다. 그러나 내가 이따금 잠들기 전 불안에 맞서 싸우며 SNS를 확인하는 데엔 이유가 있다. 내가 나 자신에게서, 내 삶에서 분리된 기분이 들 때, 인스타그램은 내가 나를 어떤 사람이라고 규정했는지 상기시킨다.

지식 노동자들에게 잘 큐레이션된 인스타그램은, 인기 많은 트위터 계정과 마찬가지로 일거리나 **#협찬**을 구하는 통로가 될 수 있다. 이 개념의 가장 단순한 사례는 SNS 인플루언서로서, 온라인에서 자신을 수행하고 조정하는 데서 모든 수입을 얻는다. 보통 사람들의 삶은 이렇게까지 대놓고 돈벌이가 되진 않는다. 하지만, 인플루언서가 아닌 사람들도 더 넓은 세상에 투사할 자신만의 브랜드를 열심히 가꾼다. 더 정확히 예를 들어보자면, 내 친구 하나가 미는 브랜드는 "육아는 힘들지만 고생할 가치가 있지"다. 다른 친구들의 브랜드는 "내가 참 특이한 애들을 키운다", "야생 사진 폭풍 포스팅", "책이 없으면 그게 인생이냐", "오늘도 비행 중", "미식 모험가", "자전거 여러 대 타는 사람", "내가 곧 요가다", "친구들이랑 술 마시는 걸 좋아하는 사람", "창조적인 사람이 창조성을 발휘하는 중" 등이다.

강력한 브랜드를 만들려면 꾸준한 관리와 최적화가 필요하다. 우리는 우리의 SNS를 Z세대만큼 무자비하게 큐레이션하지는 않는지도 모른다(Z세대는 계정에 사진을 딱 몇 장씩만 올려놓는 일도 흔하니까). 하지만 우리 대부분은 얼마나 자주 포스팅할지, 사진을 포스트와 스토리 중 뭘로 올릴지, 보정을 얼마나 해야 티 나지 않으면서 봐줄 만할지 고민한다. 계정에 올릴 콘텐츠를 위한 끝없는 탐색도 빼놓을 수 없다. 대표적인 사례가 업로드를 위해 극단적인 장소에서 목숨을 걸고 사진을 찍는 경우지만, 보통 사람들도 자기가 직접 겪은 경험을 인스타그램에 어떻게 올려 브랜딩할지 대해 고민한다. **우리는 포스팅한다, 고로 존재한다.**

그렇게 인스타그램은 일과 놀이 사이, 이미 흐릿한 경계를 더 흐려놓는다. 매분 매초가 콘텐츠를 생성할 기회일 때, 근무 외 시간이란 없다. 스마트폰이 모든 순간을 포착 가능한 브랜딩 재료로 만들어 주기 때문이다. 핸드폰 신호가 잡히지 않는 곳에서도, 해외여행 중이거나 숲에 들어갔거나 배를 타고 있을 때도, 나중을 위해 사진을 찍을 수 있다. 인스타그램의 사진 압축 시스템 덕분에 인터넷 신호가 미약하게나마 잡히면 업로드가 가능하다. 그렇게 당신 삶에 대한, 측정 가능한 긍정 요소들이 업로드된다.

인스타그램을 명시적으로 이렇게—남들의 균형 잡힌 삶을 들여다보는 창문이자 내 삶을 남들에게 전시할 기회로—인식하지 않는 사용자들조차 인스타그램이 머릿속에서 차지하는 공간에 대해 짜증을 낸다. 앱을 열고 그만큼의 새로움을 얻는다—포스팅을 했다면, 당신 인생의 가장 최신 단면에 누가 '좋아요'를 눌렀는지, 누가 스토리를 시청했는지, 누가 긍정한다는 의미로 '100' 스티커를 잔뜩 보냈는지 확인할 기회다. 조용한 전율을 느낀다. 적어도, 마지막으로 앱을 열었을 때에 비해 변한 게 별로 없다는 생각이 들기 전까지는.

이것이 SNS의 1＋1 격인 즐거움과 고통, SNS에 대한 우리의 끌림과 실제 SNS를 사용하며 느끼는 지속적 불만 사이의 첨예한 대조를 설명한다. 인스타그램은 적은 노력으로도 오락거리를 찾게 해주고, 진짜 여가로 위장하는 데 너무나 능한 도구다. 우리는 다른 일을 하고 싶을 때도―독서에 푹 빠지거나, 친구와 대화하거나, 산책을 하거나, 멍하니 허공을 응시하고 싶을 때도―인스타그램에 접속해 있는 자기 자신을 발견한다.

자기 전에 딱 15분이 남았는데 피로하다면, 나는 책을 읽으며 쉬는 게 제일 좋다는 걸 안다. 하지만 핸드폰을 내려놓는다는 선택을 하는 데조차 나를 다스릴 규율이 필요하다. 인스타그램 앱을 여는 건 쉽다. 기분이 엉망이 되었더라도, 책을 읽으면 얻었을 진짜 탈출감이 더 절실한 상태였더라도. 비행기가 착륙하는 순간도 똑같다. 읽고 있던 걸 계속 읽으면 어떨까? 눈을 감거나, 짧게 명상을 하거나, 그냥 내 주위에 빼곡하게 앉아 있는 인간들을 관찰하면 어떨까? 나는 그러는 대신 그새 내 SNS에서 어떤 변화들이 있었는지, 누가 내 삶을 긍정해 주었는지 확인하려 초조하게 LTE가 잡히기를 기다린다.

SNS는 이렇게 우리에게서 번아웃을 상쇄해 줄 순간들을 빼앗아간다. 경험을 기록하는 데 집착하는 사이, 우리는 실제 경험에서 멀어진다. 또한 SNS는 우리에게 불필요한 멀티태스킹을 시킨다. 과거엔 여가에 사용되었던 시간을 침식시킨다. SNS가 입히는 가장 막심한 피해는 뭘까? 컴퓨터공학자 칼 뉴포트 Cal Newport가 법관 레이먼드 케슬리지 Raymond Kethledge와 기업가 마이클 어윈Michael Erwin의 정의를 빌려 표현했듯, "자신의 정신이 다른 정신으로부터의 입력에서 자유로운, 주관적 상태"라고 부른 고독의 기회를 파괴하는 것일 테다.[4] 다시 말해 자신의 정신과 함께, 경험이 발굴해 내기로 약속한 모든 감정 및 생각들과 함께 시간을 보낼 수 없게 된다는 거다.

자문해 보라. 마지막으로 정말로 지루했던 때가 언젠가? SNS가 지루하다거나 책이 지루한 것 말고, 진정으로 심하게 지루했던 때. 시작도 끝도 없을 것처럼 지루했던 때, 우리 다수의 유년기를 지배한 유형의 지루함을 느꼈던 때가 언젠가? 내겐 몇 년 전이었다. 적어도 얼마 전까지는. 무한한 오락을 제공할 스마트폰을 손에 넣은 이후로는 지루한 적이 없었다.

그러다가 최근 나는 동남아시아에서 3주를 보냈다. 어딘가로 이동하려면 몇 시간이고 구불구불한 길을 가야 했다. 인터넷이 없었고 길이 험해서 독서는 시도조차 할 수 없었다. 그래서 나는 음악을 들었고, 창밖을 내다보았고, 정신이 몇 년이나 방문하지 않은 장소를 배회하게 놔두었다. 나는 기억들, 사고실험들, 새로운 생각들. 유년기의 지루함이 항상 고통스러웠다고 기억한다. 거기서 필사적으로 도망치고 싶었다고. 지금은 반대로 지루함으로 도망치고 싶다. 하지만 그 바람은 쉽게 손에 넣을 수 있는 스마트폰에 의해 늘 좌절된다.

나는 인스타그램을 다시는 생각조차 안 하고 싶지만, 그럼에도 인스타그램을 그만두면 잃게 될 것들에 대해 깊은 애석함을 느낀다. 인스타그램은 내가 너무 바빠서 실제로 어울리지 못하는 친구들과 나를 유일하게 연결해 주는, 보람 없는 파트타임 일자리다. 인스타그램은 나의 자아 수행과 너무나 깊이 얽혀 있어서, 나는 인스타그램 없이는 내 자아도 없어질까 두려워졌다. 지나친 과장일지도 모른다. 하지만 내가 누구인지, 그리고 남들은 누구인지 처음부터 다시 배워나가야 할 걸 생각하면 여전히 주눅이 든다. 나는 스스로에게 말한다. 벌써 기진맥진한데, 그렇게 힘든 일을 할 기운이 어디서 나겠어?

▼　▼　▼

2016년 선거 전까지 뉴스를 놓치지 않고 실시간으로 따라가는 일은 그럭저럭 할 만했다. 웹사이트 몇 개를 읽고, 뉴스를 보고, 정치 팟캐스트를 하나쯤 들으면 됐으니까. 하지만 트럼프가 실시간 뉴스에 엄청난 가속을 걸었다. 대선과 트럼프 임기 초기를 겪으며 나는 점점 더 정부에 대해, 사회에 대해, 대통령과 민주주의와 세계 질서의 상태에 대해 통제력을 잃어간다고 느꼈다. 주위에서 벌어지는 일을 파악하려 할 때마다, 팩트와 맥락에 굳건히 발을 디디려 할 때마다, 밟고 선 땅 자체가 흔들렸다. 트럼프가 트윗을 올렸다. 누군가 거짓말을 했다. 트럼프가 또 트윗을 올렸다. 또 다른 누군가 대형 폭로 기사를 올렸다. 트럼프가 인종차별 트윗을 올렸다. 누군가 **#미투**를 선언했다. 트럼프가 또 다른 인종차별 트윗을 올렸다. 내각의 누군가 사임했다.

버즈피드에서 오랫동안 정치 분야 편집자이자 작가로 일한 캐서린 밀러Katherine Miller는 트럼프의 임기가 시작되고 몇 달 지난 시점에 그 느낌을 아주 잘 표현했다. "모든 게 참으로 평범해 보이는 하루를 보내다가, 핸드폰 잠금을 풀면 모든 게 다시 **시끄러워진다**. 분명 당신도 경험해 봤을 거다. 밤잠이나 낮잠에서 깨어나서, 혹은 영화를 보고 나와서, 페이스북과 트위터와 메시지를 확인한다. 사람들은 언제나 무언가에 대해 한창 열변을 토하고 있다. 맥락 없이 감정에 갇혀서, 트럼프나 트럼프 지지자들에 대고, 혹은 트럼프 반대자들이나 미디어에 대고 화를 낸다. 당신이 아직 명확하게 알지 못하는 이유를 들이밀며 어떤 위선을 규탄하고 조롱하고, 누군가의 무능에 대해 화를 내고 있다. 혹은 이보다 더 이해하기 어려운 행동을 한다. 분노를 터뜨리는 게 아니라 단순한 밈, 인용문, 혹은 스크린샷에 'LOL' 따위 코멘트 혹은 이모지 하나만 붙인 무언가를 올린다. 수수께끼가 시작된다. 대체 무슨 일이 있었던 거지? 트럼프가 또 무슨 짓을 한 거지?"**5**

실시간 뉴스에 대한 내 경험과 마찬가지로, 밀러의 경험 역시 보통에 비해 심하다. 우리는 지치지 않고 끊임없이 온라인에 접속해 있는 사람들에게서 알림을 받으며, 그들 중 많은 수가 단지 '미디어' 분야에 속한 사람이라는 이유로 대충 우리 쪽을 향해 고함을 질러댄다. 그러나 뉴스에 의해 공격받는 게 꼭 저널리스트만은 아니다. 베이비붐 세대는 밀레니얼 세대 자녀들에게 트럼프가 무슨 짓을 했는지 봤느냐고 확인하는 메시지를 보낸다. 선량한 마음씨를 지닌 많은 평범한 사람이 인스타그램과 페이스북에 진지한 반응과 **여러분의 관심이 필요합니다, 무관심한 여러분이 바로 공범입니다** 따위 청원을 올린다.

나는 밀러가 뉴스를 따라가려는 정신없는 분투를 묘사하는 데 사용한 수수께끼라는 단어가 대단히 적확했다고 생각한다. 이 단어는 실시간 뉴스가 가진 강박적이고, 연쇄적인 면모를 보여준다. 나아가 전체 이야기의 결론을 절대 내릴 수 없다는 끊임없는 좌절을 포착한다. 그야말로 **새로운** 것인 뉴스를 SNS처럼 읽는 행위는 우리 뇌의 도파민 분비 기관을 활성화시킨다. 인지과학자 짐 데이비스$^{Jim\ Davies}$는 《리베티드^{Riveted}》에서 도파민이 "모든 게 중요해 보이게끔" 만든다고 설명한다. 대통령 집무실 인사 교체, 이방카에겐 인기 레스토랑에 저녁을 예약하는 게 누워서 떡 먹기라는 가십, 주요 정책 뒤집기, 대통령이 리트윗한 새로운 밈까지 이 모든 게 똑같이 기필코 이해해야 하는 중요한 사안으로 느껴진다.

이런 기사들 일부는 실제로 중요하다. 하지만 온라인에서 마주한 뉴스들은 납작해진 채 하나의 길고 미심쩍은 문제들의 평원을 이룬다. 정보의 경로가 푸시 알림이든 트위터든 메시지든 마찬가지다. 주요 정책 뒤집기를 이해하는 게 이방카의 레스토랑 예약에 관한 가십보다 훨씬 더 중요하지만, 둘 다 똑같이 열띤 어조로 보도되었을 경우 그걸 어떻게 알 수 있을까? 어디에 관심을 쏟아야 할지 분석하기가 점점 어려워진다. 이 사실이 내가 지난 3년 동안 트위터 타임라인에서 적어도 50번 이상 "폭로"가 터지는 걸 보면서 어떻게 반응해야 할지 몰랐던 이유다. "이게 실제로 큰일인가요?" 정치 기자에게 묻곤 했다. 보통 대답은 "그럴 가능성이 있긴 하지만 아마 아닐 겁니다"였다.

이게 문제인 이유는 지난 대통령들의 임기 동안엔 **실제로** 큰일이었을 사건들이, 트럼프 정권에선 큰일이 되지 않아서다. 스캔들거리가 잠잠해진 데에는 여러 이유가 있다. 정치적 우익의 다수가 도덕적, 재정적, 행동적 차원에서, 혹은 그저 대통령의 행동에 의해 공공 스캔들이 터지길 바라지 않아서도 있지만, 트럼프 본인이 가짜이거나 기이하거나 인종차별적인 (혹은 이것들 전부에 해당하는) 발언으로 실시간 뉴스의 방향을 바꿔놓는 능력을 지녔기 때문이다. 트럼프 지지자에겐 이 역학이 거꾸로 작동할 것이다. 트럼프가 뭔가 찬양받을 만한 일을 했는데 관심을 받지 못할 경우, 또 다른 찬양받을 일을 함으로써 정당하게 관심을 끄는 것이다.

트럼프를 둘러싼 실시간 뉴스들은 플롯이 엉망인 영화의 특징을 모두 갖췄다. 서사가 자꾸만 막다른 골목으로 향한다. 펀치라인이 애당초 먹히지 않는다. 캐릭터는 발전되지 않고, 그들의 행동엔 인과관계가 없다. 플롯의 어떤 지점이 기억되어야 하는지, 어떤 지점이 무의미한지 구분이 불가능하다. 무엇보다 최악은, 결말도 카타르시스도 없다는 거다. 막장 드라마처럼 매주 손에 땀을 쥐는 상황들이 연출되지만, 실제로 무슨 일이 일어나는지, 어떤 일이 일어날지, 누구에게 책임이 있는지 절대 이해할 수 없다.

뉴스를 영화에 비교하는 건 뉴스를 경시하려는 의도가 아니다. 다른 정치인들과 마찬가지로 트럼프의 행동들은 우리가 사는 세상에 대단히 실질적인 결과를 가져왔다. 이미 여러 훌륭한 연구에서 트럼프 임기 중 유대인에 대한 폭력, 괴롭힘, 외국인혐오, 백인 우월주의가 어떻게 증가했는지 분명하게 보여줬다. 트럼프의 트윗 하나를 두고 인종차별적이라고 판단해도 될지 갑론을박을 벌이는 동안, 트럼프가 옹호하고 선전한 인종차별적 태도에 의해 실제로 피해를 입는 사람 수백만 명이 있다. 트럼프 정권에서 트랜스젠더, 이민자, 불법체류자, 아기를 입양한 퀴어 부모, 유대인, 아메리카 원주민, 혹은 그저 여성으로 살아가는 데에는 일반적으로 따르는 불안도 있다. 이런 불안의 일부는 사랑하는 사람들을 잃게 될 거라는 크고 작은 두려움에서 기인한다. 혹은 힘들게 싸워 얻어낸 권리들이 침식되어가고 있다는 압도감에서 기인한다. 혹은 몰락해 가는 국가에 살고 있다는 서서히 화끈거리는 깨달음에서 기인한다. 나만 이렇게 느끼는 걸 거라 생각해 봐도, 다른 사람들도 똑같이 느낀다는 사실이 변하진 않는다.

불안과 두려움과 슬픔에 대처하는 방식은 누구나 다르다. 그러나 지금은 물론 지난 수 세기 동안 가장 보편적으로 사용한 방법 하나는, 이런 감정들을 도덕적으로 알기 쉽게 표현된 이야기로 승화시키는 것이다. 이것이 18~19세기의 사회 긴장 속에서 멜로드라마가 수행한 기능이다. 이것이 20세기에 멜로영화와 저항 음악이 한 일이다. 뉴스 역시 오랫동안 이런 사회적 기능을 수행해 왔지만, 지금과 같은 방식으로 도처에 드라마를 제공한 적은 없었다.

때로 우리는 이런 서사들을 당파적 성향이 강한 사이트나 인물을 구독하면서 마주한다. 때로는 〈뉴욕 타임스〉의 자세하고 건조한 실황 중계에서, 때로는 〈프로퍼블리카*ProPublica*〉의 조사 기사에서, 혹은 〈배니티 페어*Vanity Fair*〉의 '궁중 음모' 코너에서 발견한다. 요새는 정치인이 유명인이다. 요즘 확장된 유명인 가십은 켈리앤 컨웨이*Kellyanne Conway*부터 알렉산드리아 오카시오-코르테즈*Alexandria Ocasio-Cortez*까지 정치인들의 연애사와 사소한 잘못과 트윗까지 다룬다. 우리가 이 정보를 읽고 있는 이유는 궁금해서가 아니다. 우리가 지독하게, 계속적으로, 혼란스럽기 때문이다. 이 글을 클릭하면 의미 비슷한 무언가를 주겠노라는 약속 때문이다. 트럼프가 자극제이긴 하지만, 그가 백악관을 떠난 뒤 망가진 미디어가 자가 치유될 거란 가망은 거의 없다.

명시적으로 대통령 정치로 규정되는 영역 바깥에도, 우리를 둘러싼 비극들과 그에 대해 아무것도 할 수 없다는 무능력 사이의 간극에도 이 논리는 똑같이 적용된다. 총기 폭력, 망가진 건강보험, 난민 위기, 지구 기후 변화, 경찰 폭력, 국경에서 정부에 구류된 아동들, 정신건강 위기, 아편 문제, 트랜스 여성과 원주민 여성에 대한 폭력. 이것들에 대처하기 위해 당신은 무지를, 혹은 무관심을, 혹은 강박적인 자기 교화를 선택할 수 있다. 뉴스를 소비하면 **무언가는 하고 있다**는 느낌이 든다. 그저 지켜보고 있는 것뿐이라도.

물론 지켜보기만 해도 그만한 대가가 따른다 ─특히 뉴스가 수용자를 교육시키기보다는 감정적 짜증을 유발할 땐 더욱 그렇다. 브래드 스털버그$^{Brad\ Stulberg}$가 주장하듯, 뉴스를 보면 문제에 참여하고 있다는 거짓 환상이 든다. 그는 지적한다. "병에 대해 걱정하는 대신, 운동할 수 있다. 정치적 상황에 대해 절망하고 페이스북에 댓글을 다는 대신, 자기 지역의 선출직 공무원들에게 연락해 의견을 표할 수 있다. 불행한 상황에 처한 이들을 딱하게 여기는 대신, 자원봉사를 할 수 있다."**6**

전부 맞는 말이지만 이건 피로에 찌들지 않은 사람들을 위한 선택지다. 너무나 많은 사람이 상처에 반창고를 붙이는 식으로 정신없이 끌려 다니며 삶과 타협한다. 이 선택지는 삶의 일부분을 주도할 수단을 지닌 사람들을 위한 것이다. 번아웃에 빠진 사람에겐, 뉴스를 따라가려는 노력이 열린 마음을 지닌 책임감 있는 시민으로서 할 수 있는 최선처럼 느껴지기도 한다. 하지만 그러기로 선택할 경우, 엄청난 양의 묵직한 뉴스가 당신을 더 심한 번아웃으로 몰아넣는다. **온 세상이 일이 된다.**

많은 사람이 더 많은 친구, 더 많은 사진, 더 많은 일과 같이 더 많은 정보가 사실 더 나쁘다는 것을 인정하려 애쓴다. 좋은 뜻에서 시작한 일이 스스로를 망칠 수 있다. 〈와이어드^{Wired}〉의 저널리스트 닉 스탁튼$^{Nick\ Stockton}$은 "FOMO('Fear Of Missing Out'의 줄임말로, 좋은 기회를 놓치는 것에 대한 두려움을 일컫는다. ─옮긴이)"에 대한 글에서 우리 모두 알고 있던 사실을 다시금 인정한다. 즉 SNS를 확인하고, 뉴스를 읽고, 온종일 온라인에 접속해 있는 게 우리를 기분 나쁘게 만든다는 것이다. 이 사실을 증명하는 연구들이 있으며, 똑똑한 사람들 여럿이 입을 모아 우리 모두 SNS에서 휴가를 내야 한다고 말한다.

하지만 스탁튼은 이렇게 적는다. "나는 휴가를 내고 싶지 않다. 인터넷은 정확히 자기 할 일을 하고 있다. 내게 쉴 새 없이 모든 정보를 주는 것. 그리고 나는 정보의 소방호스를 내 얼굴에 바짝 대고 최대한 많은 걸 집어삼키고 싶다. 내가 바라는 건, 단지 그러면서 기분 나빠하지 않는 것뿐이다."[7] 번아웃에서 벗어난다는 건 속세를 등진다는 의미가 아니다. 단지 세상과 교류하는 최고의 방식이라고 확신한 존재에 대해 지금까지보다 훨씬 더 적극적으로, 신중하게 고민해 본다는 의미다.

실시간으로 펼쳐지는 채팅장 지옥

버즈피드에서 1년째 근무한 시점에 슬랙Slack(클라우드 기반 팀 협업 도구로, 채팅이 주된 기능이며 업무에 많이 쓰이는 메신저다. ─옮긴이)이 등장했다. 단체 채팅 시스템은 전에도 있었지만 슬랙은 달랐다. 슬랙은 혁명을 약속했다. 직장 내 커뮤니케이션을 다이렉트 메시지와 그룹 토론 채널로 전환시킴으로써 "이메일을 죽이는 것"이 목표라고 선언했다. 더 쉬운 협업을 약속했고(사실이었다) 덜 빼곡한 수신함도 약속했다(어쩌면 사실이었다). 더 중요한 건, 세련된 모바일 앱이 딸려 있었다는 거다. 슬랙은 이메일이 그랬듯 더는 들어갈 틈이 없을 때까지 삶의 구석구석에 일거리를 침투시켰다. 슬랙은 이메일보다 더 효율적이고 즉각적인 방법으로 **사무실 전체**를 당신의 핸드폰으로 불러온다. 비행기가 착륙하는 순간에도, 길을 걷는 사이에도, 식료품점에서 줄을 서 있을 때에도, 혹은 검사대에서 반라의 상태로 의사를 기다리는 동안에도.

인정하자. 일이 집까지 사람들을 쫓아온 건 오래된 얘기다. 저 옛날에도 의사들은 퇴근 후에 진료 기록지를 리뷰하곤 했고, 집에서 애플 IIe 모델에 대한 아이디어 메모를 작성했다. 그러나 이런 절차들 중 무엇도 **실시간**은 아니었다. 당신이 혼자서 무슨 일을 하더라도 남들에게 알려지지 않았고, 다음 근무일이 오기 전까진 남들이 당신의 일에 대해 억지로 친절한 반응을 보여야 할 필요도 없었다. 워커홀릭은 개인의 문제일 수 있었다.

하지만 이메일의 확산(데스크탑 컴퓨터, 그다음엔 와이파이가 잡히는 노트북, 이어서 블랙베리 핸드폰, 지금은 온갖 종류의 스마트폰과 스마트 가전의 확산)으로 우리 일상의 모든 것이 바뀌었다. 이메일은 소통의 가속화를 넘어, 훨씬 더 새롭고 중독적인 형태의 소통을 표준화했다. 가지고 있는 파괴성은 가벼운 겉모습으로 가린 채. 예를 들어 일요일 오후에 '이메일 몇 통을 돌린' 당신은 다가올 한 주를 위해 준비하는 것일 뿐이라고 굳게 믿을 것이다. 사실처럼 **느껴질지** 모른다. 그러나 당신은 업무가 당신이 있는 곳 어디든 접근할 수 있도록 권한을 준 것이다. 일단 접근권을 얻으면, 업무는 당신의 허락 없이 여기저기로 퍼져나 간다. 저녁 식탁으로, 소파로, 자녀의 축구경기로, 식료품점으로, 차 안으로, 가족 휴가로.

날이 갈수록 디지털 여가의 장소가 디지털 노동의 장소라는 역할까지 수행하고 있다. 회사 SNS 운영을 돕는 사람은 페이스북, 트위터, 인스타그램에 로그인할 때마다 업무 계정을 폭격하는 메시지들을 마주한다. 이메일을 보냈지만 즉시 답장을 받지 못한 사람은 바로 회사의 SNS 계정으로 이동할 것이다. 현재는 업무 시간이 아니라는 자동응답을 보내도 소용없다. 업무용 전화(유선이든 무선이든)를 제공하는 고용주는 줄고 있다. 과거에 '업무용 핸드폰'으로 들어오던 (공급업체, 고객, 고용주에게서 온) 전화와 메시지는 이제 그냥 **당신의 핸드폰**으로 들어온다. 실리콘밸리의 한 CEO가 설명했다. "과거엔 AIM(AOL 인스턴트 메신저)이 인기였습니다. 부재중 메시지를 남길 수 있었어요. 실제로 기기에서 떨어질 수 있었고요. 지금은 그럴 수 없습니다. 모든 순간 100퍼센트 접속 중이죠."[8]

문제는 이메일뿐만이 아니다. 구글 문서, 아이들 아침을 차리며 말없이 듣는 콘퍼런스 콜, 집에서 접속할 수 있는 데이터베이스, 일요일 밤에 '내일 계획'을 알려주는 관리자의 메시지도 있다. 이런 개발품의 일부는 시간을 절약하고 최적화하는 방법으로 홍보된다. 엄격한 근무시간은 줄이고 유연성을 늘리세요! 집에서 근무를 일찍 시작하고 숲속 오두막집에서 하루를 더 보내세요! 일찍 퇴근해 아이들을 하교시키고 미진한 부분은 나중에 정리하세요! 디지털이 이 모든 유연성을 만들었다는 건, 사실 디지털이 **더 많은 업무**를 가능하게 했다는 의미다. 일과 삶 사이의 경계가 흐릿해졌다. 업무 이메일처럼 슬랙 역시 가볍고 간단한 것 같은 느낌을 준다. 참여자들의 내면에선 강제적인 것이라 느껴지더라도 겉보기엔 그렇지 않다.

물론 현재 슬랙을 이용하는 노동자는 일부다. 2019년 4월 기준으로 대략 9만 5천 개 회사에서 슬랙 유료 서비스를 이용하고 있다.[9] 그러나 많은 직장이 비슷한 프로그램을 사용하고 있거나, 곧 그럴 예정이다. 원격 노동의 증가세가 사그라들지 않고 있음을 감안하면 슬랙의 영향권에서 벗어나기는 불가능해 보인다. 슬랙 이전에도 원격으로 일하는 사람들이 없진 않았다. 하지만 전과 달리 슬랙은 일터를 디지털 측면에서 재창조한다. 슬랙에는 사내 예절 기준이 있고, 참여가 있고, 아무도 말하지 않지만 출석이 있다. 슬랙은 일을 **더 쉽게**, 적어도 더 능률적으로 수행할 의도로 개발됐지만 실상은 다른 최적화 전략과 마찬가지로 사용자를 더 크고 많은 불안을 품고 일하게 만들었다.

그리하여 슬랙은 LARP^Live Action Role Play(참여자들이 신체를 이용해 캐릭터를 표현하고 게임 플롯을 연기하는 롤플레잉 게임의 유형 – 옮긴이)가 곧 당신의 일이 되게 만든다. "당신의 일을 LARP로 만드세요"라는 말은 2015년에 슬랙이 일에 대한 우리의 개념을 어떻게 손볼지 예견한 기술 작가 존 허먼^John Herrman이 고안한 문구다. "슬랙은 사람들이 농담을 하고 자신의 존재감을 표출하는 장소다. 이야기와 편집과 관리가 **실제 목표**의 완수를 위해서, 나아가 자기정당화를 위해서도 등장하는 장소다. 활발한 분위기의 슬랙에서 일하는 것은… 생산성에는 최악이다. 특히 동료들을 싫어하지 않는다면. 이와 의견을 달리하는 사람은 자기합리화를 하고 있거나 망상에 사로잡힌 것이다."[10]

　더 많은 직무가 원격화되면서 더 많은 사람이 이 문제에 대해 생각하고 있다. 소파에서 츄리닝 차림으로 있을 때 근무 중이라는 사실을 어떻게 보여줄 것인가? 나는 기사 링크를 보내고(내가 뭔가 읽고 있음을 알리려고), 다른 사람들의 링크에 댓글을 달고(내가 슬랙을 보고 있음을 알리려고), 대화에 참여한다(내가 집중하고 있다는 걸 알리려고). 나는 내가 끊임없이 일하고 있다는 **증거**를 만들기 위해 아주 열심히 일했다. 그러니까, 실제로 일하는 대신에.

　내 편집자들은 내게 강박적으로 슬랙에 참여할 필요는 없다고 말할 것이다. 하지만 내가 슬랙을 전혀 사용하지 않는다면 뭐라고 말할까? '지식 노동'을 하는 사람들은—즉 생산물이 무형인 사람들은—컴퓨터 앞에 앉아 보내는 시간에 비해 보여줄 결과물이 별로 없다는 느낌과 자주 씨름한다. 2008년 이후 경제 침체기에 근무했거나, 구직했거나, 해고당한 이들에겐 무언가 보여주어야 한다는 강박이 더욱 심하다. 우리는 월급을 받을 가치가 있는 사람임을 절박하게 증명하려 하고, 건강보험이 주어지는 정직원에 고용된 대가로 얼마나 많은 노동을 제공할 수 있는지 증명하려 한다. 내 경우는 확실히 이랬다. 문화 글쓰기 같은 분야에서 정규직이란 여전히 희귀하니까.

이런 사고방식은 망상일 수 있다. 관리자들이 우리가 얼마나 많은 일을 하는지에 관해 생각하는 건 당연하다. 하지만 슬랙에서 이름 옆에 "접속"을 뜻하는 녹색 점이 몇 시간 동안 떠 있는지 기록하는 관리자는 그들 중 최악인 몇몇에 불과할 거다. 우리 동료들 대부분은 일하는 것처럼 보이는 데 신경 쓰느라 당신이 얼마나 열심히 일하는 척하는지는 관심 없다. 다시 말해 우리가 보여주기식 노동을 수행하는 건, 대체로 우리 자신을 위해서다. 자신이 이 일자리에 값하는 사람이라고 **자기 자신에게** 정당화한다. 인터넷에 글을 쓰는 게 꾸준히 급여를 받아 마땅한 일이라고 **자기 자신에게** 정당화한다. 핵심을 들여다보면, 여기엔 자신의 업무에 대한 전반적인 가치 절하가 있다. 우리 중 다수가 아직도 지식을 생산하고 돈을 받는 일을, 교묘한 속임수를 부린 것처럼 받아들인다. 따라서 자신을 고용한 것이 실수라는 걸 깨닫지 못하도록 최선을 다해야 한다는 마음으로 업무에 임한다.

물론 우리에게 이 지경까지 불신을 심어준 건 무수한 문화적·사회적 압력이다. 사람들이 학위를 깎아내릴 때, 혹은 어른들이 열정 운운하는 잔소리와 함께 간신히 구한 일자리를 폄하할 때, '힘든 일'의 기준에 맞지 않는다며 직무 소개만으로 그 일 자체를 조롱하려 할 때, 우리는 자기 일을 의심한다. 그때마다 받는 메시지들은 한데 모여 우리의 일이 쉽거나 무의미하다고 일러준다. 그러니 우리가 얼마나 열심히 일하고 있는지 소통하려 많은 시간을 쓰는 것도 그렇게 이상한 일은 아니다.

▼　▼　▼

이 책을 쓰는 도중에 나는 숲에 들어갔었다. 노트북을 충전할 태양 전지판을 미리 구매했다. 그리고 호숫가의 한 캠프장에서 인터넷 없이, 핸드폰 신호는 아주 좁은 구석 자리에서 간신히 문자메시지만 전송할 수 있을 정도의 상황에서 일주일을 보냈다. 나와 원고, 책들, 감미롭고 넓은 웅덩이 같은 기나긴 시간뿐이었다.

매일이 거의 똑같았다. 기상하고, 개들과 산책하고, 몇 시간 일하고, 달리기를 하고, 점심을 먹으며 소설을 읽고, 개들과 또 산책하고, 몇 시간 일하고, 방금 쓴 글을 편집하며 맥주를 한 잔 하고, 개들에게 수영을 시키고, 텐트에 돌아가 소설을 읽고, 잠자리에 든다. 엿새를 이렇게 살고, 2만 단어를 썼다.

실제로 글을 쓰는 데 보낸 시간은 길지 않았다. 하루에 6~7시간이었을 것이다. 보통과의 차이점은, 내가 이 시간을 **실제로** 글을 쓰며 보냈다는 것이었다. 정신이 흐트러지면 개를 쓰다듬었다. 혹은 핸드폰을 들고 내가 찍은 개 사진을 보되, 아무것도 하지 않았다. 할 게 없었으니까. 아니면 그냥 허공을 바라보았다. 그러다가 쓰고 있던 원고로 돌아갔다. 집중력과 목표는 기적처럼 그대로 남아 있었다. 원고를 진전시킨 것에 전율을 느껴야 마땅했지만 나는 양가감정에 사로잡혔다. 숲 바깥에서도 이렇게 일한다면 훨씬 더 많은 글을 쓸 수 있을 텐데. 그리고 적어도 이론적으로는, 일을 훨씬 **적게** 할 수 있을 텐데.

물론 그렇게 강도 높게 글을 쓸 수 있었던 건 내가 짊어져야 할 의무가 아무것도 없었기 때문이었다. 자녀를 돌보지 않아도 되고, 누군가와 한담을 나누지 않아도 되었다. 점심 도시락을 싸줘야 하는 사람도 없었다. 출퇴근을 하거나, 빨래를 하거나, 텐트에 떨어진 솔잎을 매일 줍는 걸 제외하곤 청소를 하지 않았다. 샤워를 하거나 외모에 대해 걱정할 필요도 없었다. 이메일은 부재중 자동 응답 모드로 설정해 두었다. 매일 9시간을 잤고, 운동할 시간이 있었으며, 배부르고 기분 좋게 즐길 음식을 사먹을 돈도 있었다. 내가 정말로 걱정해야 했던 유일한 건 태양 전지판이 햇빛을 잘 받고 있는지였다. 내 삶은—그리고 내 생산성은—혼자 살아가기에 충분한 재산을 지닌 19세기 백인 남성 작가와 다르지 않았다.

궁극적으로 그 생산성은 인터넷의 부재보다는 내가 일을 얼마나 생활의 중심에 두는지와 더 밀접한 관련이 있었다. 숲속에서 내 일은 집중을 방해하는 것들로부터 **빠져나왔지만**, 한편으로는 내가 해야 하는 다른 모든 일들에서도 벗어났다. 디지털 기술들은 일이 우리 삶의 나머지 부분으로 침투하게 하지만, 우리 삶의 나머지 부분도 일에 휩쓸리도록 만든다. 방금 당신이 읽은 세 문단을 쓰는 동안 나는 신용카드 대금을 지불하고, 속보 기사를 읽고, 새로 데려온 반려견의 마이크로칩을 내이름에 등록하는 방법을 알아봤다. 모든 것이—특히 이 부분을 쓰는 동안—평소보다 오래 걸렸다. 그 일들 중 기분이 좋거나, 만족스럽거나, 카타르시스를 느끼게 해준 건 하나도 없다.

그러나 이것이 인터넷에 끌려다니는 밀레니얼 인생의 현실이다. 말도 안 되게 생산적인 작가가 되고, 슬랙에서 재미있는 사람이라는 평판을 얻고, 트위터에 좋은 링크들을 올리고, 집을 깔끔하게 유지하고, 핀터레스트에서 본 새 레시피를 요리해 보고, 운동 앱에 운동 시간을 기록하고, 친구들에게 애들이 얼마나 컸냐고 묻는 메시지를 보내고, 엄마에게 안부를 묻고, 뒤뜰에서 토마토를 키우고, 몬태나를 즐기고, 몬태나를 즐기는 내 모습을 인스타그램에 올리고, 샤워를 하고, 동료들과의 30분짜리 화상 통화를 위해 예쁜 옷을 입고, 그리고, 그리고, 그리고.

인터넷은 우리 번아웃의 근본적 원인이 아니다. 그러나 우리 삶을 더 쉽게 만들어 주겠다는 인터넷의 약속은 완전히 깨졌다. 모든 일을 다 해내는 것이 가능하다고, 나아가 그것이 의무라고 환상을 일으킨 데에 인터넷은 분명 책임이 있다. 하지만 모든 걸 다 해내지 못할 때 우리는 망가진 도구를 탓하지 않는다. 우리 자신을 탓한다. 그러나 밀레니얼들 역시 마음속으로는 이미 알고 있다. 번아웃의 근원이 이메일, 인스타그램, 끊임없이 뜨는 뉴스 알림이 아니라는 걸. 주된 원인은 우리가 자기 자신을 위해 세운 불가능한 기대들을 이루지 못해, 실패와 좌절을 반복한다는 점이다.

8장

쉬면
죄스럽고
일하면
비참하고

크리스마스와 신년 사이에 엿새가 있다. 나는 그 하루하루를 증오하는 사람이 되었다.

원래 그랬던 건 아니다. 어렸을 적엔 스스로 즐길 자격이 충분하다고 느끼면, 학업으로부터 벗어나 꼭 필요했던 휴가를 사치스럽게 보냈다. 크리스마스의 여운에 젖어 썰매와 크로스컨트리 스키를 타고 침대에서 몇 시간이고 책을 읽곤 했다. 대학에 가서도 연말이면 기진맥진해 병이 나기 일보직전인 상태로 집에 돌아와, 또 한 학기를 마쳤다는 카타르시스를 만끽했다. 놓치지 않고 따라가야 할 읽기 과제도, 슬슬 구상을 시작해야 할 레포트도 없었다. 이따금 용돈벌이로 베이비시터 일을 하거나 엄마의 지시로 집안의 잔일을 도맡았다. 이 '휴가'는 내가 결국 좀이 쑤셔서 빡빡한 일정이 있는 학교로 돌아가길 갈망하게 될 때까지 오래도록 지속되었다.

대학원을 다니면서, 교수로 일하면서 나는 그 시간이―휴가로 이름 붙여진 모든 시간이 그렇듯―사실은 일해야 하는 시간이라고 이해하게 되었다. 그러다가 버즈피드에서 글을 쓰기 시작했을 때 이 엿새는 기묘한 변두리 공간이 되었다. 사무실 사람들 절반가량이 휴가로 자리를 비웠고 남아 있는 절반도 별로 하는 일이 없어 보였다. 전체적으로 업무 기대치가 낮은 상황에 처하자 나는 어찌할 바를 몰랐다. 몸이 근질근질했고 안절부절못했다―나 자신에게 **덜** 일하거나 아예 일하지 않아도 된다고 허락할 수 없었던 거다.

그러나 나를 불안하게 만드는 건 크리스마스와 연초 사이의 '데드위크 Dead Week'만이 아니다. 더 많이 일하는 게 언제나 더 나으며, 모든 시간이 자기 자신을 혹은 자신의 능력을 계발하는 데 쓰여야 한다는 번아웃 정신의 밀레니얼들에게 여가 시간은 난처한 존재가 되기 십상이다. 휴가가 휴식에 쓰이는 일은 드물다. 그마저도 애초에 여가 시간이 있어야 이야기가 가능하다. 여가 시간은 측정하기 어려운 것으로 악명이 높다. 자기 보고에 의존해야 하고, 역사상 일부 (남성) 사회학자들은 **육아**를 일종의 여가로 간주한 적도 있을 정도로 경계가 모호하다. 2018년에 25세~34세 사이 성인들이 보고한 하루 평균 여가 시간은 4.2시간이었고, 그중 2시간은 TV 시청에 사용되었다. '생각하기/쉬기'에 할애된 시간은 우울하게도 고작 20.4분이 전부였다.[1]

자신의 생활을 되돌아봤을 때 이 수치마저도 조금 높다는 생각이 든다면, 당신은 혼자가 아니다. 이 수치는 참여자들이 매일의 사건들을 성실하게 분류해 보고하도록 되어 있는 미국 시간 사용 일지American Time Use Diaries에 근거한 것이다. 그러나 결국 중요한 건 여가의 양보다는 질이다. 엄마에게 문자를 보내는 게 "여가"일까? 체육관에 가서 35분 동안 기구 위를 달리는 건? 멍하니 인스타그램을 보거나, 침대에 누워 최신 정치 뉴스를 읽으려 애쓰거나, 공원에서 아이들이 잘 노는지 지켜보는 건?

우리의 가장 중요한 문제는, 우리가 너무 많이 일한다는 거다. 하지만 또 다른 문제는 우리가 일하지 않는 시간들마저 자기계발에서 결코 자유롭지 못하다는 거다. 여가 시간에 몸이든, 정신이든, 사회적 지위든 최적화해야 한다는 강박이 우리를 괴롭힌다. **여가**leisure라는 단어의 어원은 라틴어 licere로, '허락을 받는다' 혹은 '자유롭다' 등으로 다양하게 번역된다. 그렇다면 여가는 당신이 좋아하는 일을 마음껏 하라고 **허락** 받은 시간, 가치를 창출해야 한다는 죄책감에서 **자유로운** 시간이다. 그러나 모든 시간이 이론적으로 **더 많은 일**로 전환될 수 있다면, 일하지 않는 시간은 잃어버린 기회로, 혹은 비참한 실패로 느끼게 된다.

"저만큼 여가가 없는 사람은 본 적이 없어요." 30대의 백인 작가 겸 팟캐스트 운영자인 캐럴라인이 내게 들려준 말이다. (대침체 직후의 시장에서 겪은) 첫 사회생활 경험과 (**언제나** 더 많은 일을 할 수 있는) 프리랜서 시장에서의 지위가 그녀를 그렇게 만들었다. 그녀는 내게 말했다. "제 취미들은 결국 돈벌이로 이어지더군요. 의도했든 아니든 전부 그렇게 됐어요." 그녀는 표면상으론 휴가를 내어 여행을 떠나지만, 여행지에서도 자꾸만 일로 돌아가고 만다.

캐럴라인은 자신이 하는 모든 일에서 삶이 진전되고 있다는 느낌을 확실히 받아야만 했다. 집안일은 괜찮았다. 가정과 생활을 정리하는 '일'의 일부니까. SNS에 글을 올리는 것도 괜찮았다. 그녀라는 브랜드 전반에 기여해 일거리를 주니까. 그녀는 설명했다. "심지어 제 동기는 금전적인 면보다는 두려움의 비중이 더 큰 것 같아요. 제게 남은 인생을 헤쳐 나갈 도구나 재능이 없다는 두려움이요. 의사들은 평생 의사로 일할 수 있고, 변호사들은 계속 변호사로 일할 수 있지만 창의적인 분야에 속해 밥벌이를 하는 저는 15년, 30년, 50년 뒤에 어떻게 될지 모릅니다."

어떤 기회든 마지막이 될 수 있다. 캐럴라인은 말했다. "중요한 건, 제가 이렇게 몸을 아끼지 않고 일하며 큰 성공을 거뒀다는 겁니다. 이런 정신이 높은 배당금으로 돌아왔다는 걸 아는 만큼 자꾸만 일로 돌아가는 행동은 더 심해져요." 그녀는 휴식 시간을 가꾸고, 아무것도 하지 않는 것이 얼마나 중요한지에 관해 읽는다. 남들은 그렇게 쉬어도 괜찮다고 생각한다. 하지만 본인이 쉬거나, 사람들과 놀거나, 수영장에서 책을 읽으려고 시도하면 정신건강에 심각한 영향이 생긴다. 이 지점에 이르자 캐럴라인은 자신이 너무 오랫동안 이런 식으로 일한 나머지 태도가 고칠 수 없을 지경으로 망가진 게 아닐까 걱정하고 있다.

쉬긴 쉬는데 이제 자기계발을 곁들인

밀레니얼들이 여가에 대해 이야기할 때 몇 번이고 거듭 등장한 단어가 있다. '망가졌다'는 것이다. 역사상으로 여가란 하고 싶은 걸 하는 시간, 일이나 휴식에 쓰이지 않는 하루의 8시간이었다. 사람들은 정처 없이 산책하는 것부터 비행기 모형 조립까지 다양한 취미를 가졌다. 중요한 건 그 일들의 동기가 더 좋은 연애 상대가 되거나, 사회적 지위를 선언하거나, 부업으로 가욋돈을 벌기 위해서가 아니라는 거다. 취미 생활은 나의 **즐거움**을 위해 하는 것이었다. 자기 생각밖에 할 줄 모르는 세대라고 언급되는 밀레니얼들이, 단순히 개인의 즐거움을 위해 무언가를 하는 걸 모르거나 어색해한다는 사실이 참으로 아이러니하다.

우리의 여가는 우리를 회복시켜주지 않고, 우리가 스스로 이끄는 것도 아니며, 심지어 **재미**도 없다. 친구들과 놀러가는 것? 조율하려면 피곤하다. 데이트? 온라인에서 상대를 찾는 것도 고역이다. 파티? 준비할 게 너무 많다. 나는 토요일 아침마다 긴 시간 달리기를 하는 이유가 내가 달리기를 좋아해서인지, 아니면 달리기가 내 몸을 단련시킬 생산적인 방법이어서인지 헷갈린다. 내가 소설을 읽는 건 소설 읽기를 좋아해서일까,

아니면 소설을 읽었다고 말하기 위해서일까? 이건 완전히 새로운 현상은 아니지만 밀레니얼 세대에게 만연한 번아웃을 설명하는 데 도움이 된다. 쉬는 시간이 일처럼 느껴질 때, 노동의 피로에서 회복하기란 어렵다.

200년 전, 여가는 귀족 계급의 영역이었다. 당시 귀족들이 대학에 간 건 이력서에 필요해서가 아니라 성직자가 되고 싶어서, 혹은 책을 좋아해서, 혹은 그게 아니면 시간을 보낼 방법이 없어서였다. 산책을 하거나, 친구를 방문하거나, 악기를 배우거나, 카드놀이를 하거나, 수를 놓을 수도 있었다. 하지만 무엇도 돈을 벌기 위해서는 아니었다. 돈이야 넘치도록 있었다. 매일 온종일을 여가 생활로 보냈으니, 누가 봐도 그들에겐 돈이 많았다. 반면 귀족이 아닌 사람들에게 여가란 예배일, 명절, 추수감사절에 아주 짧게만 누릴 수 있는 것이었다. 그들에겐 농장과 부엌을 배경으로 하는 일의 리듬이 곧 삶의 리듬이었다. 제1차 산업혁명이 일어나고 노동자들이 도시와 공장으로 대거 이동한 뒤에야 최초의 노동 개혁자들이 주 5일 근무제를 만들자고 요구했다. 여가는 여러 방식으로 '민주화'되었다. 특히 도시 거주자들은 그들을 위해 만들어진 놀이공원, 영화관, 댄스홀 같은 소위 '값싼 즐길 거리'로 무리지어 몰려들었다.

1926년에 기계화와 자동화의 증가(그리고 그 결과 생산성의 증가)로 인해 헨리 포드 $^{Henry Ford}$ 가 주 5일 근무를 선언할 수 있었다. 1930년, 영국 경제학자 존 메이너드 케인스 $^{John Maynard Keynes}$ 는 자기 손주들은 일주일에 15시간만 일하게 될 것이라

예견했다. 개혁자들은 주장했다. 전 계급에게 충분한 여가 시간이 주어지고 사회는 번성할 것이라고. 정치 참여도가 높아질 것이며 사회적 통합과 가족 간 유대, 박애주의적 자원봉사가 늘어날 것이라고. 아이디어를 고민하고, 새 아이디어를 찾고, 친구들과 가족들과 즐기고, 단순히 재미를 위해 새 기술들을 실험할 시간과 공간이 생길 것이라고. 이것들은 한동안 부자들, 적어도 부자 남성들의 영역이었다. 그러나 이론에 따르면 곧 모두가 이 같은 여가의 영역을 누릴 예정이었다.

오늘날 이런 전망은 유토피아처럼 들린다. 혹은 적어도 환상처럼 들린다. 《자유 시간: 잊힌 아메리칸드림*Free Time: The Forgotten American Dream*》에서 벤저민 허니컷Benjamin Hunnicutt은 생산성이 계속 증가하고 조합들이 근무시간 단축을 편들기 시작하면서, 사회의 공적·사적 영역이 한꺼번에 여가 저변의 대확장에 나섰다고 짚어낸다. 캠핑장과 리조트가 지어졌다. 지역 스포츠 리그가 출범했고 '활발한 공원 여가 운동'의 일환으로 오늘날 우리가 이용하는 수천 개 공공 공원이 개발되었다. 그러니까, 공원이 만들어진 건 우리가 웅크린 자세로 프레타망제에서 산 샌드위치를 먹으며 핸드폰으로 이메일 답장을 쓰도록 해주기 위해서가 아니라 대중의 여가를 위해서였다.

그런데 주당 15시간 근무로 향하는 길에 이상한 일이 벌어졌다. 처음에 생산성이 향상되자 과연 예상 근무시간도 감소했다. 하지만 1970년대에 근무시간이 다시 증가하기 시작했다. 고전적인 미국 자본주의에서 그 이유 하나를 찾을 수 있다. 더 적은 시간 동안 장치 100개를 만들 수 있다면, 그건 다함께 일을 덜 해도 된다는 의미가 아니라 **같은 시간 동안 더 많은 장치를** 만들어야 한다는 의미다. 또 다른 이유는 다른 유형의 장치를 만드는 새로운 일이 급부상한 것과 관련이 있다. 바로 '지식 노동'이다.

지식 노동자들에게도 '결과'와 '생산물'이 있긴 하지만, 공장 제품과 달리 그들의 생산물은 측량이 어려웠다. 결과적으로 지식 노동자들은 시급이 아닌 연봉으로 급여를 받게 되었다. 대압착 시대의 대부분의 월급 노동자들은 여전히 주당 40시간을 근무했지만, 출퇴근 시간을 엄격히 기록하지 않았고 계약에 따라 초과근무 수당을 요구할 법적 권리도 없었다. 아마 월급 노동자들의 대부분이 절대 주당 40시간을 초과해 일하지 않을 거라고, 혹은 40시간의 일부는 대충 때우다 갔을 거라고 추정한다. 적어도 20세기의 특정 기간엔 그게 사실이었다. 저 유명한 반주飯酒를 곁들인 점심시간, 드라마 〈매드맨Mad Men〉에 묘사된 것과 같은 사무실 내 술 카트, 소파에서 자는 낮잠을 생각해보라. 어쨌거나 이들 월급쟁이 대부분은―거의 언제나 남성이었다―자기 일의 가장 핵심적인 요소를 제외한 나머지를 전부 비서들에게 떠넘겼다.

1970년대까지 중산층 남성은 공장이든 사무실이든 직장 밖에서 즐길 여가 시간이 있었다. 그러나 경제가 휘청거리기 시작하자 일터에서 보내는 시간이 점차 늘어났다. 경제 전 영역에서 대규모 해고가 일어나는 상황에서는 모든 노동자가 자신의 가치를 상관에게, 비효율을 색출하려 파견 나온 컨설턴트들에게 증명해 보여야 했다. 자신이 옆 자리 사람보다 더 열심히 일하며 더 핵심적인 인물이라는 신호를 보내는 가장 쉬운 방법은 **더 오래** 일하는 것이었다. 이와 같은 시기에 시급을 받는 일자리의 급여 수준은 더 이상 인플레이션과 보조를 맞추지 못했고, 시급 노동자들은 전과 같은 수준의 생활비를 벌기 위해 초과근무 수당을 요구했다(아니면 두 번째 직업을 찾아나섰다).

회사 입장에서 경비를 줄이는 가장 좋은 방법 하나는 복지를 과감하게 삭감하는 것이다. 그러나 복지 삭감은 직원들의 사기를 저하시킨다. 그래서 회사들은 차라리 채용하는 인원을 줄이고―더불어 복지로 나가는 비용을 줄이고―직원들 하나하나가 더 많이 일하기를 기대했다.[2] 몇 년에 거쳐 실질적 생산성이 계속 높아지는 동안에도 회사들은 꾸준히 유급 휴가를 줄여나갔다. 긴축된 구직 시장에서 오늘날 우리 몸에 배인 것과 같은 태도를 갖게 된 노동자들은 늘어난 근무시간과 요구사항들에 동의할 수밖에 없었다.

줄리엣 B. 쇼어 *Juliet B. Schor*는 대표작 《과로하는 미국인*The Overworked American*》에서, 책이 출간된 1990년에 가히 물의를 일으킬 법했던 사실 하나를 발견했다. 1970년 이래 매년 미국인이 수행하는 노동의 양은 꾸준히 늘었고, 평균 여가 시간은 극적으로 줄었다는 것이었다. 당시 미국인의 평균 여가 시간은 주당 16.5시간에 그쳤다.[3] 경종을 울린 사람이 쇼어가 최초는 아니었다. 1988년에 〈뉴욕 타임스〉에서는 이미 "왜 그렇게 많은 사람이 시간이 없다고 느끼는가"를 설명하고자 시도했다. 이듬해 〈타임〉은 커버스토리에서 "미국인에겐 시간이 부족하다"라고 선언했다. 이 시기 전후로 폭넓은 문화적 불안이 생겨난 건 우연이 아니다. 10년 넘게 단순히 열심히 일하는 것으로 인식되었던 태도가, 사실 얼마나 이상한 것인지 갑자기 깨달은 거다.

하지만 그 이상함은 우리 밀레니얼들을 키운 수단이자, 일중독이라고 명명되기 전 우리가 부모의 삶에서 목격한 것이자, 학창시절을 거쳐 대학에 진학하는 동안 인식하게 된 것이었다. **온종일 일하는 걸 좋아하는** 사람은 물론 아무도 없다. 하지만 온종일 일하는 게 **필수**라는 생각에서 완전 자유로울 수도 없다. 베이비붐 세대에게서 처음 진단된 일중독은 오늘날 너무 흔해져서 더는 병리로 간주되지도 않는다. 월급을 주는 직장에서 주당 60시간을 근무하든, 월마트에서 37시간을 일하고 우버에서 13시간을 운전하는 임시변통의 삶을 살아가든, 사는 게 원래 그렇다고들 한다.

▼　▼　▼

일은 그밖에 무수한 방법들로 여가를 즐기려는 우리의 최선의 노력을 방해한다. 오늘날 직장에서 터진 위기는 언제나 즉각적인 관심을 요한다. 하룻밤을 기다려 다음날 아침에 출근해서 해결해도 위기 자체나 그 여파에 변화는 없겠지만, 이들은 우리를 재촉한다. 일과 중에 너무 지쳐서 이메일을 확인하지 못하는 관리자는 밤 10시 침대에 누워 답장을 쓰며 상대에게 밤 10시 15분까지 회신을 요구한다.

어떤 사무실 문화에서는 자기희생적인 출석을 요구한다. 사무실에서 마지막으로 나가는 사람이 "이긴다." 그러나 내가 아는 대부분의 밀레니얼에게, 오랜 시간 일하도록 강요하는 존재는 애석하게도 자기 자신이다. 우리가 마조히스트라서가 아니라, 일을 계속 잘해낼 유일한 방법이 온종일 일하는 것이라고 생각하기 때문이다. 이 태도의 문제는 온종일 일하는 것이 온종일 생산한다는 의미가 아니라는 것, 그럼에도 불구하고 생산성의 자기만족적 서사를 창조한다는 것이다.

이렇듯 생산성을 향해 쉼 없이 달리는 건 인간의 자연스러운 본성이 아니며, 적어도 현재의 형태로서는 비교적 최근에 나타났다. 《반생산적: 지식 경제에서의 시간 관리*Counterproductive: Time Management in the Knowledge Economy*》에서 인텔의 엔지니어인 멜리사 그렉*Melissa Gregg*은 1970년대를 시작으로 1990년대를 거쳐, 오늘날까지 몇 차례 급증을 겪은 '생산성' 광기의 역사를 검토한다. 그녀는 정리해고에 대한 불안감이 맴돌던 시기와 자신을 동료들보다 더 생산적인—이를 통해 이론적으로 더 가치 있는—인물로 증명해야 한다고 느끼는 현상을 생산성 관리 지침서, 자기계발서, 최근에 나온 앱들과 연결 짓는다. 경제적 불안정의 기후가 팽배한 우리 시대에 질서 비슷한 것이라도 만들고 유지할 유일한 방법은 생산성의 복음을 굳게 고수하는 것이다.

받은 편지함의 읽지 않은 메일 수가 0이 될 때까지 이메일을 탐독하는 쪽이든, 아니면 아예 알림을 무시하는 쪽이든 간에.

생산성을 최고로 올리도록 돕는 다양한 수익 사업도 등장했다. 자신의 일과에 필사적으로 **지금보다도 더 많은 일**을 욱여넣으려는 이들, 벅찬 업무량으로 인해 성인의 기본적 책임들만으로도 허우적거리는 이들을 대상으로 하는 사업들이다. 애나 위너 Anna Wiener가 회고록 《언캐니 밸리*Uncanny Valley*》에서 분명히 보여줬듯, 지난 10년 동안 실리콘밸리의 혁신 중 너무나 많은 수가 '적당히를 모르는 부유한' 이들을 위해 설계되었다. 실리콘밸리 회사들은 인스타그램 계정을 통해 칫솔에서 비타민까지 온갖 것을 소비자에게 직접 판매했다. 위너는 적는다. "미국의 여느 저녁에는 기진맥진한 부모들과 올해엔 반드시 요리를 하겠노라 다짐한 사람들이 밀프렙 스타트업에서 배송된 동일한 합지 박스를 열고, 똑같은 플라스틱 포장을 버리고, 자리에 앉아 똑같은 음식을 먹고 있다. 이런 균질성이 결정이 주는 피로를 지우기 위해 치러야 할 대가라면, 그리 크진 않다. 우리의 정신을 해방시켜 다른 곳에 노력을 쏟을 수 있게 해주니까. 예를 들면 일하는 데에."**4**

생산성을 향한 이런 욕구는 노동에 새로운 위계를 만들어냈다. 가장 상층에 생산성이 아주 높고 연봉을 받는 지식 노동자들이 있다. 저 아래에는 일상적 업무를 대신해줌으로써 생산성을 높일 수 있게 해주는 사람들이 있다. 아이 돌보미, 태스크래빗 근무자, 우버 이츠 운전자, 가사도우미, 개인 비서, 스타일리스트, 블루 에이프런 포장 담당자, 아마존 창고 노동자와 운전자, 프레시 다이렉트에서 대신 장을 봐주는 사람들까지. 역사상 부자들에겐 언제나 하인들이 있었다. 하인들은 모시는 사람이 일을 **더 하게** 해주는 게 아니라 일을 **하지 않아도 되게끔** 해줬다. 오늘날 남들이 생산성을 높일 수 있도록 잡일을 대신하는 사람들은 거의 독립 계약직으로서 급여가 적고, 직업 안정성은 낮으며 부당 대우에 저항할 수단도 거의 없다. 대부분은 자기 자신이 세운, 비현실적인 생산성의 기준에 따라 움직인다. 하지만 그 기준을 충족하기 위해 뼈가 부서져라 일하는 대가로, 수십만 달러의 연봉 대신 가까스로 최저임금을 받는다.

오늘날 월급을 주는 직장에서 일하는 모두가 자신의 가치를 증명하려 안달이 난 나머지, 더 나은 일은 거의 언제나 **덜 일할 때** 달성된다는 진실하고도 주옥같은 증거들을 무시한다. 대단히 고리타분한 어느 뉴질랜드 신탁 회사의 사장은, 어느 날 표준적인 주당 40시간을 근무하는 사무실 직원들의 실제 생산적 노동 시간이 매일 1.5~2.5시간에 불과하다는 연구에 대해 읽었다.[5] 그래서 그는 혁명을 시도해 보기로 결정했다. 주 4일 근무 제도였다. 모든 직원이 전과 같은 생산성 목표를 달성하고, 80퍼센트의 시간만 일하고도 똑같은 급여를 받게 되었다. 시범 기간 2개월 동안, 회사의 생산성은 20퍼센트 향상되었다. 동시에 '워라밸' 만족도는 54퍼센트에서 78퍼센트로 상승했다. 2019년에 마이크로소프트 일본 지사에서도 비슷한 실험을 벌여 생산성 40퍼센트 향상이라는 결과를 얻었다.[6] 휴식은 노동

자들을 더 행복하게 만들 뿐 아니라, 실제로 일할 때 그들의 효율성을 높여 준다.[7]

그러나 이를 인정했다가는, 반대 증거를 아무리 들이밀어도 더 많이 일하는 게 좋고 더 적게 일하는 게 나쁘다고 믿는 미국인들의 경직된 노동관에 정면으로 맞서야 한다. 우리가 처한 현재 상황에서 일을 덜 하기로 선택하는 게 불가능한 것처럼 느껴지는 이유다. 올해 초, 스타트업에서 사내 변호사로 일하는 한 친구가 절실히 필요했던 주말 휴식을 위해 하루 휴가를 냈다. 그녀는 회사에 **위급 상황이 발생하면** 핸드폰으로 연락을 받을 수 있다고 일러두었다. 몇 시간 뒤 핸드폰이 울렸다. 위급 상황은 아니었지만 상사가 그녀에게 분명히 도움을 청하고 받을 수 있는 상황이었다. 똑같은 시나리오가 노동계의 많은 분야에 적용된다. 비행기 승무원, 서비스직 노동자, 경비 직원들은 모두 휴일에도 연락이 가능하고 일터로 불러들일 수 있다. 우리 모두가 자기 나름대로 핵심 인력이 된 것이다.

그래서 내 친구도 그날 전화를 받았다. 상사의 질문에 답할 수 있는 사람은 그녀가 유일했다. 사람들이 휴가를 내며 죄책감을 느끼는 이유기도 하다. 누군가는 그들 일을 대신해야 하고, 따라서 휴가에서 돌아와 보면 쌓여 있는 일의 물벼락에 맞아 허우적거리거나 두 사람 몫의 일을 해야 했던 동료들이 분노를 끓이고 있거나 둘 중 하나일 테니까. 현재 상태에서 일과 여가 사이에 명확한 선을 긋거나 자신의 번아웃을 해결해 보려는 시도는 곧 남의 번아웃을 유발한다는 의미다. 그래서 유일하다고 느껴졌던 해법은, 결국은 가장 쓸모없는 해법이 된다. 우리는 그저 더 많이 일할 뿐이다.

있었는데 없어졌습니다, 휴식

우리는 일을 우리의 신체 리듬에 맞추는 대신, 더 많은 시간을 일하기 위해 우리의 몸이 요구하는 것을 우회시키고, 둔화시키고, 아니면 아예 묵살한다. 이론가 조너선 크레리는 일이 이렇게까지 생활에 침투한 것이 '24/7 정신' 때문이라고 본다. 24/7 정신이란 "한 사람의 개인적·사회적 정체성이 시장과 정보 네트워크, 그리고 다른 체제들이 방해받지 않고 작동하게끔 순응하도록 재조직되는 것"이다. 어떤 사람들이 몸과 정신을 파괴하며 일하는 건 그래야 하기 때문이다. 다른 사람들의 경우는, **그럴 수 있기 때문**이다.

물론 산업혁명 전에도 농부, 의사, 유모를 비롯해 많은 직업들이 정기적으로 야간에, 심지어 주일에도 근무를 요구받았다. 그러나 모든 시간이 일할 수 있는 시간으로 바뀐 시점은 제2차 산업혁명이 일어나고 공장을 온종일 최대 역량으로 가동시킬 필요가 생겨난 뒤였다. 미국 전역의 공장에서 주간, 오후, 야간 교대근무가 점점 일반적인 조건이 되어가는 와중에도, 대부분의 업종에 일요일 근무를 금한 소위 '청교도 법들' 덕분에 적어도 하루의 휴일은 지켜낼 수 있었다.

청교도의 규율들은 대부분 구체적으로 알코올 판매에 적용되었다. 안식일을 방탕한 운명에서 지키겠다며 나선 기독교 세력들의 설교 때문이었다. 청교도 규율들에 수차례 문제가 제기된 것도 같은 이유에서였다. 비종교인들이 뭐하러 주일을 지켜야 한단 말인가? 그러나 법정에선 일하지 않는 일요일에 '세속적 이득'이 있음을 환기시키는 판결을 거듭 내렸다.

"철학자, 도덕가, 모든 국가의 정치인들 사이에 주기적으로 노동을 중단할 필요가 있다는 것만큼 의견이 일치하는 주제는 없다." 1858년에 캘리포니아 대법원장 스티븐 존슨 필드Stephen Johnson Field는 적었다. "이레 중 하루를 쉬는 건 경험에 뿌리를 두고 과학으로 유지되는 원칙이다."[8]

철학자, 도덕가, 정치인들은 여전히 휴식을 취하면 좋다는 데 동의하되 **휴식이 필수**라는 데에는 계속 반대하고 있다. 오늘날까지 남아 있는 청교도 규율들은 대다수가 민폐로 간주된다. 규모가 중간 이상인 사업체들은 사장이 대단히 신실한 경우가 아니라면 대개 일요일에도 문을 연다. 《안식일 세상The Sabbath World》에서 주디스 슐레비츠Judith Shulevitz는 이것이 20세기에 여가의 점진적 상업화와 함께 시작된 현상이라고 주장한다.[9] 과거에 일요일은 주로 가정과 교회, 또는 그 주변에서 보내는 날이었다. 사람들은 집에 머물거나 가족들과 어울렸고, 평일에 사둔 식료품으로 식사를 했다. 신자들은 명상이나 예배로 시간을 보냈다. 덜 독실한 사람들은 책을 읽거나 놀거나 다른 오락거리를 즐겼다.

그러던 사람들이 이젠 주말에 돈이 드는 구조화된 활동을 찾기 시작했고, 그럼으로써 결과적으로 다른 사람에게 일을 시켰다. 영화관에서 검표할 사람이든, 식음료를 팔 사람이든 누군가는 일해야 했던 것이다. 이렇게 주말에 근무하기 시작한 사람들이 충분히 늘어난 뒤로는 편의점 직원들부터 식료품점 매대 정리원까지 **더 많은** 사람들이 주말 노동 시장에 들어오라는 요청을 받았다. 공공 서비스에 대한 필요도 늘어났다. 공원 화장실 문을 열어줄 직원이 필요했고, 버스와 지하철 운전기사도 훨씬 더 많아져야 했다.

서비스에 대한 욕구는 서비스의 정상화로 이어진다. 오늘날 풀타임 직원의 31퍼센트가—그리고 2개 이상의 일자리를 가진 사람의 56퍼센트가—주말에 일한다. 소수의 법정 휴일(독립기념일, 추수감사절, 크리스마스, 신정)만이 의미 있는 방식으로 '지켜지는' 것으로 느껴지며, 그날들조차 많은 소매서비스 직원들은 **여전히** 일한다. 크리스마스 시즌에는 우편배달부들조차 일요일 근무에 나선다. 사람들이 크리스마스 선물을 하루라도 더 빨리 받아야 해서가 아니라, 미국 우편국이 이 시기를 사기업들과의 경쟁에서 이길 절호의 기회로 보기 때문이다.

안정적 계급에 속한(혹은 노동조합의 보호를 받는) 이들은 여전히 특정 요일이나 특정 시간에 일하는 것을 거부할 수 있지만, 힘이 없는 사람들은 자기 삶의 리듬을 훼손시키며 자본의 요구에 부응해야 한다. 갈수록 벌어지는 계급 격차는 단지 가진 자와 못 가진 자의 차이, 생산적인 사람과 그들의 높은 생산성을 활용하게 해주는 사람의 차이가 아니다. 짧은 수면 시간이라도 확보할 수 있는 사람과 그럴 수 없는 사람의 차이이기도 하다.

주말과 휴일이 일의 식민지가 된 까닭은, 우리가 아무리 일해도 부족하다고 느끼기 때문이 아니다. 예전에 자본주의의 논리는 법적으로 일요일에서 차단되어 있었다. 그러나 이제 일은 우리의 모든 여가 시간을 멋대로 사용할 수 있다. 그에 따라 시간의 **잠재성**에 대한 우리의 태도도 달라졌다. 무한한 성장과 확장, 이에 연료가 되어줄 무한한 소비 증가를 추구하는 시장이 어떤 결과를 낳는지, 여가 학자들은 이를 처음으로 연구한 경제학자 스테판 B. 린더Staffan B. Linder의 책 《유린당한 여가 계급The Harried Leisure Class》에 주목한다. 린더가 제시한 시장 모델 내에서는 매일, 매분, 매초가 회사와 개인에게 점점 더 큰 가치를 지닌다.

그리하여 일하지 않고 보낸 시간, 즉 여가 시간은 사실상 돈을 잃은 시간이 된다. 이 개념에 익숙한 우리는 어떤 방식으로든 여가 시간을 가치 있게 만들어야 한다는 생각에 사로잡혀 최대한 많은 활동과 소비를 욱여넣는다. 린더는 저녁식사 후 여가 시간을 "브라질 커피를 마시고, 프랑스산 코냑을 홀짝이고, 〈뉴욕 타임스〉를 읽으며 브란덴부르크 협주곡과 스웨덴인 아내의 말소리를 듣는(이 모든 걸 약간의 차이를 두고 동시에 해내는)" 남자의 모습을 그림으로써 사람들의 광적인 소비 행각을 환기시킨다. 요즘 버전은 4달러짜리 코코넛워터를 넣은 가방을 들고, 7달러짜리 콜드브루를 홀짝이며, 헤드폰으로는 팟캐스트를 들으면서 요가하러 가는 길에 여자친구들끼리의 주말 모임을 상의하는 채팅방에 적절한 '움짤'로 반응하는 여자일 것이다.

우리 자신과 가족을 위해, 때론 동료들과 함께 우리에게 주어진 길지 않은 여가 시간을 "극대화하는" 전략은, 사실 계급 불안과 직결된다.《작은 것들의 총합: 출세지향적 계급 이론*The Sum of Small Things: A Theory of the Aspirational Class*》에서 엘리자베스 커리드-할켓*Elizabeth Currid-Halkett*은 미국인의 한 부분집합이 갈수록 "지식과 가치 체제의 습득을 보여주는 문화적 기표"를 통해 자신의 계급 지위를 표현하는 데에 관심을 기울인다고 주장한다.[10] 다시 말해 엘리트 지위를 강조해 보여주는 여가 활동이나 미디어 상품 감상, 구매를 하고 있다고 남에게 알리는 것이다. 당신은 곧 당신이 먹는 것이자, 당신이 읽는 것이자, 당신이 보는 것이자, 당신이 입는 것의 총체니까. 사실이지만 거기서 끝이 아니다. 당신은 당신이 다니는 체육관이자, 휴가 사진을 올릴 때 사용하는 보정 필터이자, 휴가지이기도 하다.

NPR 라디오를 듣고, 전미도서상을 수상한 최신 논픽션을 읽고, 하프마라톤을 뛰는 것도 훌륭하지만 그것만으론 충분하지 않다. 당신이 여가 시간을 그렇게 최적화해서 생산적으로 자기계발을 하면서 사용하는 유형의 인물이라는 걸 **다른 사람들에게도 분명히 알려야** 한다. '출세지향적 계급'과 관련되는 상품과 경험들의 대부분은 전통적으로 중급(베스트셀러 문학 소설을 읽고, 오스카를 겨냥한 영화를 보는 것)으로 평가받는 것이긴 하지만, 현재 교양 있는 부르주아의 기준은 고급과 저급을 아우르는 취향이다. 발레와 틱톡 앱의 최고 댄서들, 가장 고급스러운 TV 프로그램과 〈진짜 주부들Real Housewives〉 전체 시리즈의 줄거리를 죄다 꿰고 있어야 한다. 교양 있는 사람이 된다는 건 아무리 많은 시간이 들더라도 문화적 잡식주의자가 된다는 것이다.

"TV를 너무 많이 본다"라고 불평할 때, 사람들은 바로 이에 대해 불평하는 거다. 그들은 시장에 모든 취향을 위한 풍부한 선택지가 있다는 데에 불만을 가지는 게 아니다. 점점 불어나는 대화를 따라잡기 위해 필수로 소비해야 하는 TV 콘텐츠의 양이 너무 많다는 게 불만인 거다. 시리즈의 에피소드 하나, 팟캐스트 하나, 심지어 스포츠 행사조차 할 일 목록에 올라간 항목처럼 느껴진다. 실제로 이것들을 좋아하는지, 혹은 실제로 이것들을 처음부터 끝까지 보는지 여부는 중요하지 않다. SNS에서든 대면으로든 당신이 이런 문화를 소비하고 향유하는 사람이라는 신호를 보내는 것이 더 중요하다.

여가에 할애할 시간이 정해져 있는 경우, 최대한 효율적으로 시간을 활용하기 위해 문화적 잡식주의자라는 지위를 짧고 굵게 요약하는 상품과 활동을 소비하고 수행해야 한다는 요구에서 자유롭지 못하다. 당신은 남들이 추천한 글 수십 개의 링크를 일단 열어놓는다(나중에 읽겠노라 야심차게 다짐한다). 털실과 뜨개질 초보자를 위한 책을 사고선 한 코도 뜨지 않는다. 책을 펼쳐 처음 몇 페이지를 읽다가 더 훌륭한 다른 책을 읽는 게

나을지 고민한다. 한 발을 담가 보고선, 어깨 너머를 곁눈질하거나 SNS를 들춰보며 더 나은 걸 찾는다.

이런 행동은 현실에서의 임금 수준의 격차를 초월한다. 박사 학위를 마치고 가까스로 입에 풀칠하는 시간강사와, 아이비리그 교육을 받은 변호사가 똑같이 출세지향적인 상품을 소비하고 그 사실을 자랑한다. 이는 학위가 어떤 종류의 경제적 안정을 제공할 수 있는지에 관한 진실을 흐려놓지만, 한편으로는 다른 종류의 계급 위안을 제공한다. 빚이 수십만 달러고 영영 집을 사지 못할 것이며 어디 한 군데 아프기라도 했다간 재난 수준의 의료비 청구서가 날아올 걸 두려워하더라도, 사회적으론 더 높은 연봉을 받는 사람들과 어울릴 수 있는 것이다. 대단히 인기 있는 〈뉴욕 타임스〉 팟캐스트이자 출세지향적 소비의 완벽한 사례인 〈더 데일리〉의 진행자 마이클 바바로^{Michael Barbaro}의 프로필이 이 지점을 정확히 짚어낸다. "〈더 데일리〉를 들으면 디너파티에서 대화할 준비가 끝납니다. 당신이 정말로 원하는 건 그게 다죠." 프로듀서 제나 와이스-버만^{Jenna Weiss-Berman}이 적은 표현이다.

우리는 자신의 문화·여가 취향이 어느 정도까지는 자연스러운 것이라고 생각하고 싶지만—내가 철인 3종 경기에 등록한 건, 이 프로그램을 보는 건, 이 팟캐스트를 듣는 건 **내가 좋아하기 때문이야!**—우리의 선택한 모든 취향은 사실 그것이 우리의 무엇을 대변하는지에 대해, 우리가 그 선택을 하지 않을 경우 배제될 대화들로 인해 복잡해진다. 요새는 모임에서 그냥 어울려 시간을 보내는 건 어딘가 부족하게 느껴진다. 북클럽이 유행하는 건 그냥 사람들이 책을 더 많이 읽어서가 아니다. 사람들이 타인과 어울리고 싶다는 단순한 욕망을 따를 때마저도, 어떻게든 생산성을 높여야 한다고 느끼기에 나온 결과다.

여행과 운동에도 비슷한 역학이 작용한다. 일본 여행을 계획할 돈은 없더라도, 시내에 새로 생긴 훌륭한 일식당에 대해 얘기할 수는 있다. 소울사이클이나 로드바이크를 살 돈은 없더라도, 매주 토요일에 오래달리기를 위해 훈련하는 이야기는 할 수 있다. 정치 캠페인에 기부를 하지는 못하더라도, 〈팟 세이브 아메리카Pod Save America〉 팟캐스트를 듣고 어느 후보의 전략에 대해 근엄하게 이야기를 풀 수는 있다. 그게 현재 구독자가 700만 명이 넘으며 최근에 5500만 달러 이상의 가치가 나간다고 평가받은 〈스킴Skimm〉 같은 뉴스레터가 그토록 큰 인기를 얻은 이유다. 이런 뉴스레터는 요컨대 출세지향적 소비를 위한 컨닝페이퍼로서, 퇴근 후 술자리에서 나올 수 있는 모든 주제에 대해 필요한 정보를 한 숟가락씩 떠먹여 준다. 이런 뉴스레터들은 〈스킴〉 홍보 문구가 선언하듯 "더 똑똑하게 사는 걸" 더 쉽게 만들어준다. 적어도 더 똑똑하게 사는 것처럼 보이도록 도와준다.[11]

영화를 보고, 요가를 하고, 팟캐스트를 듣는 게 일인가? 물론 아니다. 일하는 대신 텔레비전을 더 많이 보라는 압박을 받으면 환영할 사람이 수두룩하다. 그러나 이런 문화적 소비가 당신이 출세를 위한 티켓을 구매할 유일한 방법이라면, 이는 선택이 아니라 의무처럼 느껴진다. 여가가 아니라 일종의 무급 노동처럼 느껴진다. '휴식'을 취하는 게, 참으로 피로하고 보람 없으며 실질적 회복에는 전혀 도움이 되지 않는다고 느끼는 이유다.

▼　　▼　　▼

여가 시간에 출세를 꿈꾸는 계급의 가치를 욱여넣으면, 계급 안정에 관한 불안들을 다소 잠재울 수 있을지 모른다. 그러나 현재 자신이 속한 계급 내에서 안정을 찾을 더 효율적인 방법이 있다. **돈을 더 버는 것**이다 ─ 구체적으로 말하자면, 취미를 돈벌이 수단으로 삼는 것이다.

취미란 여가 시간에 순전히 즐거움을 위해 수행하는 활동을 일컫는다. 어느 활동을 한 번 시도해 보면, 발을 담가 보았다고 할 수 있다. 그 활동을 다시, 다시, 또다시 하다 보면 그 활동은 취미가 된다. 오늘날의 취미들은 다수가 기계의 발전으로 인해 한물간, 혹은 적어도 엄밀히 말하자면 불필요한 기술을 갈고닦는 것과 관련된다. 수집과 분류, 엄청난 집중력과 디테일, 남들과의 조화(문자 그대로의 조화와 비유적인 조화)에서 즐거움을 찾는 취미들도 있다. 합창단에서 노래하는 건 취미다. 볼링 리그, 퀼트 동아리, 달리기 클럽도 그렇다. 비디오게임도 확실히 취미일 수 있다. 커뮤니티를 형성하고 전략을 다듬어 나가는 마인크래프트나 심즈 같은 게임 역시 취미다.

어떤 취미는, 특히 운동과 관련된 취미는 출세를 위한 자산을 쌓는 수단으로도 기능한다. 미국 대부분의 지역에서 다운힐 스키를 타는 취미는 스키복을 사고 100달러짜리 리프트 티켓을 살 돈이 있다는 사실을 강조한다. 반대로 **멋지지 못함**을 자랑스럽게 내세울 때에 비로소 멋져지는 취미도 많다. 특히 공예와 관련된 복고적 취미들이 그렇다. 어떤 취미는 성인이 되어 시작하지만 대부분의 취미는 어릴 때 가족과 공동체에게서 배운 것이다. 내가 하이킹과 캠핑을 하는 이유는 우리 아빠가 하이킹과 캠핑을 하기 때문이다. 내가 정원을 가꾸는 이유는 우리 엄마가 정원을 가꾸기 때문이다. 우리 엄마가 정원을 가꾸는 이유는 할머니가 정원을 가꿨기 때문이다.

취미에는 야망이 쏙 빠져 있다. 목적은 부차적인 것이며, 오로지 즐거움을 위한 즐거움을 추구한다. 그러나 대입을 위한 가치를 쌓는 데 인생 전체의 초점을 맞추고 있는 사람에게 취미란 낯설고 음란한 꿈처럼 느껴진다. 모든 활동은 어떤 목적의 수단이어야 한다. 내 반려자는 어렸을 때 수업을 위해서만 책을 읽었고, 이력서에 번듯하게 써넣을 수 있는 합창단에서만 노래했으며, 조정 선수로 활동한 건 명문대에 가기 위해서였다. 그는 30대에 들어서 나와 함께 몬태나로 이사한 뒤에야 자신에게 가치를 더하기 위해 **해야 하는 일** 대신에 진짜로 좋아하는 일이 무엇인지 알아볼 여유를 찾았다. 오늘 그는 이 과정을 "죄책감과 자기의심으로 가득했다"라고 묘사한다.

많은 밀레니얼이 무엇에 시간을 투자하든 최대한 완벽하게 해내려는 욕망에 시달린다. 중상류층으로 향하는 궤도에 있는 백인 여성인 앨리는 내게 말했다. "사이클이든 춤이든 하이킹이든, 그저 그렇게 할 수는 없어요. 끝내주게 잘해야 한다고요." 중산층 유대인으로 자신을 소개한 라라는 20대의 어느 시점까지는 취미가 있었다고 한다. "밴드에서 노래를 했고 기타와 드럼도 배웠어요. 하지만 대학원에 들어가 보니 취미를 계속할 시간도 돈도 없을 것 같더군요. 커리어에 도움이 되지 않는 것에 시간을 쏟는다고 생각하니 죄책감이 느껴졌고요." 그녀는 회상한다. 최근에 그녀는 본가에서 드럼세트를 다시 가지고 왔지만, 원하는 만큼 연습 시간이 나지 않아 고민하고 있다. "무엇이든 대충 하고 싶진 않아요. 하지만 그러려면 제가 쓸 수 있는 여가 시간보다 훨씬 많은 시간을 들여야겠죠."

가장 많은 여가 시간을 누리는 사람은, 즉 취미가 돈과 관련돼야 한다는 압박을 제일 적게 받는 사람은 가장 지루한 직업을 가졌다고 평가받을지도 모르겠다. 내시빌에 거주하는 백인인 이선은 대형 보험사에서 청구 담당자로 일한다. 일주일에 정확히 40시간 일하는 그는 자신을 중하류층으로 평한다. 근무 시간과 근무 외 시간 사이에 명확한 선이 존재하고, 그 덕분에 그는 여가 시간을 지켜낼 수 있다. 그 시간을 그는 대부분 던전 앤드 드래건 게임을 하고 관련된 글을 쓰는 데 보낸다.

취미를 가꿀 시간과 정신적 여유가 있을 경우, 특히 그 취미를 '잘'할 경우, 취미로 돈을 벌어보라는 압박이 들어오기 시작한다. 베이킹을 좋아하는 사람이 자기가 만든 과자를 파티에 가져오면, 우리가 그에게 해줄 줄 아는 유일한 칭찬은 **이걸로 돈을 벌어도 되겠어요!**다. 중산층 흑인인 재니크는 노래하고 작곡할 시간을 지켜내서 뿌듯하지만, 밴드에 들어간 뒤로는 남들에게서 어떤 식으로든 돈을 벌어 보는 게 어떻겠느냐는 압박이 꽤나 늘어났다.

중산층 아시아계 미국인인 지나는 즐거움을 주는 일로 돈을 벌어야 한다는 생각이 지나치게 생산 중심적이라는 사실을 안다. "저는 그런 종류의 사고방식이 어떤 착취를 허락하는지 많이 배웠습니다. 제가 가진 취미들에 대한 '순수한' 사랑이, 노력을 쏟으면 푼돈이라도 벌 수 있으리라는 그릇된 약속으로 오염되길 바라지 않아요. 친구들이 돈벌이를 시도하는 걸 지켜보았습니다. 그중엔 **성공한** 친구들도 있어요. 하지만 한때 즐겼던 활동을 싫어하게 되거나 족쇄처럼 느끼게 된 친구들도 있습니다. 저는 사양할게요!" 그녀가 내게 말했다.

오늘날 경제에서 자신의 취미가 돈벌이로 빠지지 않도록 보호하는 건 특권이다. 위스콘신 남부에 거주하며 자신의 계급을 "이젠 홈리스가 아니고 집이 있는 사람"이라고 묘사하는 지미는 방송, SNS, 디지털 콘텐츠 제작, 디자인 등 그때그때 떨어지는 각종 분야의 일거리들에 매주 80에서 100시간을 쏟는다. "제 인생의 거의 모든 면을 돈벌이로 삼았습니다. 부모로 사는 것만 제외하고요. 하지만 의료비 청구서가 두 개만 더 날아오면 곧 '아빠 블로그'도 시작할 것 같군요. 제가 참여하는 비디오게임 토너먼트마저 방송 일거리로 삼고 있어요." 그는 설명한다. 사적인 영역에 남겨놓고 싶은 것들이 많지만, 두 아이를 부양해야 한다. "저는 돈이 필요하고, 생산적이지 않은 일에 낭비할 시간이 없습니다. 취미들이 예전만큼 재밌진 않지만 덕분에 이제는 발 뻗고 잘 집이 있잖아요."

지미는 자신의 여가 시간을 일주일에 5~7시간가량으로 추산한다. 통근 시간과 퇴근하자마자 소파에 쓰러져 보내는 30분이다. 비디오 게임 토너먼트 방송은 여가로, 심지어 취미로 간주하지도 않는다. 돈벌이로 삼으면서 활동의 속성 자체가 바뀌어버렸다. 돈벌이가 된 취미는 간헐적인 즐거움을 줄지 몰라도, 어떤 목적의 수단이 됐다. 따라서 그 목적이 수익이든 완벽에 도달하는 것이든 학교에 입학하는 것이든 취미의 본질을 잃게 만든다. 그 본질은 우리를 회복시켜 준다는 핵심 특질이다.

내가 발견한 사실은 아직 취미생활을 하고 있는, 그리고 취미에서 위안을 얻는 사람들은 자기 자신에게 실패해도 된다고, 불완전해도 된다고 폭넓게 허락한 이들이라는 점이다. 그들은 테이블을 만들 때, 완성품을 판매해야 한다는 압박을 느끼기보다는 만드는 과정을 즐긴다. 혹은 하이킹을 할 때, 정상에서 찍은 전망 사진을 SNS에 올리는 것과 하이킹하는 사람이 된다는 페티시보다 하이킹 경험 자체를 즐긴다. 독서가 중요한 까닭은 다른 사람들에게 자랑할 수 있어서가 아니라, 독서 자체가 즐거워서다. 참으로 단순하고 빤하게 보일지 모르지만 많은 밀레니얼에게는 도달 불가능한 것처럼 느껴지는 태도다.

혼자, 아무것도 하지 않고

밀레니얼들은 가족과 다함께 종교의식에 가는 걸 그만뒀다. 우리는 영화관에 가지 않고 집에서 넷플릭스를 스트리밍한다. 컨트리 클럽, 엘크스 클럽, 자원 소방대, 지역 정부 운영을 돕는 무급 정부 위원회들은 하나같이 곤궁에 처해 있다.[12] 우리는 바에 놀러가는 대신 틴더에서 데이트 상대를 찾는다. 친구들과 직접 만나는 대신 단체 채팅을 하는데, 모두의 일정을 맞추려면 4달 전에 계획해야 하기 때문이다.

2000년에 정치학자 로버트 퍼트넘Robert Putnam은 저서 《나 홀로 볼링Bowling Alone》에서 분야를 막론하고 미국인의 단체, 클럽, 조직 참여도가 급격하게 하락했으며, 이와 더불어 정기적 모임 참여에 뿌리를 둔 '사회 결집' 역시 와해되었다고 주장했다. 퍼트넘이 발견한 내용은 논란을 불러일으켰으며 여러 차례 반박되었다. 많은 사람이 공동체는 사라진 게 아니라 그저 장소를 옮겼을 뿐이라고 주장했다. 볼링 리그에 참여하는 사람은 없을지 몰라도, 그 대신 온라인에서(즉 AOL 채팅방이나 게시판에서) 모임이 벌어지고 있다는 것이었다. 그로부터 20년이 지난 지금, 우리의 번아웃 수준과 정치적·문화적 양극화를 보면 퍼트넘의 선견지명을 인정할 수밖에 없다.

퍼트넘을 비판한 이들 몇몇은 그의 주장을 반박하거나 확증하기 위해 스스로 연구에 나섰다. 2011년에 그들은 가족 네트워크와 비가족 네트워크 둘 다 눈에 띄게 감소하고 있음을 발견했다. 후자의 감소폭이 더 컸다. 퍼트넘은 2015년 후속작 《우리 아이들*Our Kids*》에 적었다. "미국인들의 사회 네트워크는 안쪽으로 붕괴하고 있으며 이제는 더 적고 밀도 높고 동질적이며 더 친숙한 (비친족의 수는 더 적은) 연결들로 구성된다."**13**

그런데, 우리가 남들과 어울리지 않는 이유는 뭘까? 이유 하나는 표준 근무시간이 흔들리면서 남들과 쉽게 일정을 맞출 수 있는 능력도 와해되었기 때문이다. 알고리즘의 재계산 때문이든, 더 오래 일하고자 하는 본인의 경향 때문이든 근무 일정이 계속 변경된다면 계획을 세우거나 매주 참여할 시간을 만들기가 불가능해진다. 여기에 아이들의 활동을 기획하고 감독해야 한다는 압박이 늘어났다는 사실마저 감안하면, 남들과 시간 약속을 하기란 더욱 어려워진다. 실제로 약속을 지키기가 어려울 거라고 인정하는 사람은 아무도 없다. 그래서 사람들은 일단 만나자는 식―술 한잔하자고, 아이들끼리 놀게 하자고, 저녁 한번 먹자고―말해 놓고선 약속 직전에 "시간이 안 날 것 같아요, 다음 주로 미뤄도 될까요?" 하며 취소하기를 무한히 반복한다.

《도시는 어떻게 삶을 바꾸는가*Palaces for the People*》에서 에릭 클라이넨버그*Erik Klinenberg*는 사회적 연결이 쇠퇴한 이유엔 효율성에 대한 우리의 선호도 있다고 말한다. 그는 부모들이 빠르게 아이들을 데려갈 수 있었던 한 탁아소에 대한 연구를 예로 든다. 본래 그곳에선 부모들끼리 서로 안면을 틀 일이 거의 없었다. 하지만 부모들에게 탁아소 안으로 들어와서 기다렸다가 같은 시간에 아이들을 데려가게끔 강제했더니, 사회적 연결이 형성되기 시작했다.[14] 사회적 연결이 쇠퇴한 또 다른 이유는 사회 기반 시설의 쇠퇴도 있다. 도서관에서 사교클럽, 유대교 회당에 이르기까지 돈과 얽히지 않은 비공식적 인맥을 만들기 쉬웠던 공적·사적 공간들이 줄어든 것이다.

이런 공간들은 물론 여전히 존재하지만 과거에 비해 핵심에서 밀려났고, 필수로 여겨지지 않는다. 가장 중요한 이유는 접근성이 나빠졌다는 것이다. 책임 소재의 문제로 인해 점점 더 많은 교회가 예배 시간이 아닌 때에는 돈을 내더라도 교회를 이용하지 못하게 막고 있다. 대중교통으로 접근할 수 없는 많은 공공 해변과 공원은 주차비와 입장료 명목으로 돈을 받아 자유 출입을 막는다. 공공 운동장과 트랙은 이제 자물쇠가 걸려 있거나, 연습 비용을 낸 팀들이 독차지한다. 뉴욕주 교외에 사는 한 여자는 인터넷에서 자신과 흥미가 비슷한 사람들을 찾아 북클럽을 열기로 결정했다. 집으로 초대하고 싶진 않아서 장소를 물색하기 시작했는데, 모두가 접근할 수 있고 금전적으로 부담되지 않는 공간을 찾으려니 몇 주나 걸렸다.

어느 부모는 내게 말했다. "시내에서 트리플 A 리그 경기를 보곤 했어요. 그러던 어느 날 무료였던 '가족 존'(아이들이 그곳의 잔디 둔덕에서 노는 걸 좋아했어요)이 유료인 '그룹/파티 영역'으로 바뀌었습니다. 나중에는 팀이 부자 동네의 새 구장으로 이사를 하더군요. 그때부턴 경기에 가지 않았습니다." 워싱턴 D.C. 지역에 사는 한 여자는 주로 흑인들이 거주하는 중상류층 동네의 웨그먼스 식료품점 전실에, 커피를 마시고 음식을 먹을 수 있는 작은 공간이 있었다는 이야기를 들려주었다. "교회 모임, 보드게임, 스터디그룹 사람들이 그 공간을 이용하곤 했어요. 이제는 그런 모임을 자제해 달라는 안내판이 붙어 있죠."

보스턴에 사는 박사 후 연구원인 터리서는 고심 끝에 게임 모임에 들어가기로 선택했다. 매주 같은 장소에서 정기 모임이 열리기 때문이었다. "그러지 않으면 친구들이랑 저는 게임을 한 달에 한 번 정도밖엔 하지 않거든요. 시간과 장소를 조율하는 게 너무 힘드니까요." 바로 여기서, 사회 기반 시설은 우리를 도울 수 있다. 계획하고 계획을 수정하는 끝없는 과업에서 우리를 구할 수 있다. 과거 라이언즈, 이글즈, 무스, 엘크스 클럽 모임은 시계처럼 정확한 일정을 따랐고, 언제든지 접근할 수 있는(게다가 주차도 가능한!) 장소에서 열렸다. 교회와 성경 공부 모임, 여성단체 PEO와 주니어 리그, NAACP와 여성유권자연맹 역시 그랬다. 시간과 장소가 확실했기 때문에 참여하기가 더 쉬웠다.

그러나 일과 육아에 대한 기대치가 계속 높아지고 개인 영역의 우선순위가 갈수록 높아지면서, 모임 참여는 시간을 잡아먹는 활동들 가운데 포기하기 제일 쉬운 것으로 취급되었다. 참여 인원수가 줄어들자 모임 자체가 사라지기 시작했고, 그 자리를 대체해 줄 건 없다 해도 과언이 아니었다. 적어도 금전적으로 부담이 없고, 정기 모임을 가지며, 특정 종교와 무관하거나 자녀를 중심으로 하지 않는 모임은 거의 없었으니까. 단체 스포츠의 가치에 대해 실컷 열변을 토할 수는 있다. 그러나 자녀의 축구경기에 참석해서 내내 사이드라인에 서서 업무 이메일을 보는 것과 스스로 팀에 들어가 축구를 하는 건 같지 않다.

이런 말을 하는 게 내가 처음은 아닐 거다. 우리 대부분은 자원봉사가 우리를 더 행복하게 해준다는 것, 직접 만나서 대화를 나누고 웃는 것이 온라인 대화보다 더 유익하다는 것, 명상 시간을 가지면 마음의 균형이 잡히고 불안이 줄어든다는 것을 증명하는 연구들을 읽어본 적이 있다. 우리는 여가가, 특히 퍼트넘이 사회적 연결의 기반이라고 묘사하는 유형의 여가가, 우리 기분을 개선시킨다는 걸 안다. 하지만 많은 사람은 이런 활동을 한다는 **생각**만으로도 극복 불가능한 에너지 소비를 떠올린다. 요컨대 우리는 너무 지친 나머지 실제로 휴식을 취하며 회복하지 못하는 것이다. 올바니에 사는 백인 여성 미건은 행정 보조로 풀타임 근무를 하고 부업으로 책을 판매한다. 그녀에게 여가 시간은 하루 한 시간, 주말 중 하루가 전부다. 개인 간의 상호작용, 특히 데이트는 갈수록 감정적으로 벅차고 에너지를 고갈시키는 일로 느껴진다. 제일 친한 친구와 어울리는 것조차 그녀를 녹초로 만든다.

뉴욕에서 문학 에이전트로 일하는 로지는 여가 활동을 비용에서 떼놓고 생각할 수 없다. "침대에 누워 트위터를 보는 건 공짜죠. 뉴욕에 살려면 그냥 에너지가 더 많이 필요해요. (어디든 걸어 다녀야 하니) 신체적 에너지도 필요하고 (지하철과 버스가 어떻게 변경되었는지 알아봐야 하니) 정신적 에너지도 필요하죠." 그녀는 이렇게 덧붙인다. "여가 활동을 해봤자 인스타그램에 올릴 만한 그럴듯한 사진을 건지지 못한다면, 차라리 안 하는 게 나아요." 시카고에 사는 특수교사 로라는 친구와 만나거나, 데이트하거나, 요리를 하고 싶지 않다. 지칠 대로 지친 몸을 소파에 뉘이고 싶을 뿐이다. "하지만 TV에도 집중할 수 없어요. 결국은 산만해져서 완전히 휴식을 취하지 못하게 되죠. 세상에, 제가 지금 쉬는 것조차 제대로 못 한다고 말하고 있군요! 기분이 나쁘다는 게 기분 나빠요! 하지만 여가 시간이 생기면, 저는 그냥 혼자 시간을 보내고 싶어요!"

자녀가 있는 경우 압박은 더 심해진다. 29세인 클레어는 펜실베이니아 동부에서 남편과 두 자녀와 살고 있다. 남편은 회사원이자 프리랜서 작가로 투잡을 뛰고 클레어는 주당 16시간 가까이 파트타임으로 일하며 집에서 아이들을 돌본다. 한편으로는 현재 일자리에 발전 가능성이 없어 컴퓨터 네트워킹이라는 새 기술을 배우고 있다. 몇 주에 한 번은 외출해서 친구들과 어울리지만, 몇 달씩 친구들을 만나지 않는 기간도 있다. 약속 잡기가 너무 어려운 탓이다. 한 달에 한두 번은 베이비시터를 불러서 남편과 외출한다. "누구를 만나거나 행사에 가고 싶으면 스스로를 엄청나게 몰아세우고 미리 일정을 빠듯하게 계획해야 해요. 딱 한 차례의 외출조차도 일상에 엄청난 충격을 미치거든요. 일과를 보내다가 너무 지친 나머지 약속을 직전에 취소하는 일도 많아요."

중요한 건, 이 시나리오를 잠시 멈춰야 한다는 거다. 내가 여러 번 들은 말이지만, 나도 남들에게 들려주고 싶은 말이다. 물론 우리를 사랑하고 아끼는 친구들과 시간을 보내는 건 현재 우리 일정에서는 꽤 무리다. 하지만 우리의 스케줄이 **곧 우리의 삶**이다. 함께할 타인이 없다면 우리의 삶은 뭐가 되겠는가?

우리는 TV를 보고, 우리 몸을 억지로 쉬게 하기 위해 마약을 더 많이 하고 술을 마시고, **늦어서 미안해요, 집에 있는 게 더 좋거든요**라고 적힌 티셔츠를 입고 내향적 행동을 추앙한다. 우리는 지금 이대로도 괜찮다고 느끼려 애쓴다. 하지만 내가 떨칠 수 없는 생각은 우리에게 더 많은 시간이 주어진다면, 지금 우리가 여가 시간에 —안 그래도 부족한데 뭘 하겠다는 과욕으로 더욱 피로해지는 시간에— 해온 것과는 다른 일을 했으리라는 것이다. 우리의 가장 좋은 자아는, 가장 호기심 많고 창의적이고 온정적인 자아는, 우리가 아는 지금 삶의 표면 바로 아래, 생각보다 가까운 곳에 있다. 우리에겐 그것들을 현실로 데려올 공간과 시간, 휴식이 필요할 따름이다.

▼　▼　▼

이따금 나는 일부러 식료품점 계산대에서 제일 긴 줄을 찾아, 내가 내 조급증에 어떻게 반응하는지 관찰한다. 할 일이 없는 그 짧은 몇 분 동안조차 혼자 생각하며 보내지 못하는 나의 무능함을 관찰한다. 나는 자극에 중독되어 그냥 기다리는 법을 잊었을 뿐더러, 생각이 마음껏 흘러가도록 놔두는 법도 잊었다. 《아무것도 하지 않는 법: 주목 경제에 저항하기*How to Do Nothing:*

Resisting the Attention Economy》의 저자 제니 오델Jenny Odell은 우리의 삶과 여가, 나아가 우리 전체를 채운 생산성, 완벽주의를 전적으로 무시해야 한다고 매우 설득력 있는 주장을 펼친다. 그게 무슨 뜻이냐면, **아무것도 하지 말아야 한다**는 뜻이다 ─ 적어도 자본주의에서 가치 창출로 여겨지는 건 그 무엇이라도 말이다.

오델은 동네 공원의 동식물 이름을 알아가는 것이 얼마나 깊은 즐거움을 주는지 묘사한다. 동식물의 이름을 익힌다는 건, 실제로 그것들에 관심을 기울일 수 있다는 증거다. 우리와 같은 공간을 점유한다는 이유만으로 그것들을 눈여겨보고, 시간을 들여 알아보게 된다는 의미다. 동식물이 중요하고 귀한 건 단순히 **존재하기** 때문이지, 우리를 더 나은 노동자로, 더 바람직한 반려자로 만들거나 경제적 안정을 주기 때문이 아니다.

'아무것도' 하지 않기 위한 온갖 방법들이 있다. 반드시 나 자신을 인터넷에서 격리시키거나 식료품점에서 의식적으로 가장 긴 계산 줄을 선택할 필요는 없다. 타인을 돌보는 것, 예배 드리는 것, 노래하는 것, 대화하는 것, 홀로 생각에 잠기는 것, 이 모든 게 더없이 기쁘고도 굉장히 비생산적일 수 있지만, 우리에게 양분이 되기에 중요하다. 더 설명이 필요할까?

오델은 우리가 우리의 관심을 두고 경쟁하는 모든 것들을 하찮은 것으로 묘사한다고 말한다. SNS의 중독성, 중요한 이메일을 놓치는 것에 대한 두려움, 여가를 어떻게든 금전적/개인적/생산적으로 만들려는 강박을 묘사하려 '짜증스럽다' 혹은 '방해된다' 같은 단어들을 사용한다는 것이다. 하지만 오델은 집중을 방해하는 것들이 우리가 하고 싶은 것들을 막는다고, 그 방해가 축적되어 결국 우리가 살고 싶은 삶을 살지 못하게 한다고 적는다. 그렇게 "가장 생동감 넘치는 최고의 자아는 사용의 논리"라는 무자비한 포장에 깔리게 된다.

번아웃을 해결하려면, 당신의 하루를 채우는 것들이 ─**당신의 인생을 채우는 것들이** ─ 당신이 살고 싶은 인생, 당신이 찾고 싶은 삶의 의미와 결이 다르다는 착각을 지워야 한다. 번아웃 상태가 단순한 일중독 문제가 아니라고 이야기하는 이유다. 번아웃은 자아로부터의, 욕구로부터의 소외다. 당신에게서 일할 능력을 뺏는다면, 당신은 누구인가? 더 발굴해 낼 자아가 남아 있을까? 아무도 당신을 지켜보지 않을 때, 제일 저항이 적은 경로를 선택하지 않아도 될 때, 당신이 뭘 좋아하고 뭘 좋아하지 않는지 알고 있는가? 앞으로 나아가지 않는 방향으로 움직이는 법을 아는가?

자신에게 다시금 전념하고 자신을 아끼는 것은 이기적이지도, 자기중심적이지도 않다. 도리어 이는 가치의 선언이다. 당신이 일을 하고 소비하고 생산해서 가치 있는 게 아니라, **당신이 그저 존재하기 때문에 가치 있다**는 선언이다. 이것이 번아웃을 떨치고 일어나 다시 그 수렁으로 빠지지 않기 위해 기억해야 할 사실이다.

9장

엄마처럼
살기 싫은
엄마들

아이를 낳는 일이 밀레니얼 세대의 번아웃을 특징짓는 모든 요소를 더욱 악화시킨다는 건 누구나 쉽게 알 수 있다. 그러나 출산과 육아로 악화된 번아웃이 실제로 어떤 **느낌**인지 이해하기란 자녀가 없는 사람에겐 어려운 일이다.

펜실베이니아 교외에서 두 아이를 키우는 리사는 말했다. "모든 걸 잘 관리하고 있다고 생각하다가, 문제 하나가 터지면 순식간에 무너지고 맙니다. 아이 신발이 두 사이즈나 작다는 걸 알아차리고 눈물이 터진 적도 있어요. 매일 정신없이 살다 보니 아이를 학대한 형편없는 엄마가 된 거예요. 아이들은 신발이 너무 작다고 엄마에게 말하지 않거든요. 어느 주말은 남편과 하루씩 번갈아 아이를 보기로 합의합니다. 그렇지만 토요일에 남편이 골프를 치러 나갔다가 7시간 후에 돌아오면, 저는 화가 머리끝까지 나버려요. 그다음 날은 제가 자유를 누릴 수 있지만 상관없어요. 특별히 계획한 일도 없고, 애당초 여자들의 취미 중엔 7시간이나 드는 게 없으니 뭘 해야 할지 모르겠거든요."

최근 미국에서 영국으로 이주한 로렌은 이렇게 설명했다. "다른 감정은 느낄 수 없을 만큼 기진맥진한 상태에요. 어떤 날은 아침에 일어나 창밖을 내다보며 울고 싶은 기분에 빠지죠. 하지만 보통은 감정을 **느끼는** 것조차 사치예요. '엄마로 사는 건 원래 그래!'라는 말을 듣거나, 아니면 무슨 전문가가 찾아와서 제가 '우려스러운 표정'을 하고 있는지 살핀 뒤 산후우울증 설문을 하죠. 저는 제가 아이들에게 위협 요소였다고 생각하진 않아요. 그냥 지쳤고, 도움을 받지 못했고, 분노를 한 톨이라도 느낄 때마다 손가락질을 받았던 것, 그게 다예요."

미국 대도시에 사는 에이미는 이렇게 말했다. "육아 번아웃에 빠지면 다시는 누구도 보살피고 싶지 않다는 기분이 듭니다. 다른 이의 자질구레한 일과를 기억해야 하는 게 싫어요. 너무나 사소한 이유로 아이들에게 짜증이 나고, 툭하면 분노가 치밉니다. 거실 한가운데에서 너무 오래 굴러다니는 양말에 대해 필요 이상으로 예민해지고, 이미 일곱 가지 일을 동시에 하고 있는데 한 가지를 더 부탁받으면 버럭 화가 나기도 해요. 남편은 출근을 하고, 일이 바쁘면 시간 맞춰 집에 돌아오기로 한 약속을 잊을 수 있는 특권을 지녔죠. 그에 대해 분개하는 제가 너무 싫습니다. 때로는 '엄마'라는 무거운 이름에 비해 저라는 존재는 너무 작게 느껴져요."

미국 서부의 작은 마을에서 아이를 키우는 제니는 이렇게 설명했다. "저는 사실 '번아웃' 개념이 썩 와 닿지 않아요. 작가 데이비드 포스터 월러스David Foster Wallace가 금붕어와 물에 대해 한 말이랑 비슷하죠. 금붕어가 다른 금붕어에게 묻습니다. '물 속은 좀 어때?' 다른 금붕어가 답하죠. '물이 대체 뭔데?'"

육아는 번아웃에 기름을 붓는다

역사 속 부모들은 자녀 중 누구에게 학업 대신 일을 시킬지, 누구에게 더 많은 음식을 줄지 결정해야 하는 상황에 처했다. 섬뜩하면서도 결코 쉽지 않은 선택들이다. 그러나 적어도 사회적으로 그 선택이 어렵다는 건 인정받았다. 반면 우리 시대 육아의 어려움은 특히 복잡하고 기만적인 형태로, 그 어려움은 너무나 자주 부정되거나 지워지기에 한결 극심해진다. 우리 시대의 육아 문화는 현재 다다르기 불가능한 이상을 강화시키고, 이상에 다다르지 못했을 때 그 실패를 부모 개인의 책임으로 떠넘기며, 특히 동등한 배우자 관계라는 관념에 투자했던 여성들의 분노와 절망을 키운다. 과로의 패러다임이 그러하듯, 오늘날 육아는 피로를 능력과, 적성과, 헌신과 동일시한다. 최고의 부모는 자신이 닳아 없어질 때까지 퍼주기만 하는 부모들이다. 이 희생의 가장 큰 단점은, 그렇게 퍼준다고 해서 아이들의 삶이 실제로 더 나아진다는 확실한 증거가 없다는 거다.

베티 프리댄^{Betty Friedan}이 기념비적인 저작 《여성성의 신화^{The Feminine Mystique}》에서 이 문제를 "이름 없는 문제"라고 칭한 것과 달리, 이 문제에는 이름이 있으며 그 이름은 '육아 번아웃'이다. 육아 번아웃은 좋은 육아의 구성 요소에 대한 달라진 생각, 누구의 노동이 중요한지에 관한 고리타분한 관념, 일터의 경계 밖으로 넘쳐 흐른 일이 낳은 결과다. 무엇보다 전업주부의 수가 점점 줄고 있음에도 여전히 모든 가정에 집을 보살피는 사람이 있다는 전제하에 돌아가는, 현대사회의 산물이다.

육아 번아웃이 어머니에게만 영향을 미치는 건 아니다. 그러나 집에서 가사노동의 대부분을 수행하는 건 여전히 어머니이므로, **가장 많은** 영향을 받는 존재도 어머니다. 한부모 가정의 증가 추세를 감안하면 어머니들의 부담은 더 커진다. 2017년 조사 결과 미국 아동의 약 5분의 1이 어머니만 있는 가정에서 살고 있었다.[1] 여성들은 가정생활에 동반되는 노골적인 종속과 성차별에서 대부분 해방되었다. 하지만 아직 남아 있는 몇 가지 종속과 성차별이 빚어낸, 현대의 이상적인 여성상 이데올로기에서는 그다지 자유롭지 못하다. 오늘날의 어머니는 압박이 심한 직업과 자녀, 반려자와의 관계, 가정 내 공간, 자신의 신체를 비롯한 모든 것을 우아하게 관리하고 유지해야 한다는 기대를 받는다. 어머니의 자유는 언제나 모두를 위해 무엇이든 되어줄 자유다. 그러나 그녀는 자신을 위해서는 자신이 되지 못한다.

어쩌다가 이 지경에 이른 걸까? 우리 부모의 육아를 가만히 들여다보면, 돈이 많이 들고 불안하며 편집증적인 우리 시대 육아법의 초기 버전이 어렴풋이 보일 것이다. 첫째로, 그 어느 때보다도 위험한 세상에 대한 두려움이 있었고, 여기에 아이들 안전에 대한 위협이 더해졌다. 위협은 와해될 수 있었으나 그러려면 경계와 지식이 필요했고, 이는 점차 종합적 감시로 발전했다. 감시 대상은 우리의 자녀였지만, 다른 사람의 육아 관습이기도 했다. 둘째로, 하향 이동에 대한 두려움이 있었다. 가족의 계급 지위가 불안정하다는 두려움, 아래로 미끄러지지 않으려면 (사전적이든 비유적이든) 자원을 자녀들에게 쏟아부어야 한다는 두려움이었다.

번아웃에 빠진 베이비붐 세대 부모들은 그랬다. 그들의 자녀인, 번아웃에 빠진 밀레니얼 세대 부모들도 지금 그렇다. 많은 중산층의 유년을 주도한 육아, 즉 빼곡한 스케줄과 거기에 덧붙여지는 풍요로운 경험들, 출생 전부터 시작되는 대학 계획으로 짜여진 '집중 양육' 트렌드는 한층 강화된 버전으로 돌아왔다. 부르주아 어머니들의 미디어 식단을 채운 인스타그램 계정, 페이스북 육아 스레드, 블로그, 뉴스레터, 팟캐스트, 육아서들이 그 중요성을 더욱 설파하고 있다.

그러나 이것이 유독 어머니들에게 이렇게까지 상황이 악화된 이유를 완전히 설명하진 못한다. 진짜 이유는 물론 가부장제다. 더구나 현재의 가부장제는 평등과 진보라는 기만적 언어로 위장하고 있다. 다수의 역사학자들이 보여주듯 여성들은 이미 오래전부터 머리를 굳게 만드는 가정생활의 일상적 업무들을 싫어했지만, 즐겁고 자기희생적인 어머니에 대한 대중의 생각에 감히 맞서는 일은 드물었다. 1960년대, 70년대에 여성들이 직업을 가지고 일터에 진입하기 시작하자 오랫동안 남성에게만 주어졌던 자유와 선택이 여성들에게도 또렷하게 보이기 시작했다. 모든 여성이 가정 바깥의 삶을 원한 건 아니었지만, 많은 여성은 이를 **선택하고 싶어 했다.**

물론 수백만 명의 가난한 여성, 특히 흑인과 히스패닉계 여성들은 이미 집 밖에서 노동하고 있었다. 그들은 오늘날의 여러 빈민들처럼 비공식적인 일터(다른 사람의 집)나 불안정한 일터(이민자를 부리는 농장)에서 일했다. 그러나 백인 중산층 여성들이 백인 중산층 남성들과 같은 공간에서 일하기 시작하자 많은 남성이 경계심을 느꼈다.

물론 가족들에게 추가 소득은 뜻밖의 선물이었으므로, 경계심뿐 아니라 안정감도 따라왔다. 그러나 유일하게 돈벌이하는 사람의 지위에서 밀려난 남편이 느끼는 수치심을 비롯해, 온갖 연약한 남성성의 발현들이 그 안정감을 상쇄시켰다. 남자들에게 남성성에 대한 자신감을 주려면, 어떻게 하면 되는지 아는가? 실제로는 아무것도 변하지 않을 거라고 확언해 주면 된다. 즉 어떤 여자가 하루 8시간씩 사무실에서 근무하더라도, 그녀는 여전히 여성스럽고 매력적일 테고, 전과 동일한 시간에 저녁을 차려낼 것이며, 아이들은 무언가 달라졌다는 걸 눈곱만큼도 눈치 채지 못할 것이다. 다시 말해 그녀는 여전히 전업주부로 살 것이다. 집 밖에서 풀타임 근무를 하는 동시에 말이다.

앨리 러셀 혹실드Arlie Russel Hoschschild가 1989년에 쓴《두 번째 근무Second Shift》에서, 워킹 맘들이 실은 매일 2교대 근무를 하고 있다는 사실에 빗대어 "두 번째 근무"라는 표현을 사용했다. 그렇게 아내들의 두 번째 근무가 시작되었다. 여자들은 공식적인 일터에서 근무를 마친 뒤, 집에 돌아와 다시 한 번 근무에 들어갔다.

혹실드는 여성이 유급 일자리에 진입하기 시작한 것이 우리 시대의 "기본적 사회 혁명"이었다고 주장한다.[2] 그러나 그녀가 지적하듯, 이 혁명의 페미니즘 요소는 대체로 교착상태에 빠져 있다. 여성들이 집 밖에서 남성과 동등한 양의 일을 부담한다고 해서, 집안에서의 일도 동등하게 분담되지는 않았다. 그 결과 '첫 번째' 근무(어머니가 집 밖에서 하는 일)는 집에서의 두 번째 근무를 지속하기 위해 타협되거나 가치 절하되는 일이 잦았다. 이와 대조적으로 한 가지 근무만 하면 되는 아버지들은 방해받지 않고 커리어를 키워나갈 수 있었다.

물론 이 시기의 아버지들은 자기네 아버지들보다는 가사노동을 더 많이 했다. 1965년에서 2003년 사이, 무급 가정 노동에서 남성이 차지하는 비율은 20퍼센트 미만에서 거의 30퍼센트까지 증가했다.[3] 그러나 2003년 이후 이 비율은 꿈쩍하지 않고 제자리 상태다. 노동통계청에서 시행한 시간 활용 연구에서는 집 밖에서 유급 노동을 하는 여성들이 여전히 양육 책임의 65퍼센트를 부담하고 있다고 밝혔다.[4] 다시 말해 아버지들은 가사 노동의 공평한 분담에 **근접한 적조차** 없다.

▼　▼　▼

오늘날 부모 중 한 사람이 집에 머무는 가정은 점점 줄어들고 있으나, 사회 제도는 이러한 변화에 보조를 맞추지 못했다. 미국에서는 아직도 유급 육아휴가가 필수로 지정되지 않았다. 금전적 부담은 적으면서 지원금이 나오는 보육 서비스는 찾기가 매우 어렵거나 아예 불가능하다. 아이들이 학교에서 보내는 시간은 일 년의 4분의 3, 평일의 3분의 2에 불과하다. 요컨대 사회적으로 강제된 아동의 일과와 연간 일정은 대부분 부모들의 근무 일정과 양립이 불가능하다.

과거에는 이런 상황을 어떻게든 버틸 수 있었다. 밀레니얼 세대가 어렸을 때만 해도 아이들은 학교를 마치고 귀가해서 조부모나 손위 형제와 어울렸고, 이웃집에 놀러가기도 했다. "열쇠 아이latchkey kid"라고 불린 아이들은 목에 집 열쇠를 걸고 학교에 다녀와서, 부모가 퇴근하기 전까지 집에서 몇 시간을 혼자 보냈다. 그런데 이런 아이들을 둘러싸고 문화적 고정관념이 생겨났다. 이렇게 홀로 보내는 시간이 아이의 품성을 해칠 수 있다는 광범위한 비난이 쏟아진 것이다. 혼자 집을 보는 아이들은 불장난을 했다. 외로웠다. TV를 너무 많이 봤다. 청소년범죄로 향하는 길에 오르게 되었다. 이런 이미지와 함께, 아이들을 어른의 감독 없이 집에 혼자 놔두는 부모들에 대한 시선은 갈수록 비판적인 색을 띠게 되었다.

그때보다 워킹 맘이 훨씬 늘어난 지금, 보육의 대안은 턱없이 부족하다. 하지만 아동 감독 기준을 다시 낮추거나 근무시간을 조정하는 대신, 우리는 도리어 **끊임없는** 감독을 필수로 만들었다. 많은 초등학교가 미리 승인받은 성인이 데리러 오지 않으면 아동을 하교시키지 않는다. 심지어 스쿨버스에서 내리지도 못하게 한다. 초등학교 고학년인 자녀를 빈 집으로 귀가시키려면, 미국 각지의 사람들이 입을 모아 내게 말해 주었듯, 아동보호국에 신고당할 위험을 무릅써야 한다.

부모인 당신이 자녀가 혼자 집에 안전하게 있을 능력이 있다고 생각해도 소용없다. 다른 어른이 당신을 신고할 것이다. 킴 브룩스^{Kim Brooks}는 《작은 동물들: 공포의 시대에 부모 되기 *Small Animals: Parenthood in the Age of Fear*》에서 서던캘리포니아대학교 어바인캠퍼스 소속 인지과학자 바버라 W. 사네카^{Barbara W. Sarnecka}의 이야기를 들려준다. 그녀가 3학년짜리 딸을 방과 후에 학교 근처 공원에서 아무도 없이 혼자 놀게 하자 다른 부모가 사네카의 남편에게 이메일을 보냈고, 초등학교 교장은 사네카에게 이메일을 보냈다. 브룩스 본인도 헤드폰을 사러 가게에 급히 들르느라 4살짜리 아이를 차에 5분 동안 혼자 놔두기로 결정한 것이 어떤 여파를 낳았는지 회상한다.[5] 그곳에 있던 누군가가, 만난 적 없고 앞으로도 만날 일 없을 누군가가 핸드폰으로 그녀의 동영상을 찍어서 경찰에 제출했다.

육아의 모든 면이 그러하듯 도시와 교외에 사는 중산층 부모들의 기준이 가장 까다롭다. (백인) 중산층 부모들은 다른 부모들을 감시하는 역할을 하며, 한편으로는 본인이 고발당하는 결과를 피할 가능성은 제일 높다. 브룩스는 버지니아주에서 '청소년 범죄에 조력'한 혐의를 받았을 때 검사와 판사에게 "저는 제 아이들이나 사회에 위협을 가하지 않습니다"라는 메시지를 보여줄, 좋은 옷을 구입할 금전적 여유가 있었다. 그녀는 돈을 써서 훌륭한 변호사를 선임했고, 그는 재판 과정을 가능한 한 매끄럽게 풀어나간 끝에 사회봉사와 부모 교육이라는 양형을 받아냈다. 브룩스는 사회적 질책과 수치심을 감내해야 했지만, 백인 중산층 여성이 아니었을 경우 본인과 자녀들이 겪었을 일에 비하면 그건 약과였다고 회상한다.

교사와 교장, 부모들이 강화시킨 새로운 기준들로 인해, 부모가 일정을 조정해 아이를 방과 후에 데려가고 감독할 수 없을 경우엔 돈을 써서라도 다른 사람에게 아이를 맡겨야 한다는 생각이 퍼져나갔다. 통계가 이 사실을 명확하게 보여준다. 인구통계 데이터에 따르면 1997~2013년에 방과 후 집에서 혼자 시간을 보내는 미국 초등학생의 수는 거의 40퍼센트 감소했다. 1997년에는 5명 중 1명이었다가 2013년에는 9명 중 1명으로 줄었다. 이런 변화는 근무 유연성의 증가(부모들은 더 오래 일해야 하지만, 일정을 조정할 수 있다. 현실적으로는 일을 더 많이 하거나, 일에 집중하지 못하거나, 육아에 집중하지 못한다.)와 연결 지을 수 있다. 2000년에 설립된 애프터스쿨 얼라이언스와 같은 사적/공적 협력사의 자금 지원에 의해 방과 후 프로그램이 늘어났다는 것 역시 또 하나의 이유다.

분명히 말해 두지만, 방과 후 프로그램 자체엔 잘못이 없다. 그 프로그램들은 훌륭하다! 대부분의 저소득층 동네에서는 전액 지원금이 나오기도 한다. 그러나 수백만 미국 가정의 입장에선 방과 후 프로그램에 비용을 지불하는 것이 부담스럽다. 뉴저지의 어느 학구에 사는 부모는 내게 유치원생인 자녀가 유치원에 오전만 다닐지 오후에도 다닐지는 자기 소관이 아니라고 말했다. 종일반에 가려면 한 달에 600달러가 더 들고, 방과 후 돌봄 비용까지 내야 하기 때문이다. 시애틀의 발라드에서는 방과 후 프로그램에 등록하려면 3년 전에 대기를 걸어야 하며, 하루 3시간 반씩 일주일 동안의 돌봄 비용이 500달러 가까이 든다. 캔자스주의 YMCA조차 하루 대략 3시간씩 일주일 동안의 돌봄 비용으로 105달러를 부른다.

다시 말해, 집 밖에서 맞벌이를 하려면 돈이 아주 많이 든다. 한 시민 단체에 따르면 미국 평균 보육비용은 연간 거의 8천 700달러에 달한다고 한다. 미취학 아동의 평균 돌봄 비용이 대략 1만 3천 달러에 달하는 주도 있다. 종합적으로 볼 때 맞벌이 가족의 보육비용은 1985년부터 2012년까지 70퍼센트 상승했다. 한부모 가정의 상황은 더 어렵다. 평균적으로 한부모의 수입 중 36퍼센트가 남에게 자녀 돌봄을 맡기는 데 쓰인다.[6]

물론 가족들은 **어떻게든** 이 상황을 해결한다. 근무 일정을 뒤죽박죽으로 만들어서, 친구들과 가족들에게 의지해서, 임시직으로 일하면서, 저축을 포기하면서, 학자금 대출 상환을 유예하면서 이 문제를 일단락한다. 그러나 모두에게 믿음직스러운 친구나 시간이 많은 가족이 있는 건 아니며, 임시직은 풀타임 근무와 같지 않다. 그래서 일하고 싶은 어머니들에겐 때론 퇴사가 유일한 선택지가 된다.

과거에 여자들에게 주어진 지혜로운 선택지는 아이를 낳고 처음 몇 년 동안은 집에 머무르다가 아이가 학령기에 접어들면 원할 경우 일터로 돌아가는 것이었다. 그러나 당시엔 보육비가 지금보다 훨씬 낮았으므로 경제적인 문제로 반드시 이런 결정을 내려야 하는 경우는 드물었다. 일로 복귀하는 건 그저 많은 (중산층) 여성의 선택이었다.

나 자신을 비롯해 이런 가정에서 자란 많은 밀레니얼은 이 시나리오가 자신의 부모들에게 어떻게 적용되는지 지켜보았다. 2015년에 나와 대화한 수백 명의 밀레니얼 여성은 자녀를 낳고, 공동육아를 하고, 직업을 가지는 것에 대한 생각들을 베이비붐 세대인 어머니를 보고 배웠다고 말했다. 그들은 열심히 일하는 것과 멀티태스킹에 대해 이야기했지만, 또한 자기 어머니의 회한에 대해서도 이야기했다. "엄마가 아이를 낳고선 (예를 들어 대학 진학처럼) 자기 인생에서 하고 싶었던 일들을 여럿 포기했거나, 커리어를 타협했다는 걸 알아요." 와이오밍에서 자란 어느 여자는 내게 이야기했다. "저는 절대 그러지 않겠다고 다짐했죠."

우리들 일부는 엄마가 커리어랄 것을 가지지 못한 채, 이혼 후 생계를 이어나가는 걸 보았다. 일터를 떠난 뒤 잃은 것에 대해 이야기하며 후회를 넌지시 혹은 노골적으로 드러내는 걸 보았다. 월급을 버는 사람이 한 명뿐일 때, 게다가 그 돈이 온갖 구멍으로 빠져나갈 때 생활비를 대기가 얼마나 어려운지 목격했다. 어떤 여자들은 아이를 늦게 낳거나 아예 낳지 않기로 결정했다. 그러나 내가 아는 대부분의 여자들은 단순히 엄마와 다른 결정을 내림으로써 그런 후회를 피하기로 결정했다. 커리어를 지키고 **아이도** 가지기로 한 것이다―그것이 월급 대부분을, 적어도 처음 몇 년 동안은, 보육에 쏟아 부어야 한다는 의미라 하더라도 말이다. 그러면 적어도 **선택지**는 갖게 될 테니까.

▼　▼　▼

부모가 직장에서 보내는 시간은 전보다 늘어났다. 하지만 그런 변화와 더불어 가능한, 수긍할 만한, 감당 가능한 육아 패러다임이 부상하지는 않았다. 이를 전면적으로 다루는 대형 법안이 통과되지도 않았다. 고용주들은 자녀가 있는 직원들에게 맞춘 정책을 내놓지 않았다. 그 와중에 '좋은' 부모(아이를 성공적이고, 행복하며, 현재 계급 지위를 재생산하거나 뛰어넘게끔 키우는 부모)가 되어야 한다는 끝없는 기대는 더욱 치솟았다. 집 밖에서의 더 많은 일이 **집 안**에서의 더 많은 일을 불렀다.

황당하게 들릴 테니 다시 정리해 보자. 일터에서의 기대치가 매우 높아졌고, 계급 지위는 점점 더 불안정해졌으며, 그 지위를 유지하기 위한 빚은 매우 막대하다. 하지만 우리는 아이를 키우는 것에 대해 마음을 편하게 먹기는커녕 기대치가 더 **높이** 치솟도록 놔두고 있다. 육아에 더 많은 선택지가 생겼다는 사실은 우리에게 구역질이 날 정도의 공포를 선사했다.

　베이비붐 세대의 부모들이 겪은 이 감정을 밀레니얼 세대의 부모들은 더 많이, 더 심하게 겪고 있다. 좋은 육아 관련 정보가 어느 때보다도 넘쳐나는 지금, 육아에 실패할 수 있는 방법도 그만큼 더 많아졌다. 아이들을 망칠 수 있는 방법들에 대해 생각이 많아지니, 아이들을 망치고 있다는 두려움도 그만큼 더 늘어났다. 아이들에게 드는 돈이 더 커진 반면, 필수로 지출해야 할 보육비를 제외하면 아이들에게 투자할 수 있는 돈은 도리어 줄었다. 개인의 육아 방식은 남들 눈앞에 까발려져서 전보다 더 면밀히 검사받는다. 고용주들은 표면상으로는 유연해 보이는 제도를 제공하지만 그와 동시에 더 많은 일을 요구한다.

　그리고 모순들이 ─**선택지들이!** ─ 넘쳐난다. 아이들에게 개입하되 **너무** 개입하면 안 된다. 대학 교육에 대한 양가감정이 있더라도, 아이들은 어떤 대가를 치르더라도 대학으로 인도해야 한다. 아이들의 독립심을 키워줘야 하지만 절대 감독 없이 내버려 둬선 안 된다. 여성의 가사노동이 폄하당해도 여성이 힘을 얻었음을 기뻐해야 한다. 아이들의 학교가 '올바른' 학교인지 집착하면서도 다양성의 이점에 대해 열변을 토해야 한다. 자신은 기술과 불건전한 관계를 맺고 있으면서, 아이들에겐 기술과 건전한 관계 맺는 법을 가르쳐야 한다. 그런데, 이들 중 하나라도 제대로 걱정하려면 애초에 시간이 있어야 한다. 엘리자베스 커리드-할켓이 지적하듯 "(그저 어머니가 되어 아이를 돌보는 게 아니라) 뉘앙스와 선택을 지닌 육아에 대해 이야기하는 건, 그럴 만한 여유가 있다는 현실을 내포한다."**7**

현대의 육아는 언제 어디서나 부모의 역량을 의심하게 만든다. 그러나 그 의심이 지금처럼 다방면에서, 이처럼 강한 힘으로 부모를 덮친 적은 없었다. 실제로 이런 육아 기준을 강요하는 존재를 찾기엔 상황이 너무 복잡하게 얽혀 있다. 아무도 좋아하지 않는데 유지되는, 일종의 비공식적 육아 감시 상태는 사람들 사이의 입소문, 수동공격적 페이스북 댓글, **악의 없는** 엄마들 지지 모임의 수다에서 드러난다.

대부분 백인으로 구성된 비공식적 육아 감시는 기준을 만들고 심판하는 기능(현 시대 육아를 채점하고 부적합 여부를 판단하는 기능)을 한다. 견고한 중상류층 부르주아 계급이 주로 감독관이 된다. 유기농 음식을 사거나, 대학 학비를 위해 저축하거나, 끊임없이 아이들을 감독하는 데 사용할 돈이 없다 해도 이는 면책 사유가 될 수 없다. 오늘날 육아의 기준을 거부하는 이유가 무엇이든 상관없다. 오늘날 **고군분투**해 가며 육아의 기준을 따르지 않는 건, 온 사회가 지켜보는 앞에서 일부러 자신이 나쁜 부모라고 선언하는 것과 같다.

언제나 논란거리인 모유 수유를 보자. 모유 수유는 '최고의' 육아법이라고 추앙받는데, 그 이유 하나는 모유 수유가 '공짜'여서다. 이론적으로 의료상의 어려움이 없다면 모든 어머니가 모유 수유를 할 수 있다. 그러나 모유 수유 전문가와 상담하는 건 공짜가 아니다. 유축기, 수유패드, 젖병, 미니 냉장고, 온종일 아이들과 같이 있을 수 없는 어머니들이 현실적으로 오랫동안 모유 수유를 하기 위해 필요한 특수 브라와 상의도 공짜가 아니다. 모유 수유에는 엄청난 시간이 든다. 많은 워킹 맘, 특히 가난한 워킹 맘들에게 그 시간은 누릴 수 없는 호사다. 공공보건 사회학자인 신시아 콜런Cynthia Colen에 의하면 산후에 유급휴가를 사용할 수 있는 이들은 전체 여성 노동자의 12퍼센트, 여성 저임금 노동자의 5퍼센트에 불과하다고 한다. 그러므로 "대부분의 여성들은 모유 수유를 위해 수입을 포기해야 한다."[8]

모유 수유가 끝난 다음에는 아이들에게 건강한 식단을 제공해야 한다는 기대가 뒤따른다. 사회학자 케이틀린 대니얼Caitlin Daniel이 밝혀낸 바로는, 가난한 부모들도 정확히 어떤 유형의 음식이 아이들에게 가장 건강한지 잘 알고 있다. 그러나 아이를 키워 보면 새로운 음식을 맛보이고 아이의 미각 경험을 넓혀주는 과정에서 많은 음식이 쓰레기통에 버려진다. 식비 예산을 푸드스탬프에 의존하는 사람에게 이는 큰 부담이다. 대니얼은 연구에 참여한 어떤 가난한 어머니의 사례를 부각시켜 보여준다. 그녀는 예산 내에서 아이들에게 건강한 음식을 먹이고자 최선을 다했다. 시든 채소를 할인가에 사서는 쌀, 콩, 혹은 파스타와 함께 내주곤 했다. 대니얼은 이렇게 설명한다. "이런 식사는 비교적 돈이 덜 든다. 아이들이 먹어준다면 말이다. 그러나 아이들이 음식을 거부하자 지갑 사정이 허락한 음식조차 재정적 부담으로 돌아왔다. 어머니는 마지못해 가족이 모두 좋아하는 냉동 부리또와 치킨 너겟에 의존하게 되었다."[9]

좋은 육아가 어떤 모습인지 가난한 부모들이 모르는 게 아니다. 다양한 외력으로 인해 그런 육아를 할 수 없을 뿐이다. 백인 중산층의 경우, 좋은 육아법을 따르지 않겠다고 거부하면 사회적으로 배척당할 수 있다. 그러나 흑인이나 히스패닉 부모의 경우, 그 거부가 사회적 낙인을 악화시킬 수 있다. 당신이 속한 인종 전체가 게으르거나 무지하다는 낙인이 찍히는 것이다. 심지어 어떤 경우엔 아동 방치라는 범죄를 저질렀다는 증거로 여겨질 수도 있다. 2014년, 사우스캐롤라이나에서 한 여성이 여름방학을 맞은 9살짜리 딸을 근무시간에 사람들이 많이 찾는 공원에서 혼자 놀게 한 적이 있다.[10] 전에는 그녀가 일하는 공간에서 노트북을 갖고 놀라고 했지만, 노트북을 도둑맞자 딸이 공원에 가겠다고 조른 것이다. 공원에서 한 여자가 아이에게 어머니가 어디 있느냐고 묻자 아이는 일하고 있다고 답했다. 여자는 경찰을 불렀고, 아이의 어머니는 '아동에 대한 불법 행위'로 체포되었으며 아이는 임시로 위탁가정에 맡겨졌다.

이 이야기는 방과 후에 아들에게 놀이터에 가도록 허락한 서던캘리포니아대학교 교수의 이야기와 여러 면에서 똑같다. 그러나 결과는 완전 딴판이었다. 교수는 남편이 받은 수동공격적 이메일과 교장의 전화에만 대처하면 되었다. 반면 사우스캐롤라이나의 여자는 범죄로 기소되었고 아이를 빼앗겼다. 이렇듯 큰 차이가 벌어진 건 오로지 인종과 계급 때문이다. 사우스캐롤라이나의 여자는 흑인이고, 아이가 공원에서 놀던 때 맥도날드에서 일하고 있었다. 교수는 백인이고… 교수다. 표면상으로는 누구나 아이를 직접적으로 위험에 빠뜨리지 않는 한도 내에서 자신의 육아법을 찾아나갈 권리가 있다. 그러나 현재 우리 사회에서는 '어떤 종류의 육아가 **최고인지**'에 관해 중산층 백인이 기준을 세운다. 규칙 자체가 애초에 이길 수 없게 되어 있긴 하지만, 그렇다 해도 중산층 백인이 모두에게(물론 자기 자신도 포함해) 지쳐 나가떨어질 때까지 경기를 뛰라고 강요할 수 있다는 뜻은 아니다.

엄마는 늘 죄인이야

번아웃은 일터에서든 육아에서든, 이상과 가능한 현실 체험 사이의 간극이 버티기 힘들 정도로 벌어졌을 때 찾아온다. 그렇다면 밀레니얼 세대의 공통분모는, 실패가—안정적 직업을 찾지 못한, 저축해서 집을 사지 못한, 눈덩이처럼 불어나는 의료비 부채를 피하지 못한 실패가—자신의 노력 탓이라는 생각을 주입받았다는 점일 것이다. 사회학자 베로니카 티크너Veronica Tichenor는 이렇게 표현했다. "일은 변하지 않았다. 일터는 여전히 모두가 집에 아내를 둔 것처럼 돌아간다. 누구나 아픈 아이를 돌보기 위해 휴가를 내지 않아도 되는 이상적 노동자가 되어야 한다. 이 모든 것의 균형을 맞추느라

한 가정이 고생하고 있다면 그건 개인적 문제다. 모든 가정에 똑같은 문제가 있다면? 그건 사회적 문제다."[11]

그럼에도 우리는 계속 사회 문제를 개인의 문제로 취급하고 있다. 정확히 말하자면, 어머니의 문제로 취급하고 있다. 여성들은 오래전부터 사회적 변화에 수반되는 불안을 중재하고 다독이는 과업을 짊어져 왔다. 우리 시대의 어머니들도 같은 역할을 맡고 있다. 여성들이 전문적 일터로 진입하기 시작하자 그 결과로 불거진 '어머니 없는' 아이들, 지저분한 집, 여성화된 남성 전업주부들에 대한 불안을 어떤 식으로든 잠재워야 했다. 자칫하면 미약한 발전마저 백래시에 의해 무산될 테니까. 그리하여 암묵적 합의가 이루어졌다. 여성들은 오직 **모든 사회적 기대**를 만족시킬 때만 일터에 진입할 수 있었다. 여성은 야심을 가질 수 있었지만, 여전히 상냥해야 했다. 강인할 수 있었지만, 여전히 섹시해야 했다. 근면하되, 여전히 훌륭한 요리사여야 했다. 멀티태스킹을 하되, 여전히 집안을 꼼꼼히 돌봐야 했다. 지도자이되, 여전히 여성스러워야 했다. 워커홀릭이되, 여전히 헌신적인 부모여야 했다. 분명히 말해두건대 이런 기대의 다수가 베이비붐 세대의 어머니에게도 똑같이 적용되었다. 그러나 과거엔 이 모든 자질을 온라인에서 수많은 사람이 볼 수 있도록 포장하라는 기대는 존재하지 않았다.

남성들도 이런 이상을 강화시키는 데 한몫하지만, 여성의 성공과 실패를 판단하는 주심은 다름 아닌 여성들이다. 가부장제에 종속된 여성을 그 이데올로기의 주된 집행자로 만드는 것, 이것이야말로 가부장적 통제의 가장 유해한 요소 중 하나다. 많은 여성이 다양한 역겨움을 표현하며 "경쟁적 순교"라고 부른 표현만 보더라도 이 치열함을 가장 생생하게 엿볼 수 있다. "백인/WASP(White Anglo-Saxon Protestant의 약자를 딴 표현으로 미국 주류 지배계급을 차지하는 앵글로색슨계 백인 신교도 인구 집단을 일컫는다. —옮긴이) 여자들은 순교라는 육아 철학에 중독된 것처럼 보입니다." 시카고에 사는 백인 여성 카일리는 말했다. "별의별 육아용품을 구매해야 한다는 것부터 모유 수유를 하라는 강권에다가 아기 체중에 대한 간섭까지, 엄마들의 죄책감을 자극하는 방법은 끝도 없더군요. 그냥 살아도 될 것을, 우리는 굉장히 빠른 속도로 인생을 최대한 힘들게 만들어 버립니다."

이처럼 인생을 **힘들게** 만드는 기준들을 끊임없이 되새기며 살다 보면, 정신이 망가져 버린다. 그리고 무엇보다도 끝장나게 **피곤**해진다. 처리하지 못한 좌절을 어디에도 풀지 못하고 다른 엄마와의 비교에 쏟아 붓는다면 더 큰 피로감이 몰려온다. "누군가 육아의 좌절감을 표현하면, 다른 엄마들은 적절한 공동체 정신을 보여주거나 문제를 해결해 주는 대신, 비슷한 문제 때문에 훨씬 더 힘들다는 걸 과시하며 '불행 배틀'을 시작합니다." 자신을 북서부 해안에 사는 빈털터리 백인 대학생이라 소개한 로런은 설명했다. "엄마들이 한 사람씩 쉴 수 있게끔 번갈아 플레이데이트를 주최하자고 제안할 수도 있겠지만, 그러면 자신에게 도움이 필요하다는 걸, 자신이 육아에 부적합한 인간이라는 걸 인정하게 되죠. 그러느니 손마디가 하얗게 질릴 때까지 순교의 횃불에 아등바등 매달리는 편이 나아요."

　뉴잉글랜드 교외에 사는 케이티는 자기희생 윤리가 그녀가 "인스타그램 육아"라고 부르는 것과 얽혀 있다고 본다. 인스타 그램 육아란 "인스타그램에 아름다운 물건들, 끝내주는 휴가, 미소 짓는 아이들 사진을 올리면서 사람을 미치고 팔짝 뛰게 만드는 부분은 쏙 빼놓는 것"이다. 실제로 사람을 미치게 만드는 부분에 대해 글을 쓸 때는 "그 부분이 유독 강조되어야 한다." 오늘날 SNS는 친지들이 가족의 소식을 확인하는 주요 수단으로서, 매일 (언제나 밝은 빛 아래에서 아주 귀엽게 찍은) 일상 사진을 기록하는 공간이지만, 특히 화려한 것을 전시하게끔 설계되었다. 여행, 거창한 생일파티, 너무나 사랑스러운 의상, 무척 정다운 가족의 모습까지. 브루클린에 사는 백인 중상류층 어머니인 사샤는 '인스타그램 엄마'를 "가족 일정을 대단히 잘 정리된 달력에 기록하고, 아이들이 몇 시에 자러 갔든 흥분되는 섹스를 하고 싶어 하며, 직장과 집을 분리할 줄 알고, 아이들에게 TV를 보여주거나 저녁으로 시리얼을 주는 일은 절대 없는, 멋지고 차분한 엄마"라고 묘사한다.

　그러나 인스타그램 육아는 바쁨에 대한 숭배 문화가 발현된 우리 시대의 모습에 불과하다. 커뮤니케이션 학자 앤 버넷Ann Burnett은 명절 즈음 가족이 한 해를 어떻게 보냈는지 길게 묘사해 적어 보내는 소위 '명절 편지'를 연구하며 바쁨에 대한 숭배를 추적하고 있다. 편지가 쌓일수록, 작성자(거의 언제나 어머니)가 가족의 삶을 표현하는 방식에 특정 경향이 있다는 사실이 눈에 들어왔다. 가족의 삶은 끝없고, 가득하며, 부산한 **바쁨**의 물결로 표현되었다. 버넷은 차츰 어머니들이 실은 **경쟁**하고 있음을 알아차렸다. "바쁨은 지위를 보여주는 수단입니다." 버넷은 《타임 푸어 *Overwhelmed*》의 저자 브리짓 슐트 ^{Brigid Schulte}에게 말했다. "바쁘다면 당신은 중요한 사람입니다. 충만하고 가치 있는 삶을 살고 있는 겁니다."[12] 다시 말해 이때 바쁨은 아주 특정한 종류의 **계급**이다.

여기서 인스타그램 육아와 엄마의 순교 사이에 공통분모가 발견된다. 이것들은 사실은 죄다 **일**이다. 처음엔 어머니의 삶을 정신없지만 살 만한 것처럼, 언제나 아름답고 수월한 것처럼 표현하면서—"육아는 대단한 모험이야!"—일을 지운다. 그런 다음 일을 **하지 않는** 건 문제이므로, 실제로 자신이 얼마나 많은 일을 하는지 자기 자신, 배우자, 가족과 동료들에게 보여주기 위해 강조한다. 모순이다. 완벽한 육아와 분통 터지는 희생에 더해 그 모순마저 관리하느라 일은 **더욱더** 늘어난다.

그렇게 늘어난 노동은 사람을 기진맥진하게 만들어 저항할 에너지마저 빼앗는다. 터무니없는 상황인 걸 알아도 벗어날 수 없다. 중서부의 도시에서 남편, 아이와 살고 있는 실리아는 말했다. "너무나 많은 요구가 전업주부를 괴롭힙니다. 아이에게 TV를 보여주면 안 된다는 규칙은, 아이와 씨름하지 않고선 식기세척기를 비우거나 머리를 감을 수조차 없다는 뜻이죠. 수면 교육을 하면 아이와의 관계에 되돌릴 수 없는 해를 미치게 된다거나, 아이에게 퓨레를 주면 미각이 발달되지 못한다거나,

파우치에 담긴 시판 이유식을 먹이면 뚱뚱해지니 '아이주도 이유식'을 해야 한다는 것도요. 음식을 잘게 조각내고 있을 시간 따위는 없는데 말이죠." 이 모든 문제들을 명료하게 짚어낼 수 있는 실리아조차 매일 자신이 어떤 식으로든 아이를 망치고 있는 건 아닌지 두려움을 느낀다고 인정한다.

많은 여성이 '좋은' 어머니가 되기 위해 해야 할 일, 지녀야 할 태도, 습관들의 목록을 낱낱이 읊을 수 있다. 그 말이 채 끝나기도 전에 그 모든 걸 할 시간은 없다고, 흉내 낼 시간조차 없다고 인정한다. 그럼에도 시도할 수 있는 여자들은 시도한다. 이것이 밀레니얼의 방식이다. 시스템이 당신에게 불리하게 되어 있으면, 그냥 더 노력한다. 이로써 지난 40년을 통틀어 가장 흥미로운 통계 하나가 설명된다. 직업이 있는 여성들이 1970년대에 전업주부들과 똑같은 시간을 육아에 사용한다는 것이다. 혹실드의 두 번째 근무라는 말은 비유가 아니라 사실이다. 어머니들은 정말로 두 개의 풀타임 직업을 가지고 있다.[13] 두 개의 직업을 가질 시간을 내기 위해 어머니들은 수면을 줄이고, 자기 자신이나 자신의 여가에는 훨씬 적은 시간을 할애한다.

과연 어머니들은 '새로운 가정성'에 더 많은 시간을 쏟고 있다.[14] 새로운 가정의 기준을 제일 잘 엿볼 수 있는 플랫폼은 멤피스 외곽에서 아내와 함께 5살 난 자녀를 키우고 있는 레이철이 "망할 놈의 핀터레스트"라고 부르는 것이다. "아이가 먹어주는 건강한 재료 네 개를 가지고 매일 나비 모양 점심 도시락을 싸야 합니다. 학교에 특별한 의상을 차려입고 가야 하는 날이 있고요. TV 시청을 줄이면서 소근육을 발달시키는 건전한 공예 활동을 해줘야 하고요. 모든 것에 테마가 있어야 하죠." 그녀가 말한다. 오늘날 많은 어머니가 뜨개질 같은 전통적 여가 활동에서 실제로 즐거움을 느낄 경우, 그 활동으로 돈을 벌어야 한다는 압박을 느낀다. 보스턴 교외에 살며 가족이 재정적으로 고생하고 있다고 밝힌 에리카는 핀터레스트에 접속해서 '전업주부들을 위한 완벽히 합법적인 부업 21가지' 같은 글을 끝없이 읽는다고 말한다. "저는 즐거운 취미활동을 하며 쉬는 대신, 뜨개질 사업을 시작해야 하는지 계속 고민 중입니다."

책에서 슐트는 말한다. "시간 연구들에서는 어머니가, 특히 집 밖에서 유급으로 일하는 어머니가 지상에서 가장 시간이 부족한 인간 중 하나라는 사실을 보여준다. 특히 역할 과부하뿐 아니라 사회학자들이 '노동밀도'라고 부르는 것(한 사람이 여러 중요한 역할을 맡고 그 역할마다 여러 일을 수행해야 한다는 것)에도 시달리고 있는 싱글 맘들은 더욱 그렇다."[15] 네덜란드에서 가족 시간 사용을 연구하는 마리엘 클로인Marielle Cloin은 슐트에게 역할 과부하란 어머니들이 "끊임없이 한 역할에서 다음 역할로 전환해야" 하는 것이라고 설명한다.[16] 단 5분 사이에 어머니는 힘든 일을 겪고 있는 친구에게 메시지를 보냈다가, 아이 간식으로 줄 과일을 썰었다가, 인터넷에서 레시피를 확인했다가, 옆방에서 싸우는 아이들을 중재했다가, 배우자의 직장 이야기를 들어줘야 한다.

만에 하나 여가라고 할 만한 시간이 남아 있더라도 그 시간은 아이들과 함께 보내는 데 사용된다. 아이들에 의해 끊임없이 방해받고 있다는 표현이 더 정확할지도 모른다. 여자들은 운동한다, 아이들과 함께. 여자들은 사교생활을 한다, 아이들과 함께. "혼자 보내는 시간이 너무 간절한 나머지 자야 할 시간을 훨씬 넘겨서까지 깨 있곤 해요. 그냥 저 홀로 시간을 보내고 싶어서요." 애틀랜타 외곽에 사는 케이티는 설명했다. "저를 위한 시간을 가지려고 노력하다가 결국 다음 날 더 피곤해지죠." 인도인인 남편과 시어머니와 함께 캘리포니아주 포모나에 사는 중산층 백인 마리는 남편과 샤워 시간을 두고 툭하면 싸운다고 한다. "남편은 제가 30분, 45분씩 화장실에 들어가 있다고 불평합니다. 저는 샤워하고 싶을 때마다 제가 저를 위한 시간을 원한다는 걸, 몸을 가다듬고 휴식하며 생각할 시간이 필요하다는 걸 깨달았어요."

가정 밖에서 일하는 엄마에겐 남는 시간을 아이들과 보내지 않는다는 죄책감이 있다. 전업 사서로 일하는 에이미는 야간 근무와 주말 근무가 잦은 일터로 복귀한 뒤 놀랄 만큼 힘든 시간을 보내고 있다. "저는 제게 아들과 함께 보내는 시간을 최대한 활용해야 한다는 압박을 많이 줍니다. 아들과 함께 보낼 수 있는 시간을 잠깐이라도 저 자신을 위해 쓰면 죄책감을 느껴요." 그녀는 말한다. 육아를 하지 않으면서 보내는 시간은 육아에 대해 **이야기**하면서 보내게 된다. 애틀랜타에 사는 크리스틴은 말한다. "이웃들이나 친구들과 외출해서까지 아이들과 아이들 문제에 대해 얘기하고 싶진 않아요. 아이들 말고도 제 인생이 있고 관심사도 있어요. 저희 엄마는 동네 파티에 가서 제가 무슨 활동을 하는지 논하며 시간을 보내지는 않았을 텐데, 저는 그러고 있더군요. 남편들은 그런 헛소리에서 탈출할 수 있고요."

물론 우리 시대의 아버지들도 육아 현장에 함께하고 참여하라고 기대 받는다. 그러나 그들에게 적용되는 기준은 어머니들보다 훨씬 덜 까다롭다. "저희 남편은 훌륭한 교수/남편/아버지/공동체의 일원으로 평가받기 위해 고군분투하고/탁월한 성과를 내고/끊임없이 발전을 추구하지 않아도 됩니다." 노스캐롤라이나주 시골에 사는 중산층 백인인 브룩이 설명한다. "저도 꼭 그러지 않아도 되는지 모르죠. 하지만 저는 끊임없이 그래야 한다고 느낍니다. 아무리 열심히 해도 충분하지 못하다는 착각이 들거든요."

대조적으로 아빠들은 "내 아빠보다는 많이 하고 있다"는 말로 가장 잘 요약되는 수준에서 참여하는 게 목표다. 그들은 그 목표만으로 '충분함'에 이를 수 있다. 이 목표는 단순히 기저귀 가는 법을 배우는 것에서부터 전업 주부의 역할을 맡는 것까지 넓은 스펙트럼을 아우르며, 평균적으로는 전체 육아 노동의 35퍼센트에 해당된다. 본인들은 이 수치를 인정하고 싶지 않을지도 모른다. 아버지들의 41퍼센트가 자신이 육아 책임을 "동등하게 분담한다"라고 믿는다.[17]

다시 로크먼^{Darcy Lockman}이 《그 모든 분노: 어머니, 아버지, 그리고 평등한 반려관계라는 신화*All The Rage: Mothers, Fathers, and the Myth of Equal Partnership*》에 적었듯 "현대 참여적인 아버지에 대한 보고는 심하게 과장되었다."[18] 아버지로 사는 것의 **문화**는 바뀌었지만 그렇다고 해서 아버지들이—자녀를 낳기 전에 가사를 평등하게 분담해 온 아버지들조차도—집에서 그 문화를 실천하고 있다는 의미는 아니다. 2015년에 가족노동연구소에서 시행한 연구 결과, 직업이 있는 무자녀 밀레니얼 남성 가운데 "남자가 돈을 벌고 여자가 가정을 보살핀다"로 요약되는 전통적 가족 역할을 지지하는 사람은 35퍼센트였다고 한다.[19] 반면 자녀가 있는 밀레니얼 남성들에게 물었을 땐 비율이 **53퍼센트**까지 뛰었다. 스스로 히스패닉, 백인, 네이티브 아메리칸의 혈통이 섞였다고 말하는 앨리사는 이렇게 표현한다. "진보적인 제 남편이, 육아 분담에 관해선 이렇게 보수적일 줄 몰랐죠."

이렇듯 노동이 불평등하게 배분되는 데에는 무수한 설명이 따른다. 남자는 여자보다 멀티태스킹에 능하지 못하다, 남자는 모유 수유를 하지 못하므로 영아기 초기에 여자처럼 돌보는 역할을 맡을 수 없다, 여자는 남자가 일을 완수하는 방식에 대해 비현실적인 기대를 품고 있다 등등. 로크먼은 각각의 관념을 계통적으로 분류하고선, 독자들의 생각을 바로잡는다. 예를 들어 남자들은 멀티태스킹을 못하게 '타고난' 게 아니라 멀티태스킹을 하지 않아도 되도록 **길들여진** 것이다. 반대로 여자들은 멀티태스킹을 하도록 **길들여졌다**. "우리가 성별 차이라고 부르는 모든 건, 다른 관점에서 보면—권력의 관점에서 보면—흔히 설명됩니다." 뇌과학자 리즈 엘리엇[Lise Eliot]이 로크먼에게 들려준 설명이다. "남녀 간 차이가 생래적인 것이라는 추정은 남성들에게 아주 유리했죠."[20]

남자들에게 잘못을 돌리자는 얘기가 아니다. 대부분의 남성들 역시 진정으로 동등한 반려 관계의 모범을 거의 보지 못하고 자랐다. 돌봄의 패턴이 한 번 확립되고 나면 바꾸기가 지극히 어렵다. 허나 자기 몫의 가사노동을 하려고 시도하는—아이를 재우거나 빨래를 돌리는—남자들조차도 가장 부담스러운 '정신적 부담'을 도맡는 경우는 드물다. 프랑스의 만화가 에마가 묘사하듯, 정신적 부담은 '가정 관리 프로젝트 리더'라 할 법한 역할을 맡는 사람(거의 언제나 여자다)에게 지워진다. 관리자는 자기 할 일을 해야 하지만, 그게 다가 아니다. 관리자는 온 가족의 스케줄을 머릿속에 입력해 두어야 한다. 가족의 건강을 지키는 것, 집과 가족 구성원의 용모를 단정하게 유지하는 것, 성생활을 지속하는 것, 아이들과 감정적 유대를 쌓는 것, 나이 든 부모님이 돌봄을 잘 받고 있는지 감독하는 것, 카드 값을 내고 이웃에게 인사를 건네고 수리기사가 오는 시간에 집이 비지 않는지 확인하는 것, 명절 카드를 미리 보내고 휴가를 6개월 전에 계획하는 것, 항공사 마일리지를 만료되기 전에 사용하고 개에게 운동을 시키는 것이 궁극적으로 관리자의 책임이다. 일이 너무 많다. 아무리 많은 일을 마쳐도 책임은 조금도 가벼워지지 않는다.

에마의 만화는 인터넷에서 여러 차례 화제가 되어 퍼져나갔으며, 많은 여성이 내게 에마의 만화를 읽으며 울었다고 고백했다. 그들은 자신이 하는 구체적인 일들이 인정받는 건 물론, 묘사되는 것조차 본 적이 없었기 때문이다. 여자들의 일은 대체로 눈에 잘 보이지 않으며, 가장 노력하는 배우자들조차 그 일을 덜어주기가 무척 어렵다. 플로리다주에서 아이를 키우는 상류층 어머니인 데비는 말한다. "저는 그걸 '부탁하지 그랬어' 현상이라고 부릅니다. 저는 남편을 사랑하고, 그가 정말 좋은 남편이라고 생각하지만, 그는 제가 부탁을 해야만 그나마 뭘 합니다. 제가 콕 집어 설거지를 해달라고 부탁해야만 저녁 후에 설거지를 하고, 그럴 때조차 부엌을 아주 깨끗하게 치우지는 않습니다. 대놓고 무언가 해달라고 부탁할 때에도, 일부러 무능하게 구는 건지 원래 그런 건지 모르겠지만 제대로 해주는 적이 없어요."

《미국에서 남자로 살기_Manhood in America_》의 저자 마이클 키멜_Michael Kimmel_은 로크먼에게 남자들이 평등 노동에서 빠져 나오기 위해 온갖 수를 쓴다고 설명했다. "남자들에게서 종종 이런 말을 듣습니다. '제가 청소기를 돌리지 않는다고 아내가 맨날 잔소리를 해요. 야구 경기를 보고 있으면 아내가 들어와 적어도 청소기는 돌릴 수 있지 않느냐고 말합니다. 그래서 청소기를 돌리고 다시 야구를 보면 아내가 다시 와서 제가 청소기를 제대로 돌리지 않았다고 말해요. 그래서 저는 앞으로 청소기를 돌리지 말아야겠다고 생각하죠.' 저는 그들에게 말합니다. '참 흥미로운 반응이군요! 만일 제가 당신의 직장 상사인데 당신이 제출한 보고서가 만족스럽지 못하다고 말하면, 그때도 **그 일**은 다신 안 하겠다고 답할 건가요?'"

내가 만난 사람들이나 온라인 독자들에게 이 이야기를 들려주자, 한 배우자(어머니)를 상사로, 다른 배우자(아버지)를 직원으로 보는 게 문제라는 대답이 돌아왔다. 사실이다. 이 상황은 한 배우자가 가정에서 동등한 노동을 수행하기를 피하거나 적극적으로 거부하기에 벌어지는 일이다.

"남자들은 차라리 내가 집안일을 하는 게 낫겠다는 생각이 들 정도로 까다롭게 굴어요." 사회학자 리사 웨이드[Lisa Wade]는 설명한다.[21] 너무나 많은 여성이 이러한 불평등에 그저 체념한다. 한 친구는 내게 이렇게 말했다. "엄마로 사는 데에는 공평함 따윈 없어. 시도라도 했다간 미쳐 버릴 거야. 나는 그냥 내가 온전한 인간으로 살기 위해 필요한 것들에 집중하려고 해. 가사 불균형은 참을 수 있는 한 그냥 놔두려고." 많은 여성이 남편이 '그나마 나은 축'에 속한다는 것에 감사한다. 이런 자세에 대해 로크먼은 적는다. "21세기의 가정에서 본래는 용납되지 않아야 마땅한 여성의 종속이 은폐되고 있다. (…) '부탁하면 기꺼이 해준다'라는 건 아내가 또 하나의 일을 더 해야 한다는 뜻이다. 이건 반려 관계가 아니다."

많은 여성이 자기 남편이 다른 남편보다 나으니 불평할 **권리**가 없다고 느낀다. 그로 인해 침묵하는 경향을 로크먼은 사회학의 '상대적 박탈 이론'을 빌려 설명한다. "준거집단의 다른 구성원보다 더 박탈당했다고 느낄 때에만 자신에게 단호하게 저항할 자격이 있다고 느낀다." 당신의 배우자가 최악은 아니다. **진짜로** 최악인 그의 아버지보다, 혹은 친구 남편보다는 집안일을 더 많이 하고 있지 않은가. 워싱턴 D.C.에 사는 중산층 어머니인 새라는 내게 이렇게 표현했다. "저는 남편과 가사노동을 7대 3으로 분담하는 제가 행운아라고 느낍니다(헛소리죠)." 중서부 교외에 사는 질은 힘겹게 투쟁한 끝에 가사노동을 55대 45로 분담했다. "수많은 다툼과 토론을 거쳐 여기까지 왔지만 지금도 완전히 평등하진 않아요. 하지만 제 배우자가 제가 아는 거의 대부분의 사람보다 육아를 더 많이 한다는 걸 아니, 굳이 더 밀어붙이진 않겠어요."

구조적 문제는 돈이 없고, 도움 받을 곳이 없고, 근무 유연성을 누리지 못하는 사람에게 더 **가혹하게** 작용한다. 따라서 현 체제에서는 거지같은 기분이 든다고 목소리를 내는 본인이 배은 망덕하다고 느끼는 여자들이 생긴다. "바로 이 지점에서 저는 스스로를 혐오하게 됩니다." 중서부 교외에 사는 중상류층 여성 새라는 이렇게 설명했다. "저희는 굉장한 특권을 누리고 있죠. 직업도 제법 안정적이고, 연봉은 20만 달러가 넘고, 가계부채는 거의 없어요. 저보다 훨씬 힘든 사람들이 있으니 제겐 번아웃에 대해 불평할 자격이 없다고 느껴요. 저는 허리띠를 졸라매고 있지도 않고, 카드 값을 걱정하지도 않아요. 불평하자니 죄책감이 들어서 분노의 많은 부분을 혼자 속으로 삭힙니다."

그러나 남들만큼 지독한 불평등을 겪고 있지 않다고 해서, 불평등을 실감하지 않는 것은 아니다. 뉴저지에 사는 중산층

르네는 내게 말했다. "번아웃에 대해서, **매일** 지긋지긋한 열패감을 느낀다는 것에 대해서 몇 시간이고 이야기할 수 있어요. 가족이 도와주고 지원해 주는 모든 사람에게 화가 납니다. 남편이 그 어느 때보다도 미워요. 저 혼자 매일의 일과와 가족의 장기 계획을 너무 많이 책임지고 있거든요. 남편과 저 둘 다 풀타임으로 일하지만 저 혼자 부담을 지고 있다고요. 정말 너무, 너무 화가 나요." 특히 배우자가 여가를 즐기고 있을 때 분노에 불이 붙는다. 필라델피아 교외에 사는 새라는 이렇게 설명했다. "저와 배우자 사이의 가장 뚜렷한 문제는, 주말에 제가 앉지 못한 채 보내는 시간과 남편이 앉아서 보내는 시간이 같다는 겁니다. 거기에 남편의 낮잠까지요."

로크먼은 저서에 남성의 '여가 특권'에 대해 풍부한 연구를 인용한다. 예를 들어 유치원에 다닐 연령의 자녀를 둔 워킹 맘은, 밤중에 아이가 깼을 때 같이 깰 가능성이 아버지보다 2.5배 높다. 유아를 키우는 아버지는 주말에 '여가'로 보내는 시간이 어머니보다 **두 배** 길다.[22] 아기가 태어난 지 얼마 안 됐는데도 불구하고 가을에 주말마다 풋볼 경기를 보고 야외 파티까지 참석했던 친구가 생각난다. 그는 아내가 그런 일정을 토요일과 일요일 **이틀 내내** 보내지 못하게 한다고 화를 냈었다. 문제는 아버지가 여가 시간을 누릴 자격의 유무가 아니다. 문제는 어머니의 여가 시간이 거의 없다시피 한데도 많은 아버지가 본인의 여가 시간을 마땅히 누려야 할 **권리**로 간주한다는 것이다.

때로 분노는 점진적으로 축적되다가, 가족을 위한 선택이 실은 남편에게만 이득을 안겨주었다는 걸 깨달으면서 폭발하기도 한다. 미국 남부의 교외에 살며 자신을 퀴어 시스젠더 여성이라고 밝힌 제니퍼는 출산 후 4년 동안 시스젠더 이성애자 남성과 결혼 생활을 했다. 아기를 낳기 전에 그녀는 남편이 좋은 아버지가 될 거라고 생각했다. 다른 남편들처럼, 그 역시 육아를 평등하게 분담하고 싶다는 바람을 명확하게 표현했다. 그러나 첫 아이를 낳은 시점에 그는 의대에 다니는 중이었다. 변호사로 수련한 제니퍼는 결국 상대적으로 근무시간이 적고 유연한 일자리로 옮겨 가사노동의 대다수를 맡았다. 시간이 흐르자 그녀는 근무시간에 맞는 탁아소를 알아보려 애쓰다가 결국 퇴사해야 했다. 그녀는 설명했다. "그게 저희 가족을 위해 올바른 선택처럼 보였어요. 본질적으로 제 법조계 커리어를 버린다는 의미라 해도요."

그러나 포기하는 게 늘어날수록 집에서 할 일도 늘어났다. 특히 둘째를 낳은 뒤엔 더 그랬다. "제가 해야 하는 일에 대한 기대치는 한없이 올라갔고 남편의 기여도는 점점 더 낮아졌습니다. 너무 피곤해서 도울 수 없다고 하더군요." 한밤중에 아이들이 깨면, 남편은 내일 일하려면 밤에 푹 자야 한다며 일어나기를 거부했다.

이 시나리오를 이끄는 논리는 여러모로 좋은 뜻으로 시작되었으며, '전통적'이라는 딱지를 거부하는 미국 전역의 가정에서 재생산된다. 필요에 의해 부모 중 한 사람이 집에 머물며 아이를 돌본다. 다른 사람은 압박이 심하고 근무시간이 긴 일자리에서 버티며 그럴 만한 가치가 있으리라고 희망한다. 제니퍼는 이렇게 설명한다. "배우자의 의견에 따라 그저 참고 버티게 됩니다. 언젠가는 더 쉴 수 있으리라고, 더 편안하고 안정적으로 지낼 수 있으리라고 믿고요. 그 전에 이혼하지 않기를 바라는 거죠."

제니퍼의 남편은 전업주부의 배우자들이 으레 그렇듯 가정의 모든 부분을 돌보는 것을 아내의 '직업'으로 보았다. 그러나 제니퍼가 지적하듯 그 일은 급여가 없고, 하루 24시간 근무에 주말도 없었으며, 휴식도 주어지지 않았다. 제니퍼가 남편에게 도움을 요청하거나 어떤 일을 혼자 해내지 못하면, 집안에는 은연중에 그녀가 열심히 일하지 않는다는 분위기가 감돌았다. 남편이 일하는 동안 낮잠을 잔 게 아닌데? TV를 너무 많이 본 게 아닌가? 제니퍼는 신뢰받지 못하고 가치를 인정받지 못한다는 느낌을 받았으며, 무엇보다도 피곤했다.

"저는 이 역학이 제 결혼 생활에도 적용되는 걸 지켜보았습니다. 저희 집에선 제가 몇 년 동안 경제적 가장이었고, 당장 직업 전망도 제가 더 좋았는데도요." 제니퍼가 말했다. "친구들의 결혼 생활도 같은 방식으로 흘러가는 걸 보았습니다. 그 애들 대부분은 다르게 사는 방법을 몰라서 결혼 생활을 유지하고 있죠." 어쨌든 아무리 화가 나고 피곤해도, 다른 선택지가 없으면 내가 해온 일은 아무 의미가 없다. 남들이 집 안에서든 밖에서든 당신이 하는 일의 가치를 인정하지 않을 때, 당신이 왜 그렇게 화가 나고 피곤한지 이해받기는 더욱 어렵다.

경제적 불안정은 부모들을 **불안정**하게 만든다. 부모들이 그 불안정에 맞서기 위해 하는 일은 그들의 현 계급과 그들이 경험한 불안정의 수준에 따라 달라진다. 예를 들어 이번 주에 아이에게 먹일 음식이 충분히 있는지 걱정하는 것과, 아이를 친구들이 가는 비싼 대입 준비 여름 캠프에 보낼 수 없다고 걱정하는 건 다른 문제다.

현실적으로 두 걱정 모두 번아웃에 바탕을 두고 있으며, 더 깊은 번아웃을 만든다는 지점은 같다. 그러나 가난하게 산다는 건 아주 구체적인 피로를 안긴다. 사회에 의해 낙인찍히는 것도, 도우려는 의도로 만들어졌으나 실제론 수치심을 안기는 복지 프로그램과 씨름하는 것도 모두 피로하다. 한 사회복지사에게서 미국 관료제는 지원이 가장 필요한 이들을 방해하려 일부러 무척 장황하게 만든 것 같다는 말을 들은 적이 있다. 한 번에 여러 결정을 내리고 멀티태스킹을 하는 건, 영양이 풍부한 식사와 안전하고 안정적인 거처를 누리는 사람에게도 어려운 일이다. 이를 누리지 못하는 사람에게는 더욱 어려울 수밖에 없다.

빈곤이 가난한 사람들에게 '인지적 부담'을 가한다는 사실이 여러 연구에 의해 밝혀졌다. 인생의 기본적 요소들을 찾아내고 유지하느라 너무 많은 정신적 에너지를 쏟아 부은 나머지 공부하고, 저축하고, 야학에 등록하고 출석하는 데 사용할 에너지가 바닥난 것이다. 숙제를 할 에너지는 말할 필요도 없다.[23] 제때 공과금을 내는 건 번아웃에 빠진 중산층에게도 어려운데, 컴퓨터도 없고 인지세로 낼 여윳돈도 없는 사람에겐 얼마나 더 어려울지 생각해 보라.

《결핍의 경제학*Scarcity: Why Having So Little Means So Much*》에서 경제학자 센딜 멀레이너선^{Sendhil Mullainathan}과 심리학자 엘다 샤퍼^{Eldar Shafir}는 "결핍이 정신을 어떻게 사로잡는지" 분석했다. 샤퍼는 시티랩^{CityLab}과의 인터뷰에서 이렇게 설명했다. "빈곤층의 경우처럼 여유 공간이 전혀 없는 이들은 저항해야 할 것에 저항하지 못하고, 기억해야 할 것을 잊어버리고, 인내심이 바닥나고, 하교한 아이들에게 쏟을 관심도 줄어들 가능성이 높다." 가난한 부모들은 번아웃에 '도달'하지 않는다. 애당초 번아웃 상태를 떠난 적이 없기 때문이다.

자신이 백인 하류층이라고 밝힌 로레인의 경우, 보육비를 감당할 수 없어 전업주부가 되었다. 월세는 깎았지만 여전히 푸드스탬프와 가족의 지원에 경제적으로 크게 기대고 있다. "딸을 유아 교실에 데려갈 돈은 없어요. 여행도 다니지 못하고요. 기저귀가 충분한지 끊임없이 걱정합니다. 제가 사는 곳엔 걸어서 갈 만한 장소도 별로 없고 대중교통도 불편해요. 차가 없어서 보통은 공원조차 가지 못하죠." 로레인은 말한다. 이 모든 것으로 인해 그녀는 더더욱 심한 번아웃에 빠진다. 특히 그녀가 속한 공동체의 사람들이 딸의 작은 상처와 멍에 대해 말을 얹으며, 그것을 가정 어린이집이나 교회 놀이방에 다닌다는 사실과 연관 지을 때 그렇다. 그녀가 '올바르게' 육아하려고 얼마나 노력하는지는 소용없다. 부족한 엄마라는 비난에서 영영 벗어 나지 못할 테니까.

이스라엘계 유대인으로 정체화하며 교외의 작은 동네에 사는 나나는 가난한 싱글 맘으로서 끊임없는 두려움, 스트레스, 불안과 고립감을 느낀다고 말한다. 그녀는 아들과 더 많은 시간을 보낼 수 있는 커리어를 선택했지만 지금은 생계를 위해 퇴근 후에 가욋일을 더 하고 있다. 그녀는 말한다. "일이 끝이 없어요. 돈은 절대 믿을 수 없죠. 돈이 부족하니 아들 곁에 있어주기가 훨씬 어려워요." 자신이 재정적으로 하류층이라고 밝힌 로런은 북서부 태평양 연안에 사는 풀타임 대학생으로서, 밤에 일하고 낮에 자는 남편과 함께 두 아이를 공동육아하고 있다. 그녀는 자신의 번아웃이 "카드 값을 어떻게 낼지, 허리띠를 어떻게 더 졸라맬지, 이번 달엔 얼마나 적자가 날지 계산하는 것 때문에 스트레스가 더 심해진다"고 말한다.

중산층이 되기 위해 노력하는 상황에서 특수한 도움을 필요로 하는 자녀를 키울 경우엔 모든 게 기하급수적으로 더 어려워진다. 피츠버그 외곽에 사는 백인인 메러디스는 내게 반문했다. "육아 번아웃에 대해 얘기하고 싶다고요? 장애아를 키우는 부모들에게 물어보세요. 우리가 바로 육아 번아웃을 발명한 사람들이니까요."

메러디스는 번아웃을 "공중에 공 100개가 떠 있는데 몇 개는 바닥에 떨어뜨릴 게 확실하지만 그중 뭐가 떨어질지, 그 공이 얼마나 중요한지, 떨어뜨렸을 때의 결과가 어떨지 모르는 채 저글링하는"느낌이라고 설명한다. 그녀는 스케줄에 맞춰 아이의 치료를 하나라도 더 끼워 넣으려 늘 애쓰고 있으나, 한편으로는 여러 의문에서 자유로울 수 없다. "치료가 그만한 가치가 있을까? 우리 아이가 받을 수 있는 치료가 있을까? 치료를 받기 위해 이번엔 누구랑 싸워야 할까?"

백인 퀴어이며 신경다양인 neurodivergent(자폐, 지적장애, ADHD 등 뇌신경의 차이로 인한 각종 장애들에 대한 인식을 개선하고 다양성으로 포용하고자 당사자들이 사용하는 표현 – 옮긴이)이라고 밝힌 셰릴은 장애가 있는 자녀들을 풀타임으로 돌보면서 포기하고 싶은 마음과 계속 싸운다고 말한다. **제대로 해낼** 방법이 없기 때문이다. 그녀는 묻는다. "제대로 아이를 돌본다는 말이 대체 어떤 의미인지도 모르겠어요. 하지만 너무 노력하다 보니, 계속 이렇게 살다간 말 그대로 죽겠다 싶더라고요. 과로나 심장마비로 쓰러질지도 몰라요."

돈은 경제적 상황으로 인해 악화된 번아웃의 증상을 완화시킬 수 있다. 그러나 증상 완화는 완치와 다르다. 라틴계 대학 교수인 스테파니는 번아웃이 자기 결혼 생활을 망쳤다고 탓한다. 안정을 얻은 그녀는 결국 이혼한 뒤 심리치료사를 찾아가, (표현을 빌리자면) '불에 타 재가 되는' 운명을 피할 수 있었다. 그러나 스테파니는 여전히 재정적 불안을 떨치지 못한다. 그녀는 말한다. "노동계급으로 자랐다는 건 언제나 저축에 대해 걱정한다는, 대학을 졸업시킨 이후엔 아이들에게 큰 도움을 줄 수 없으리라는 사실에서 자유롭지 못하다는 뜻이에요. 저는 무척이나 지쳤고, 매일 아침 눈을 뜨자마자 아이 여름 캠프비와 교정 치료 비용을 어떻게 낼지 걱정하죠."

'올바른' 육아의 비뚤어진 정당성

스테파니 같은 중상류층 부모들이 걱정하는 건 기본 비용 문제가 아니다. 그들은 경제적 하향 이동에 대해 걱정한다. 스테파니의 아이들이 여름 캠프에 가지 않거나 교정 치료를 받지 못하면, 중산층 지위를 유지할 가능성이 낮아질까? 바보처럼 들리겠지만 이 두려움은 부모들에게 실존하며, 부모들을 직접 행동하게 만든다. 계급 지위가 추락한다는 건 조부모, 부모, 혹은 자신이 힘겹게 일궈낸 상향 이동이 모두 도루묵이 된다는 의미다. 끔찍이도 미국인답지 못한 결과다. 그것이 너무나 많은 부모들이 하향 이동을 피하기 위해 스스로를 더 깊은 번아웃으로 몰아넣는 이유다.

필라델피아 외곽 교외에 사는 중산층 백인인 케이시의 사례를 보자. 그녀는 변호사, 남편은 간호사다. 아이 넷을 둔 그들은 최근 파산을 선언했다. "돈이 없으면 어떻게 아이들을 여름 캠프에 보내고 특수한 도움을 필요로 하는 아이에게 가정교사를 붙이죠?" 그녀는 묻는다. "돈이 없는데 어떻게 생일파티를 하고 모임에 나가죠?" 그들은 중산층 라이프 스타일을 가까스로 고수하고 있는 수백만 명의 사람들처럼, 빚의 수렁에 깊이 빠져들고 말았다.

교육을 너무 많이 받은 백인 아줌마라고 자신을 소개하는 메러디스는 자신의 번아웃을 분노로 표현한다. "대체로 쉴 틈 없는 직업 생활과 쉴 틈 없는 가정생활의 교차에 대한" 분노, 이웃 사람들의 눈치를 보느라 집을 잘 관리해야 한다는 **불쾌한** 임무에 대한 분노다. "저희는 공동 관리사무소에서 만족하도록 집을 잘 관리해야 합니다. 그리고 아이 친구들이 어떤 활동에 참여하면, 남편은 저희 아이에게도 그 활동을 시키지 않으면 죄책감을 느껴요. 그래서 저는 남편이 그 활동에 대해 더 이상 물어보지 못하게 하려고 그 활동을 시키죠. 하지만 활동 장비를 보관하고 깨끗하게 관리하는 걸 책임지는 사람은 결국 저밖에 없어요." 그녀는 이어 말한다. "저는 #돈많은백인여자들의문제 때문에 번아웃을 느끼는 제가 싫어요. 다른 사람들의 문제에 비하면 너무 하찮잖아요."

메러디스는 경제적 안정을 누리고 있음에도 불구하고, 육아의 모든 결정을 "'아이가 서른 살에 우리 집 지하실에 살고 싶어 할 가능성을 높이는지, 낮추는지'를 잣대로" 내린다고 말한다. 다르게 표현하자면, 어떻게 아이들을 재정적으로 그리고 심리적으로 독립적인 어른으로 키워낼 것인가를 삶의 중심으로 삼는 것이다.

아이다호주 북부의 소도시에 사는 앨릭사의 경우, 동부 해안에서 현재 사는 곳으로 이사한 이후 번아웃이 크게 나아졌다고 한다. 동부 해안에 살 때는 "가장 좋은 것을 가져야 한다는 압박, 아이를 사립학교에 보내야 한다는 압박이 훨씬 컸기" 때문이다. 아이다호에서는 현재 부부가 버는 돈으로도 돌봄 비용을 지출하기에 충분하다. 그녀는 말한다. "지금은 안정을 느낍니다. 하지만 아이들 대학 학비를 위해 저축하는 건 여전히 대단한 스트레스를 주죠."

이런 불안은 흔히 더 많은 활동의 형태로 나타난다. 물론 중산층 밀레니얼의 일부는 빡빡한 스케줄을 소화하며 성장기를 보냈지만, 성인이 된 중산층 밀레니얼들이 빠를 경우 유아기부터 자신의 자녀들에게 배정하고자 하는 스케줄에 비하면 그건 아무것도 아니다.《플레이데이트: 부모, 자녀, 그리고 놀이에 대한 새로운 기대 *The Playdate: Parents, Children, and the New Expectations of Play*》에서 터마라 R. 모스 *Tamara R. Mose*는 플레이데이트와 그 기준이 되는 암묵적 규칙에 관해 뉴욕시 곳곳에 사는 부모들을 인터뷰했다. 플레이데이트를 주로 약속하는 주체가 아이들이 아닌 부모들이라는 그녀의 발견은 놀랍지 않다. 부모들은 이미 스케줄이 빼곡한데도 플레이데이트를 할 시간만은 어떻게든 만들었다. 플레이데이트가 부모의 노동을 덜어주기 때문이 아니라 부모와 아이 둘 다에게 해당되는 사회적 혹은 **계급적** 연결 때문이었다.

놀러 나가는 것에서 플레이데이트로의 전환은 한때 아동의 삶에서 우연한 요소였던 것을 공식적인 것으로 만든다. 아이 주도적이었던 것이 ("에밀리네 가서 놀래.") 부모 주도로 바뀌었고, 아이로 하여금 부모가 지도하는 공예 활동, 간식, 사교 등을 기대하게 한다. 어떤 부모들이 교류하기에 "알맞은" 부모인지 정하는 것 역시 부모의 일이다. 거의 언제나 같은 계급, 같은 교육 수준, 같은 육아 방식의 부모가 약속 상대가 된다. 모스는 이런 식으로 플레이데이트가 엘리트 사회적 계급 재생산의 주요 현장이 된다고, 심지어 뉴욕시처럼 경제적 수준이 다양한 곳에서조차 그러하다고 주장한다.

중산층 부모들은 (본인들은 모를지라도) 지독히 속물적일 수 있다. 다른 가족의 나쁜 육아 습관에 대해 그들이 품은 두려움은 해묵은 계급 불안과 불안정의 다른 버전에 불과하다. 부모가 **올바른** 형태의 가족들과 사귀려는 주 목적은, 자녀가 평생 부르주아 인맥, 습관, 친숙함을 유지하도록 공동체라는 보험을 들기 위함이다. 이 논리에서는 '잘못된' 종류의 가족과 시간을 보내는 건 오염에 노출되는 것과 유사하며, 아이를 하향 이동이라는 병에 감염시킬 수 있다고 위협한다.

경제적 스펙트럼 내에서의 위치에 따라, 부모는 '적절한' 플레이데이트를 잡는 데에─혹은 자기 가족이 적절한 플레이데이트 상대가 아니라는 사실을 감추는 데에─보통보다 많은 에너지를 쏟을지 모른다. 토론토에 사는 백인 어머니인 에이미는 플레이데이트 주최를 **혐오**한다며 그 이유를 들려주었다. 아이들이 싫어서가 아니라, 다른 부모들이 자신의 계급 지위에 대해 알게 되면 어떤 일이 벌어질지 두려워서다. "저희 집은 제대로 된 주택이 아니라 월세 아파트라서 부모들 귀에 무슨 말이

들어갈지 걱정돼요. 아이들에게 뭘 먹여야 음식을 잘 준비한다는 소리를 들을지 스트레스를 받고요. 집이 충분히 깨끗하지 않을까 봐, 이케아 가구들이 기준 미달로 보일까 봐 스트레스 받아요." 그녀는 자기 집에서 플레이데이트를 하게 될 경우 일거리가 느는 걸 감수하고 상대 아이를 데려오고 데려다주는 일을 자청한다. 다른 부모들에게 자신이 어떻게 사는지 들키고 싶지 않아서다.

모스 본인도 해리스와의 인터뷰에서 흑인 어머니로서 아이들을 '올바른 방식으로' 놀게 해야 한다는 압박을 느낀다고 묘사한다. "저는 언제나 괜찮은 흑인 가정의 어머니로 보이고 싶었습니다. 흑인 가족과 흑인 아이들에 대한 온갖 고정관념을 아니까요." 그녀는 말한다. "그래서 항상 집을 깨끗하게 유지했고, 적절한 음식을 차려주려고 했습니다. 여기서 적절하다는 건 패스트푸드 나부랭이가 아니라 유기농이거나 과일과 채소라는 의미죠."[24] 다시 말해, 부르주아 백인 부모들에게 우리 아이가 당신들 아이와 어울릴 가치가 있다고 입증하는 건 일종의 노동이라는 의미다.

해리스는 플레이데이트를 "부유한 부모들이 자녀를 공적 영역에서 빼내어, 초대 손님 목록이 있고 봉사료가 붙는 어딘가에 격리시키는" 일종의 사립학교에 비교한다. 실제로 이는 신흥 부르주아 계급 자녀의 생일파티에 대한 상당히 훌륭한 묘사다. 어릴 적에 나는 롤러스케이트장에서 생일파티를 열었고, 또 다른 생일에는 내가 제일 좋아하는 책을 테마로 파티를 열었다. 엄마는 아직도 이 일을 두고 불평한다. 파티를 진두지휘하고 초대 목록을 작성한 건 나였는데도. 우리 시대의 파티는, 특히 어린 아이를 위한 파티는, 거의 우스울 정도로 투명하게 계급 재생산을 시도한다.

"많은 사람이 생일을 맞은 아이를 위해 파티를 여는 것처럼 보여주려 애쓰지만, 생일파티가 반드시 아이를 위한 건 아니다." 모스는 적는다. 생일파티는 **공황**의 발현이다. 파티는 "공동체 내에서 어머니의 정체성과 역할을 유지할 필요성" 그리고 "경제적 이점과 그에 따른 계급적 이점"을 전시하기 위한 것이다.[25] 표면상으로는 살인을 소재로 하지만 사실은 계급 유지에 대한 드라마인 〈빅 리틀 라이즈Big Little Lies〉에서 레나타 클라인은 남편이 사기로 체포당해 자산이 전부 몰수되리라는 사실을 알게 된다. 아내이자 엄마인 그의 대응은 어린 딸을 위해 호화로운 70년대 테마의 생일파티를 여는 것이다. 그 파티가 누구를 위한 것인지, 어떤 메시지를 전하려 하는 것인지에는 의문의 여지가 없다.

〈빅 리틀 라이즈〉는 멜로드라마로 분류되지만, 플롯은 현실적인 버전의 육아 불안을 중심으로 진행된다. 나는 중상류층 백인 가정에 속하며 최근까지 뉴욕주 웨스트체스터 근처의 도시에 살았다는 여자 줄리와 이야기를 나누어 보았다. 그녀는 전에 살던 곳에선 "모든 사람이 너무 과했다"라고 말한다. 그곳에선 보통 어머니가 아이의 놀이방에 두기 위해 요기보 브랜드의 대형 쿠션 세트를 산다(가격은 개당 100달러다). 그녀는 말한다. "그런 트렌드를 따라가지 않고 소신 있게 살기로 결정했어요. 하지만 물론 저희 아들도 키즈 카페에서 생일파티를 열고 싶어 했죠. 결국 저희는 아이 친구 열한 명을 초대했고, 파티에 총 700달러를 썼어요."

생일파티의 '사교 의식'에 참여하지 않으려 저항을 시도하는 줄리 같은 부모들조차 그 안으로 끌려들어가고 만다. 어쨌든 아이들은 자신이 그냥 생일파티에 가는 줄로만 안다. 그 파티가 거기 연루된 모든 성인이 조용히 스스로를 혐오하게 만드는, 얄팍하게 가린 계급 불안의 표현이라는 걸 모른 채.

▼　▼　▼

육아가 기술과 일만큼 어려워졌는데, 우리는 어째서 손 놓고 있는 걸까? 육아 문제가 여러 사람이 공유하는 사회적 문제가 분명하다면, 우리는 어째서 개인의 실패로 착각하고 사는 걸까? 금전적으로 감당 가능하고 신뢰할 수 있는 보육 서비스를 예로 들어보자. 이런 보육 서비스를 찾으려면 터무니없을 정도로 스트레스를 받는다. 신뢰할 수 있으면 비용이 너무 비싸다. 비용이 저렴하면 신뢰하기 어렵다. 보육의 스트레스로 인해 부모 중 한 사람이 마지못해 사랑하는 일을 그만두는 게 다반사다. 다른 부모는 겨우 생활비만큼을 벌기 위해 원하는 것보다 훨씬 오래 일해야 한다.

저렴하고 보편적으로 접근 가능한 보육 서비스가—어린 아이들뿐 아니라 등교 전, 방과 후 돌봄을 필요로 하는 아이들이 대상인 서비스가—생긴다면 우리에게 많은 변화를 가져다줄 것이다. 이러한 서비스는 부모들, 특히 어머니들의 심각한 짐을 덜어줄 것이다. 국가에선 농부에게 보조금을 주고, 지역 상권 개발을 위해 보조금을 주고, 전력을 다해 공립학교를 지원한다. 그런데 왜 돌봄 서비스에는 그런 일이 일어나지 않는 걸까?

여기에는 서로 얽혀 있는, 대단히 우울한 이유가 두 가지 있다. 남자들이 아직도 가사노동을 노동으로 인정하지 않는다는 것, 남자들이 의회와 기업의 대다수를 지배한다는 것이다. 그들은 우리 시대의 육아를—육아 비용이나 육아에 따르는 번아웃을—위기로 대우하기는커녕 문제로 인정조차 하지 않는다. 자신이 공감하지 못하거나, 공감하기를 거부하기 때문이다. 국회의원이 스스로 보수로 정체화하든 '여성 친화적'이라고 하든, 심지어 **페미니스트**라고 하든 중요하지 않다. 중요한 건 육아의 문제가 의회나 기업의 우선순위가 되지 못했다는 거다.

정경계에 육아 친화적 정책을 옹호하는 여성들이 있긴 있다. 하지만, 그들은 정책을 실행할 만큼 권력 있는 지위에 오르지 못했거나, 그렇다 하더라도 자신의 입지를 도리어 변화가 필요하지 않다는 증거로 삼곤 한다. 야후의 전 CEO인 마리사 마이어Marissa Mayer가 첫째 아이를 낳은 뒤 2주도 지나지 않아 출산 휴가에서 복귀한 일화는 유명하다. 이는 육아의 현실을 수용하지 않는 일터 문화의 증상이자, 그 문화를 회사에 퍼뜨리고 암암리에 강화시키고자 하는 그녀의 의지이기도 하다.

물론 예외도 있다. 파타고니아는 보조금이 나오는 사내 보육 서비스를 마련하는 데 선두에 섰다. 게이츠 파운데이션에서는 모든 직원에게 육아휴직 1년을 쓸 수 있게 했다(최근엔 육아휴직을 6개월로 줄인 대신 보육비로 2만 달러를 지원했다). 그러나 기업 차원에서의 해결책은 아직 부족하다. 앞서 살펴보았듯, 시장이 균열된 상태에서 이런 해결책은 확장되더라도 특정 계급과 계층의 노동자들에게만 혜택을 줄 것이다. 육아로부터의 해방이 중산층의 특권이어선 안 된다. 오로지 중상류층만 구제를 받을 경우, 결국 하층으로 "추락"하는 것에 대한 공포는 그대로 유지될 테니까. 다르게 표현하자면, 보육비는 줄일 수 있겠지만 쉼 없이 계급을 수행하기 위해 생일파티를 열거나 완벽한 육아의 모습을 인스타그램에 업로드하는 건 그만두지 못한다는 뜻이다.

원인은 체제에 있다. 이것이 전체를 아우르는 해결책을 찾아야 하는 이유다. 간단한 사실이다. 육아의 기본적 구조를 바꾸면 육아가 주는 **느낌**도 바뀐다. 이것이 심리학자이자 가족 심리치료사가 쓴 《엄마 번아웃*Mommy Burnout*》이나 역량 증진 전문가 레이철 할리스*Rachel Hollis*가 쓴 《여자들이여 사과를 그만두라*Girl, Stop Apologizing*》 같은 책에 육아 번아웃의 해결책이 들어 있지 않은 이유다. 이런 책들은 피로의 증상을 다루지만 피로의 더 큰 구조적 원인을 다루는 건 피한다. 로크먼이 대단히 설득력 있게 주장하듯, 노동이 지속 가능하고 공정하게 분배되게끔 가족 환경을 꾸리는 주된 방법은, 부모 중 출산을 하지 않는 쪽이 오래 육아휴직을 쓰는 것이다. 혼자서 쓰면 더 좋을 것이다.[26] 휴직을 하지 않았더라면 눈에 보이지 않았을 노동이—무엇보다도, 정신적 짐을 부담하는 노동을 포함해서—휴직을 하는 동안 눈에 들어오게 된다.

하지만 그러려면 정책 변화가 필요하다. 제시카 터너Jessica Turner가 《변두리 시간Fringe Hours》에서 주장하듯 시간을 내어 성경 공부를 하거나 아침에 일기를 쓰는 것만으로, 혹은 잰시 던Jancee Dunn이 《아이를 낳고도 남편을 미워하지 않는 법How Not to Hate Your Husband After Kids》에서 말한 어른답게 싸우는 법을 배우는 것만으로는 육아 번아웃을 치료할 수 없다. 오드리 로드Audre Lorde가 구조적 억압에 대항하는 피로한 전투에서 회복하기 위해 자신에게 공간을 내주어야 한다고 주장하며 고안한 개념인 '자기 보살핌self-care'으로도 변화는 일어나지 않는다. 이 개념은 당시 특권을 지닌 백인 여성들에 의해, 자신들이 (알게 모르게) 영속하게끔 도운 기준과 일정들을 어느 정도 벗어나도 된다는 허가를 받기 위해 멋대로 쓰이기도 했다. 자기 보살핌으로 잠깐 기분이 나아질 수는 있지만, 세상은 여전히 망가진 것처럼 느껴질 것이다.

육아는 결코 걱정이나 비교나 스트레스에서 완전히 해방될 수 없다. 그러나 이것들을 줄일 수는 있다. 그러기 위해 우리가 알아야 할 것은, 진보적인 육아를 꿈꾸는 것만으로는 부족하다는 사실이다. 현재의 가부장적 자본주의는 깊게 믿어온 우리의 이상까지도 파괴했다. 그 자리에 퇴보적인 정반대의 것들을 놓왔다. 극적으로 불공평한 가사노동 분배, 과소평가되기 일쑤인 여성 노동, 양육에 대한 주된 책임을 떠맡고 있지 않은 이들에게 유리하게끔 설계된 일자리들을 놓았다. 일기 쓸 시간을 내거나, 배우자와 노동 분담 문제를 해결하기 위해 심리치료에 가거나, 친구들에게 울분을 토하는 게 기분에 도움이 되지 않는다는 뜻이 아니다. 그러나 이것들이 다른 부모들, 혹은 미래에 부모가 될 당신 아이의 삶을 더 쉽게 만들어 줄 거란 보장은 없다. 내가 번아웃을 줄일 방법에 대해 들은 가장 좋은 조언이 있다. 자신의 번아웃을 줄일 생각만 하지 말고, 당신의 행동이 어떻게 남의 번아웃을 부추기는지 생각해 보라는 말이었다.

이 조언은 이 장을 읽고 있는 남편들에게도 유용하겠지만, 심한 번아웃에 빠져 있는 사람에게도, 아이가 있든 없든 누구에게나 유용할 것이다. 피로와 억울함과 말할 수 없는 분노를 줄이고 싶다면, 가장 비호감인 버전의 자신으로 추락하고 싶지 않다면, 당신은 행동해야 한다. 투표해야 한다. 그리고 **당신**뿐 아니라, 당신과 비슷하게 생겼고 비슷하게 말하고 비슷하게 행동하고 비슷한 가족을 가진 사람들뿐 아니라, **모두**를 위해 삶을 더 낫게 만들 해결책들을 지지해야 한다.

잿더미에 불을 지르시오

방금 읽은 마지막 장에는 하나가 빠져 있다. 빠진 건, 저자인 나 자신이다. 나는 부모가 아니며 인생에 어떤 극적인 변화가 일어나지 않는 한 앞으로도 부모가 되지 않을 것이다. 사람들이 아이를 낳지 않는 데에는 수만 가지 이유가 있다. 임신이 되지 않거나, 아이를 그다지 좋아하지 않거나, 자신이 좋은 부모가 되지 못하리라 생각하거나, 그저 낳고 싶지 않아서다. 내가 아이를 낳지 않는 데에도 여러 이유가 있다. 하지만 그 뿌리로 거슬러 올라가면 궁극적으로는 번아웃과 번아웃이 만들어 낸 문화에 닿는다. 나는 성인기의 지표들을 **미뤄왔다**. 서른한 살이 되어서야 401k에 가입했다. 집을 산 건 서른일곱 살이었는데 그조차 뉴욕을 벗어났기에 가능했다. 아직 결혼을 하지 않았으며 앞으로도 할 계획이 없다. 내가 연인과 장기적인 미래를 그리지 않기 때문이 아니라, 단지 결혼할 필요가 없기 때문이다. 아이를 낳는 것도 문제다. 내가 지금 임신하면 노산으로 취급된다.

하지만 내가 이것들을 전부 미루기로 선택한 걸까? 아니면 사회적 현실로 인해 이것들을 미루는 것 외엔 **아무것도** 하기 어려웠던 걸까? 남들은 대학원 진학이 잘못된 결정이었다고 말하겠지만, 당시엔 누구나 대학원 학위가 안정적 직업으로 연결될 거라고 생각했다. 나는 가능한 한 빠르게 학위를 마쳤지만 서른 전에 졸업하지는 못했다. 대학원에 다니면서 아이를 낳은 사람들도 있지만(**건강보험이 있을 때 낳는 게 좋아! 애가 자는 동안 졸업논문을 쓰면 되잖아!**) 그때 나는 이미 온종일 일하고 있었고, 일을 줄이지 않은 채 아이를 돌본다는 건 기적이 일어나지 않는 이상 불가능해 보였다.

대학원을 졸업한 나는 몇 년 동안 수천 달러뿐인 은행 잔고를 안고 일자리를 찾아 미국 전역을 쏘다녔다. 아기를 낳을 최적의 타이밍은 아니다. 그다음엔 저널리스트가 되어 뉴욕 생활을 시작했다. 개를 키우기에도 빠듯할 만큼 비좁은 아파트에 살면서 매달 월급의 4분의 1을 학자금 대출 상환에 들이부었다. 그즈음 친구들이 하나둘 임산부가 되었다. 친구들은 유모차에 대해 이야기했고(돈이 많이 든다고 했고) 출산 계획에 대해 얘기했다(더 많은 돈이 든다고 했다). 내가 모은 돈으로는 둘 중 하나도 감당하기 어려웠다. 이어서 친구들은 육아 계획에 대해, 부모님에게 지원 받을 계획에 대해 이야기했다. 나는 부모님의 도움을 받을 수 없는 상황이었다. 친구들은 보모를 써야 한다고, 누군가와 보모를 공동으로 쓸 거라고, 내가 10년 동안 번 돈의 두 배가 들어간다고 말했다. 이미 월세와 학자금 대출을 떠안고 있던 내가 그 비용의 일부라도 감당할 수 있었겠는가?

한 친구는 아예 전업주부의 길로 들어섰다. 또 다른 친구는 주 4일 근무를 시작했지만 전과 동일한 양의 일을 소화해야 했다. 직장에는 유축을 할 수 있는 사적인 공간이 없었다. 내 친구들 중 가장 열렬한 페미니스트조차 남편의 가사노동 분담이 동등한 수준에 훨씬 미치지 못하는 것에 대해 체념한 듯했다. 나는 친구들이 매일 얼마나 열심히 일하는지, 피로가 어떻게 쌓여 가는지 지켜보았다. 친구들은 아이들을 너무나 사랑했다. 나도 친구들의 아이들이 좋았다. 나는 아이들을 좋아한다! 아이들이 좋아서 보모로 일하기까지 했다! 친구들은 육아를 해냈다. 나도 해낼 수 있지 않을까?

이 표현에 시사점이 있었다. 친구들에게 육아는 **일**이었다. 더 많은 일, 끝나지 않는 일, 점점 복잡해져가는 일이었다. 예전에도 아이를 키우는 데에는 노동이 필요했다. 아이들은 먹여 살릴 입인 동시에 부모가 해야 할 일의 양을 **늘리기도** 했다. 그러나 우리 시대의 육아 기준에 따르자면 아이들은 **그 자체로** 일이다. 부모들은 집중 양육에 필요한 돈을 벌기 위해 집 밖에서 일해야 하며, 그와 동시에 집중 양육에 실질적인 노동을 투입해야 한다. 내가 읽어야 할 책들, 내가 들어가야 할 모임들, 내가 참석해야 할 바보 같은 음악 수업들, 내가 감당해야 할 학교 선택에 관한 스트레스, 내가 데려왔다가 결국 잡아먹히고 말, 나에 대한 평가들. 일, 일, 일투성이었다.

이게 내가 육아를 선택할 수 없었던 이유다. 나는 이미 나 자신을 혹사시키고 있었다. 너무 많은 일을 하느라 무엇 하나 제대로 할 수 없는 상태로 가까스로 살아가고 있었다. 누군가에게 도움을 받거나 편의를 제공받거나 이해받지 못한 채로 더 많은 일을 떠안는다면, 나는 완전히 와해될 것만 같았다.

어떤 반박이 뒤따를지 안다. 누구나 육아를 최우선으로 두기 마련이며, 막상 닥치면 어떻게든 방법을 찾을 수 있을 거라고. 하지만 내가 속한 업계와 내 전문 분야는 이미 너무나 불안정했다. 온종일 일할 수 있는 능력을 빼앗긴다는 건, 남들과 차별화할 능력을 빼앗기는 거다. 물론 내겐 사랑하는 아기가 생길 것이다. 그다음에는 아마 일이 줄어들거나 일을 아예 못 하게 되겠지.

아이를 낳을지 고민할 때 사람들은 아이를 키울 수 있게끔 계산을 끝냈다고들 말한다. 어떤 항목의 소비를 그만두거나, 가족 구성원 누군가에게 오후 보육을 맡길 수 있으니 괜찮다고 말한다. 여러 망상을 품고, **그렇게까지** 힘들진 않을 거라고 스스로 설득한다. 혹은 힘든 시기가 짧게 지나갈 거라고 믿는다.

나는 계산을 끝낼 수 없었다. 무엇보다도 재정적인 차원에서 그랬지만, 뉴욕을 떠나 재정 상황이 좀 더 안정되었을 때도 그랬다. 너무나 오랫동안 너무나 열심히 일한 끝에 큰 행운이 따랐고, 나는 임시적 안정에 다다랐다. 일자리가, 사생활이, 연애 관계가 안정되었다. 그리고 나는 많이 읽고 많이 관찰했기에 내가 처한 시나리오에서 아이를 낳으면 그 안정이 물거품이 되리라는 걸 안다.

정말 분명하게 말해두고 싶다. 아이들 자체는 사회적 문제가 아니다. 아이들은 **훌륭하다**. 부모들에게 번아웃에 대해 물을 때, 나는 그들에게 크나큰 즐거움을 주는 것이 무엇인지도 반드시 물었고, 돌아온 답변들은 매우 숭고했다. 그러나 현재 우리 사회의 구조로 인해—학교와 일 그리고 젠더가 그 둘과 교차하는 방식으로 인해—아이들은 소형 폭탄이 되어 버렸다. 사실 정확히 말하자면 아이들 자체보다는, 아이들에게 수반되는 기대와 재정적 현실, 노동의 현주소가 폭탄이 되었다.

매일 수많은 사람이 그렇게 자기 인생의 나머지 부분을 파괴할 가치가 있다고 결정한다. 나 역시 10년 전에 다른 종류의 파괴 행위에—막대한 학자금 부채를 떠안는다는 파괴 행위에—그만한 가치가 있다고 생각했다. 오늘날 아이들은 박사 학위보다 훨씬 가치 있게 우리 인생을 부숴놓지만, 아이를 낳겠다는 결정으로 우리를 인도하는 충동들은 달라지지 않았다. 아이를 낳는 건 **옳은** 일처럼, 우리가 내릴 수 있는 최선의 결정처럼, 우리가 후회하지 않을 선택처럼 느껴진다. 재생산하고 싶다는 굶주림은 지식에 대한 굶주림처럼 일시적 기억상실을 만들어 낸다. 가혹한 현실이 당신에겐 그렇게 가혹하지 않거나, 그렇게 현실적이지 않으리라 부인하게끔 만든다.

이 사고방식을 밀레니얼답다고 말할 수도 있을 것이다(**나는**

특별해, 내가 더 열심히 하기만 하면 내겐 상황이 다르게 풀릴 거야). 혹은 미국적이라고 말할 수도 있을 것이다. 혹은 우리 정신이 종족 재생산을 위해 우리를 속인다는 점에서 '생물학적으로 인간답다'고 말할 수도 있을 것이다. 어쨌거나 우리의 몸은 수천 년 동안 비슷한 일을 해왔다. 그렇지 않다면 어떻게 여자들에게 출산을 거듭, 거듭, 거듭 겪으라고 설득할 수 있겠는가? 그러나 현대 문명의 역사는 여성들 또한 남성과 같은 선택을 내릴 수 있다는 사실을 점진적으로 알아가는 역사이기도 하다. 여성들은 우선 그렇게 **많은** 아이를 낳지 않아도 된다는 것을 알게 되었고, 오늘날은 아이를 아예 낳지 않아도 된다는 것을 알아가고 있다.

나는 아이를 낳지 않기로 결정했다. 누군가는 이기적이라고 말할 것이다. 자신을 보호하려는 행위를 두고 누군가는 방종이라 표현하는 것도 이해한다. 그러나 우리 사회가 계속해서 부모들의, 특히 어머니들의 삶을 어렵게 만든다면, 점점 더 많은 밀레니얼들이 나와 같은 결정을 내릴 것이다.

2019년 8월, NPR에서는 '섹스를 덜 하고 아이도 덜 낳는다'라는 제목으로 밀레니얼에 대해 보도했다. 이 보도는 같은 장르의 수많은 보도들처럼 온라인 데이트, 온라인에서 보내는 시간 증가, 젊은 남녀가 커리어를 우선시하는 경향에서 그 이유를 찾는다. 서른 살에 기혼이고 과학 박사 학위가 있는 라슈미 벤카테시Rashmi Venkatesh는 NPR에 그녀가 "완성된 직업 생활과 완성된 가정생활"을 그렸다고 말했다. 그러나 그녀는 출산휴가로 3, 4개월 동안 휴직하는 게 커리어에 어떤 영향을 미칠지, 앞으로 보육 서비스 비용을 어떻게 지출할지 제대로 예측할 수 없었다. 완성된 가족 생활이라는 생각은 "완전히 실패했다."**1**

라슈미나 나와 같은 사람들의 이야기는 점점 더 흔해져 일개 일화가 아니라 통계적 변화를 만들 만큼 축적되었다. 2017~2018년, 단 1년 동안 출생률이 2퍼센트 하락했다. 총 출생아 수는 32년 만에 최저를 기록했다. 아이들을 낳지 않고 **섹스 가뭄**을 버티고 있는 사람들은 밀레니얼이다. 온라인에서 보내는 시간이 늘어나고, 데이트 앱이 등장하고, 커리어에 대해 야망을 품은 것이 섹스와 출산을 감소시킨 직접 원인일진 몰라도, 진짜 원인은 번아웃이다.

우리가 인터넷에서 더 많은 시간을 보내는 것은, 인터넷에 접속하는 게 우리의 일이기 때문이다. 혹은 우리가 너무나 기진맥진해서 여가라 부를 만한 짧은 시간 동안 할 수 있는 일이, SNS를 확인하거나 빠르게 뉴스를 스크롤하는 것뿐이기 때문이다. 우리가 데이트 앱에 빠져드는 이유는 더 나은 데이트 상대를 소개해 줘서가 아니라 데이트 상대를 **최적화**하기 때문이다. 데이트 앱에서 소개해 주는 상대는 일 하나를 마치고 다음 일을 시작하기 전 5분 동안 훑어볼 하나의 항목이 된다. 실제 데이트 숫자가 줄어든 이유는 누군가의 주장처럼 사람들이 온라인 대화를 해석할 줄 몰라서가 아니라, 실제 데이트가―어떤 한 사람이나 여러 사람을 알아가기 위해 상당한 시간을 쏟는 것이―일할 수 있는 시간을 방해하기 때문이다. 온종일 컴퓨터를 들여다보는 긴 일과를 보내고 나면 반려동물과 개인적으로 교감하는 것 외에 다른 누군가와 교류할 에너지는 없기 때문이다. 우리가 섹스를 덜 하는 건 우리가 섹스를 덜 좋아하기 때문이 아니다. 우리가 **피곤하기** 때문이다.

우리가 아이를 늦게 낳거나 낳지 않기로 결정하는 건 우리가 아기보다 커리어를 훨씬 더 사랑하기 때문이 아니다. 우리는 현재 사회에서 우리가 육아와 일을 둘 다 해낼 수 있을지, 그 과정에서 자신을 잃지 않을 수 있을지 확인하려 악전고투한다. 여자들은 이미 이등시민이다. 어머니가 되면 더더욱 이등시민이 된다. 그리고 그 지위가 옳지 않다는 걸 증명하기 위해, 그런 운명을 거부하는 삶을 살기 위해 더 열심히 일해야 한다.

여러 해 동안 미국인들은 번아웃에 스스로를 내맡겼다. 우리 부모 세대는 자녀들이 더 낫고, 더 안정적이고, 번아웃에 덜 빠지는 삶을 살기를 희망하며 번아웃으로 빠져들었다. 그러나 오늘날 우리는 여전히 번아웃으로 향하고 있다. 우리는 더 적은 보수를 받고 더 열심히 일하며, 우리의 피로와 불안을 사회가 아니라 개인의 실패로 돌린다. 그러나 번아웃을 해결하지 않는 데에는 그에 따른 결과가 있다. 그 결과는 물론 개인의 것이지만, 국가 전체에게도 영향을 미친다.

내 멋대로 추측한 결과가 아니다. 2018년에 출생률이 고작 1.42명에 머문 일본을 보자. 인구를 안정적으로 유지하기 위해—증가시키는 게 아니고 단지 **안정**시키기 위해—필요한 출생률은 2.07이다. 그러나 일본의 출생률은 매년 감소하고 있으며 2018년에는 출생률을 기록하기 시작한 1899년 이래 최저를 찍었다.

1995년에 35세에서 39세 사이 일본 여성 가운데 결혼 경험이 없는 비율은 10퍼센트에 불과했다. 반면 2015년에는 **25퍼센트**에 달한다. 멀리서 보면 이유를 알기 쉽다. 일본에서 결혼을 한 뒤에도 직장을 그만두지 않은 여성들은 가사노동과 육아노동의 대부분을 수행하라고 기대받는다. 빨래를 널고, 설거지를 하고, 요리를 하고, 아이들 유치원에서 요구하는 활동 기록, 식사에 대한 일일 기록, 숙제 확인 등등의 서류를 끝없이 채워 넣는 데 몇 시간이 걸린다. 핀터레스트 육아의 일본 버전은 주제를 정해 정교하게 꾸민 점심 도시락이다.

한 정부 데이터 연구에 따르면, 일본 여성 중 주당 근무시간이 49시간 이상인 이들조차 가사노동에 매주 25시간 가까이 할애하고 있다고 한다. 반면 남편들의 평균 가사노동 시간은 여전히 5시간 미만이다. 남자가 가사노동에 더 기여하고 싶다 해도, 기업의 과로 문화로 인해 거의 불가능하다. 일본에서는 모든 분야의 노동자들이 고객과 상사를 접대하라는 기대를 받으며 그 기준 또한 미국보다 훨씬 높다.[2] 여기서 빠져나오는 건, 글쎄, 개인이 선택할 수 있는 문제가 아니다. 이것이 2018년에 사기업에서 일하는 일본 남성 중 단 6퍼센트가 육아휴직을 사용한 이유다. 일하는 아버지들에게 제공되는 1년의 육아휴직 가운데 사용한 휴가의 평균 기간은 닷새에 불과했다.[3] 교토대 사회학 교수인 쿠미코 네모토는 〈뉴욕 타임스〉에 이렇게 말했다. "많은 직장 여성에게 가족을 돌볼 수 있는 남자를 찾기가 아주 어렵다는 사실은 이미 명백합니다."**4**

일본에는 번아웃이 만연하다. 2017년의 통계를 보면 일본 기업 중 4개 중 1개 직원이 한 달에 80시간씩 근무하고 있었으며 이에 대한 수당을 받지 못하는 일도 흔했다.**5** 노동자들은 1년에 연차 20일을 사용할 수 있지만, 단 하루도 사용하지 않는 이가 35퍼센트에 달한다. 일본어에는 과로에 의한 죽음을 뜻하는 단어마저 있다. **과로사**는 일본이 세계를 정복하러 나섰던 1980년대에 널리 사용되었다. 그러나 당시엔 과로가 평생의 안정을 의미하기도 했다. 직장에 헌신하면 직장도 직원에게 헌신했고, 직원의 가족을 장기적으로 보살폈다. 지금은 그렇지 않은데도 일하는 시간과 기업의 압박은 줄지 않았다.

최근 몇 년 동안 일본 정부는 이 상황을 국가 전체의 미래를 위협하는 출생 그리고 노동 위기로 규정하고 더 이상의 출혈을 막고자 노력을 기울였다. 출산과 결혼을 장려하는 캠페인을 벌였고, 매달 마지막 금요일에는 급여 삭감 없이 모든 직원을 오후 3시에 퇴근시키는 '프리미엄 금요일'을 운영하도록 규제했으며, 무급 초과근무를 억제하려 시도했다.**6** 2019년 1월, 일본 환경부 장관은 아버지가 되었기에 휴가를 낼 계획이란 소식으로 헤드라인을 장식했다. 그는 3달에 걸쳐 2주라는 긴 시간을 휴가에 썼다. 그러나 많은 일본인은 여전히 그 무엇도 실질적 변화를 일으키지 못할 것이라는 회의감에 빠져 있다. 일본의 워킹 맘들은 이제 밤 10시까지 일하지 않아도 되지만, 남편들은 여전히 초과근무를 해야 한다. 늦게까지 일하는 여성들은 남성 동료들과 같은 방식으로 직장에 헌신하고 있음을 증명하지 못하기 때문에 승진이나 직장 내 다른 기회에서 밀린다.

일본은 위기가 닥칠 때까지 기다렸다가, 그때서야 행동에 나섰다. 그러나 일본이 취한 행동들은 번아웃 문화와 그에 수반되는 젠더 불균형 둘 다를 아우르는 해결책이 되지 못한다. 일본 여성들은 스스로를 혹사시켜서 앞서 나가거나, 스스로를 혹사시키는 **동시에** 매 순간 커리어를 방해받으면서 가족을 위해 수많은 일을 도맡아야 한다. 그들이 '결혼하지 않기로' 선택했다는 건 놀랄 일이 아니다. 그들은 결혼하지 않기로, 어머니가 되지 않기로, 여성이 결혼이나 출산을 필요로 한다는 생각을 믿지 않기로 했다.

사람들은 말한다. '**일본은 특수하다. 미국에선 그런 일이 벌어지지 않을 것이다.**' 그러나 일본의 죄책감과 모순들은 딱히 특수하지 않다. 일본에서 일어난 일은 특수하기는커녕 우리의 반면교사가 된다. 일본의 현실은 사회가 번아웃을 무시하고, 부추기고, 요구하고, 어떤 식으로든 기준으로 만들 때 사회가 스스로 타협하게 된다는 명백한 신호다. 그 결과인 불균형이 즉각 눈에 보이진 않을지 모른다. 그러나 시간이 흐르면, 가장 소중한 국가적 이데올로기의 근간에 ─ 열심히 일하면 보상받고, 가장 훌륭한 사람들이 성공하고, 교육이 무엇보다 중요하고, **어떻게든 살아갈 수 있다**는 믿음에 ─ 금이 갈 테고 그 금은 점점 커져서 통제 불능이 될 것이다. 미국에서 우리는 이 금을 더 많은 일로

급하게 메꿔보려 시도했다. **더 많은** 이메일, 아이들과의 **더 많은** 활동, **더 많은** SNS로. 우리는 기진맥진해도 계속 앞으로 나아간다. 그러지 않으면 어떤 일이 일어날지 모르니까.

그러나 천천히 무언가 달라지기 시작했다. 어쩌면 당신은 실패했을지 모른다. 실패하지 않았을지도 모른다. 어쩌면 당신은 '인생 꿀팁' 블로그 포스트를 읽는 게 지긋지긋해져서 창밖으로 핸드폰을 내던지고 싶을지 모른다. 어쩌면 당신은 휴가를 가서 아무것도 느끼지 못했을지 모른다. 어쩌면 당신은 운전하다가 신호에 걸리면 아무 이유 없이 인스타그램을 확인한다는 사실을 깨달았을지 모른다. 어쩌면 이 책을 읽고 있는 지금도 그럴지 모른다. 당신 자신의 인생에서 일어난 변화가 어떤 모습이든, 깨달음은 달라지지 않는다. **이렇게 살 필요는 없다.**

이 말은 대단한 해방감을 준다. 세상은 원래 이렇다고 배웠지만, 사실은 이럴 필요가 없다는 생각. 우리가 지금 현실에 순응하고 산다고 해서 그게 옳다는 뜻은 아니다. 이것은 진실이며, 사람들이 그 진실을 힘겹게 버티며 살아가고 있다고 해서 그 진실성이 줄어들지는 않는다. 우리는 일에서 성공하는 것과 개인으로서 잘 사는 것 사이에서 선택해야 할 필요가 없어야 한다. 우리는 우리 몸이 **이제 쉬어야 한다**고 가능한 한 모든 방법으로 알려줄 때, 몸이 시키는 대로 쉬면서 좋아지는 기분을 느껴야 한다. 육아는 경쟁이어선 안 된다. 여가는 이렇게 부족하지 않아야 한다. 가사노동은 이만큼이나 불평등해선 안 된다. 그 근처에라도 가선 안 된다. 우리는 **모든 것**에 대해 이렇게 걱정하고, 겁먹고, 불안해하지 않아야 한다.

우리가 죽거나 지구가 멸망할 때까지 일에 몰두하지 않으면 어떻게 될까? 혹은 의미 있는 일을 하니 쥐꼬리만 한 월급을 주겠다는 제안을 거절하면 어떨까? 일이 우리 삶의 모든 구석까지 스며들게 놔두지 않겠노라 거부하면 어떨까? 주식 시장이 경제적 건강의 지표가 되어서는 안 된다. 부자는 이렇게까지 부자여선 안 되고 빈곤층은 이렇게까지 가난해선 안 된다. 그리고 우리가 누구이며 무엇을 지지하는지에 관한 해묵은 망가진 믿음을 내세워, 용서할 수 없는 현실들을 용서해선 안 된다―그런 믿음들이 이미 권력을 손에 쥔 이들이 이득을 얻는 데 쓰일 때엔 더더욱.

우리에게 문자 그대로의 아나키즘이 필요한 건 아니지만, 우리가 무너지기 직전에 이르렀다는 건 반드시 인정해야 한다. 실질적 변화를 받아들일 준비가 되었다는 것도 인정해야 한다. 붕괴하려는 경향이나 변화하려는 경향이나 결과적으로는 손쉽게 착취될 수 있다. 번아웃과 그에 수반되는 절망, 존재의 위기, 백인 국가주의, 온라인상의 매서운 여성혐오, 신파주의는 서로 뒤섞여 있어 깔끔하게 나눌 수 없다. 밀레니얼들은 자신이 느끼는 감정적, 재정적 불안의 진짜 이유를 알아보는 대신 다른 곳으로 눈을 돌리고 남들을, 어머니들과 이민자들과 우리와 다른 사람을 탓한다. 우리보다 겁먹은 사람들을 탓한다. 지금까지 그래왔고 앞으로도 그럴 것이다. 절망은 사람들을 언뜻 그럴듯해 보이고 일종의 위안을 약속하는 결정으로 내몬다. 이를 용서할 수는 없지만, 설명은 할 수 있다.

번아웃은 우리 시대의 자본주의를 뒤덮고 있다. 번아웃은 모든 상호작용을 굴절시키고 감염시키며 모든 결정에 들러붙는다. 번아웃은 우리를 멍청하고 납작하게 만든다. 우리는 번아웃에 너무나 익숙해진 나머지 번아웃을 겁내는 법조차 잊는다. 우리는 이제야 번아웃의 장기적 영향을 확인하고 심각하게 대하고 있다. 바로 지금이 행동해야 할 시간이라는 뜻이다.

여러분을 위해 구체적인 행동 목록을 준비하진 못했다. 나는 번지르르한 말을 하기보다 행동으로 모범을 보이려 최선을 다하고 있다. 내가 경제에 대해, 핸드폰 중독에 대해, 육아의 피로에 대해 지금껏 읽은 모든 책은 마지막에 **해법**을 제시했다. 어떤 책들은 편리하게도 체크리스트와 매일의 일상을 바꿔줄 수 있는 실천 팁을 제안했다. 세세하고 광범위한 정책을 해법으로 제시한 책도 있었다. 이 모든 말들은 설득력 있었고, 흥미로웠으며, 아무런 도움이 되지 않았다. 결국은 나와 세상을 또 한 번 실망시킬 뿐이었다.

그것이 버즈피드 기고문으로 시작하여 지금 여러분이 읽고 있는 책으로 발전한 이 프로젝트에서, 내가 독자들에게 무엇을 하라고 일러줄 생각이 전혀 없는 까닭이다. 당신을 망가뜨린 게 우리 사회일 때, 나는 당신을 고치지 못한다. 그 대신 나는 당신 자신과 당신 주변의 세상을 명료하게 볼 수 있는 렌즈를 제공하려 했다. 그러니 당신의 인생을 살펴보라. 일에 대한 생각을, 아이들과의 관계를, 당신의 두려움과 핸드폰과 이메일 계정을 살펴보라. 당신의 피로를 직시하고 그 피로를 덜어줄 앱이나 자기계발서나 밀키트 따위는 없다는 사실을 기억해라. 피로는 오늘날 세상에서 밀레니얼로 살아가는 것의 증상이며, 인종·계급·직업·부채·이민자 지위에 따라 더 악화될 수도 있다. 그러나 당신에겐 이 증상을 바꿀 힘이 있다. 자신을 적절히 고쳐 증상을 이기거나, 더 열심히 일해서 더 빠르게 쫓아버리는 건 불가능하다. 당신과 비슷한—완전히 똑같지는 않더라도—감정을 느끼는 너무나 많은 사람과 유대감을 나누고 연대할 수 있기 때문이다.

그러니, 우리가 할 수 있는 건 이것이다. 우리는 힘을 합하여 지금 이 상태에 저항할 수 있다. 우리는 폭넓은 사회적 실패에 대해 스스로를 탓하지 않겠다고 결정할 수 있다. 또한 애초에 보잘것없는 우리의 입지를 잃을 수도 있다는 두려움이, 우리가 가진 특권들을 과하게 보호한다는 것도 이해할 수 있다. 우리가 자기 자신을 위해서만 노력해 봤자, 그 노력은 변화를 만들기에 충분하지 않다. 우리는 **모두를 위해** 상황을 개선시켜야 한다. 이것이 실질적인 변화가 공적 영역에서 일어나야 하는 이유다. 우리는 지치지 않고 변화를 주장할 정치인들에게 **집단으로** 투표해야 한다.

해낼 수 있는 일의 양을 사람의 가치를 평가하는 잣대로 삼을 필요 없다. 우리의 부모나 조부모가 우리보다 쉽게 많은 걸 얻었다고 분노할 필요 없다. 인종차별이나 성차별이 영원히 건재할 거라는 생각에 굴복할 필요 없다. 우리는 우리가 단순히

존재만으로 가치 있다는 근사하고 급진적인 이해에 도달할 수 있다. 그리하여 우리는 훨씬 덜 외롭고, 훨씬 덜 피로하고, 훨씬 **더 생생하게** 살 수 있다. 그러나 그 목적지에 도달하는 방법이 더 많이 일하는 게 아니라는 사실을 깨달으려면 많은 노력이 필요하다.

밀레니얼들은 폄하당했고 오해받았으며 애초에 실패하게끔 설계된 상황에서 애를 쓴다고 비난받았다. 그러나 우리가 이만큼이나 우리 자신을 혹사시킬 인내심과 적성과 자원이 있다면, 우리에겐 분명 싸울 힘도 있을 것이다. 지금 우리는 연기를 피우고 있는 잿더미다. 지금 우리의 모습은, 최고의 자아가 훗날에 추억할 나쁜 기억일 뿐이다. 밀레니얼들을 과소평가하고자 한다면, 마음 단단히 먹어라. 우리는 잃을 게 별로 없는 사람들이니까.

작가의 말 | 우리에겐 기회가 없다

1. Annie Lowrey, "Millennials Don't Stand a Chance", *Atlantic*, 2020년 4월 13일.

머리말

1. H. J. Freudenberger, "Staff Burn-Out," *Journal of Social Issues* 30, no. 1 (1974): 159 – 65.
2. 같은 책.
3. "Burn-out an "occupational phenomenon": "International Classification of Diseases." 국제보건기구, 2019년 5월 28일.
4. Richard Fry, "Millennials Projected to Overtake Baby Boomers as America's Largest Generation," Pew Research Center, 2018년 3월 1일.
5. Erik Klinenberg, *Palaces for the People: How Social Infrastructure Can Help Fight Inequality, Polarization, and the Decline of Civic Life* (New York: Crown, 2018), 10. (국내에는 《도시는 어떻게 삶을 바꾸는가》로 번역, 2019년 출간)
6. Kristen Bialik and Richard Fry, "Millennial Life: How Young Adulthood Today Compares with Prior Generations," Pew Research Center, 2019년 2월 14일.
7. Tiana Clark, "This Is What Black Burnout Feels Like," BuzzFeed News, 2019년 1월 11일.

8. Tressie McMillan Cottom, "Nearly Six Decades After the Civil Rights Movement, Why Do Black Workers Still Have to Hustle to Get Ahead?" Time, 2020년 2월 20일.

9. Judith Scott-Clayton, "What Accounts for Gaps in Student Loan Default, and What Happens After," Brookings Institute, 2018년 6월 21일.

1장 | 베이비부머의 번아웃

1. Hunter Schwartz, "Old Economy Steve Is a New Meme That Will Enrage Millennials Everywhere," BuzzFeed, 2013년 5월 25일.

2. Taylor Lorenz, "'OK Boomer' Marks the End of Friendly Generational Relations," New York Times, 2020년 1월 15일.

3. Tom Wolfe, "The 'Me' Decade and the Third Great Awakening," New York Magazine, 1976년 8월 23일.

4. Marc Levinson, An Extraordinary Time: The End of the Postwar Boom and the Return of the Ordinary Economy (New York: Basic Books, 2016년), 5.

5. Elliot Blair Smith and Phil Kuntz, "CEO Pay 1,795-to-1 Multiple of Wages Skirts U.S. Law," Bloomberg Businessweek, 2013년 4월 29일.

6. Louis Hyman, Temp: How American Work, American Business, and the American Dream Became Temporary (New York: Viking, 2018), 4.

7. Jacob S. Hacker, The Great Risk Shift: The New Economic Insecurity and the Decline of the American Dream (New York: Oxford University Press, 2019), xiii.

8. Robert Putnam, Our Kids: The American Dream in Crisis (New York: Simon & Schuster, 2015), 1. (국내에는《우리 아이들》로 번역, 2017년 출간)

9. Levinson, An Extraordinary Time.

10. Barbara Ehrenreich, Fear of Falling: The Inner Life of the Middle Class (New York: Pantheon, 1989), 68-69에서 재인용.

11. Midge Decter, Liberal Parents, Radical Children (New York: Coward, McCann & Geohegan, 1975).

12. Ehrenreich, Fear of Falling.

13. 같은 책.

14. Hacker, The Great Risk Shift, 40.

15. 같은 책, 27.

16. Joseph C. Sternberg, The Theft of a Decade: How Baby Boomers Stole the

Millennials' Economic Future (New York: Public Affairs, 2019), 72.

17. "Workplace Flexibility 2010: A Timeline of the Evolution of Retirement in the United States," Georgetown University Law Center; "Employee Benefits Survey," 미국 노동통계청.

18. Michael Hiltzik, "Two Rival Experts Agree — 401(k) Plans Haven't Helped You Save Enough for Retirement," Los Angeles Times, 2019년 11월 5일.

19. Maurice A. St. Pierre, "Reaganomics and Its Implications for African-American Family Life," Journal of Black Studies 21, no. 3 (1991): 325 – 40.

20. Ehrenreich, Fear of Falling, 3.

21. Matthias Doepke and Fabrizio Zilibotti, Love, Money, and Parenting: How Economics Explains the Way We Raise Our Kids (Princeton, NJ: Princeton University Press, 2019), 70. (국내에는《기울어진 교육》으로 번역, 2020년 출간)

22. Ehrenreich, Fear of Falling, 10.

23. Katherine S. Newman, Falling from Grace: The Experience of Downward Mobility in the American Middle Class (New York: Free Press, 1988).

24. Ehrenreich, Fear of Falling, 210.

25. Dylan Gottlieb, "Yuppies: Young Urban Professionals and the Making of Postindustrial New York" (Unpublished PhD dissertation, Princeton University, May 2020).

2장 | 가난부터 배우는 아이들

1. Hanna Rosin, "The Overprotected Kid," Atlantic, 2014년 4월호.

2. Sharon Hays, The Cultural Contradictions of Motherhood (New Haven: Yale University Press, 1996).

3. Doepke and Zilibotti, Love, Money, Parenting, 14.

4. Newman, Falling from Grace, 229.

5. 같은 책, 202.

3장 | 그래도 대학은 나와야지

1. Alexandra Robbins, The Overachievers: The Secret Lives of Driven Kids (New

York: Hyperion, 2006).

2. "Percentage of the U.S. Population Who Have Completed Four Years of College or More from 1940 to 2018, by Gender," Statista.com

3. "Educational Attainment in the United States: 2018," 미국 인구조사국, 2019 년 2월 21일.

4. Ellen Ruppel Shell, "College May Not Be Worth It Anymore," New York Times, 2018년 5월 16일.

5. W. Norton Grubb and Marvin Lazerson, *The Education Gospel: The Economic Power of Schooling* (Cambridge, MA: Harvard University Press, 2004).

6. Malcolm Harris, *Kids These Days: Human Capital and the Making of Millennials* (New York: Little, Brown and Company, 2017). (국내에는 《밀레니얼 선언》으로 번역, 2019년 출간)

7. 같은 책.

4장 | 좋아하는 모든 게 일이 되는 기적

1. Amanda Mull, "America's Job Listings Have Gone Off the Deep End," Atlantic, 2019년 6월 13일.

2. 같은 책.

3. Miya Tokumitsu, *Do What You Love: And Others Lies About Success and Happiness* (New York: Regan Arts, 2015), 7. (국내에는 《열정 절벽》으로 번역, 2016년 출간)

4. Sara Robinson, "Why We Have to Go Back to a 40-Hour Work Week to Keep Our Sanity," Alternet, 2012년 3월 13일.

5. Tokumitsu, *Do What You Love*, 7.

6. 같은 책, 113.

7. "Great Recession, Great Recovery? Trends from the Current Population Survey," 미국 노동통계청, 2018년 4월.

8. Christopher Kurz, Geng Li, and Daniel J. Vine, "Are Millennials Different?" *Finance and Economics Discussion Series*, 2018년.

9. Tokumitsu, *Do What You Love*, 88.

10. J. Stuart Bunderson and Jeffery A. Thompson, "The Call of the Wild: Zookeepers, Callings, and the Double-Edged Sword of Deeply Meaningful Work," *Administrative Science Quarterly* 54, no. 1 (2009): 32–57.

11. Ellen Ruppell Shell, *The Job: Work and Its Future in a Time of Radical Change* (New York: Currency, 2018). (국내에는 《일자리의 미래》로 번역, 2019년 출간)

5장 | 일터는 어쩌다 시궁창이 되었나

1. Guy Standing, The Precariat: The New Dangerous Class (New York: Bloomsbury Academic, 2014), 7.
2. 같은 책.
3. 같은 책, 23.
4. Hyman, *Temp*, 7.
5. David Weil, *The Fissured Workplace: Why Work Became So Bad for So Many and What Can Be Done to Improve It* (Cambridge, MA: Harvard University Press, 2014), 50. (국내에는 《균열 일터》로 번역, 2015년 출간)
6. 같은 책, 46.
7. 같은 책.
8. Laurel Wamsley, "Denver Post Calls Out Its 'Vulture' Hedge Fund Owners in Searing Editorial," *NPR*, 2018년 4월 9일.
9. Tara Lachapelle, "Lessons Learned from the Downfall of Toys "R" Us," *Bloomberg Business*, 2018년 3월 9일.
10. Matt Stoller, "Why Private Equity Should Not Exist," *BIG*, 2019년 7월 30일.
11. Abha Bhattarai, "Private Equity's Role in Retail Has Killed 1.3 Million Jobs, Study Says," *Washington Post*, 2019년 7월 24일.
12. Sarah Todd, "The Short but Destructive History of Mass Layoffs," *Quartz*, 2019년 7월 12일.
13. Daisuke Wakabayashi, "Google's Shadow Work Force: Temps Who Outnumber Full-Time Employees," *New York Times*, 2019년 5월 28일.
14. Ibid.
15. Weil, *Fissured Workplace*, 14.
16. "Survey Shows Two in Five Women in Fast-Food Industry Face Sexual Harassment on the Job," *National Partnership for Women and Families*, 2016년 10월 5일.
17. Weil, *Fissured Workplace*, 7.
18. Samantha Raphelson, "Advocates Push for Stronger Measures to Protect Hotel Workers from Sexual Harassment," *NPR*, 2018년 6월 29일.

19. "Hands Off, Pants On: Harassment in Chicago's Hospitality Industry," a report by Unite Here Local 1, 2016년 7월.

20. 법안 번복에 대해 다시금 항소가 이루어졌고, 현재는 최종 결정이 내려지지 않았다.

21. Weil, *Fissured Workplace*, 8.

22. Hyman, *Temp*, 270.

23. Karen Zouwen Ho, *Liquidated: An Ethnography of Wall Street* (Durham: Duke University Press, 2009), 3.

24. Louis Jacobson, "What Percentage of Americans Own Stocks," Politifact, 2018년 9월 18일.

25. Alex Rosenblat, *Uberland: How Algorithms Are Rewriting the Rules of Work* (Oakland: University of California Press, 2018). 국내에는《우버 혁명》으로 번역, 2019년 출간).

26. Zeynep Ton, *The Good Jobs Strategy: How the Smartest Companies Invest in Employees to Lower Costs and Boost Profits* (Boston: Houghton Mifflin Harcourt, 2014), 8. (국내에는《좋은 일자리의 힘》으로 번역, 2019년 출간)

27. 같은 책, 8.

28. 같은 책, 10.

6장 | 일터는 왜 아직도 시궁창인가

1. Hyman, *Temp*, 82.

2. 같은 책.

3. 같은 책.

4. Ho, *Liquidated*, 89.

5. 같은 책, 90.

6. 같은 책, 56.

7. 같은 책, 95.

8. Jodi Kantor and David Streitfeld, "Inside Amazon: Wrestling Big Ideas in a Bruising Workplace," *New York Times*, 2015년 8월 15일.

9. Jonathan Crary, *24/7: Late Capitalism and the End of Sleep* (New York: Verso, 2014), 13. (국내에는《24/7 잠의 종말》로 번역, 2014년 출간)

10. Jia Tolentino, "The Gig Economy Celebrates Working Yourself to Death," *The New Yorker*, 2017년 3월 22일.

11. Sarah Krouse, "The New Ways Your Boss Is Spying on You," *Wall Street Journal*, 2019년 7월 19일.

12. 같은 글.

13. Ruppel Shell, *The Job*, 128.

14. Ceylan Yeginsu, "If Workers Slack Off, the Wristband Will Know (and Amazon Has a Patent for It)," *New York Times*, 2018년 2월 1일.

15. Emily Guendelsberger, "I Was a Fast-Food Worker. Let Me Tell You About Burnout," Vox, 2019년 7월 15일.

16. "Key Findings from a Survey on Fast Food Worker Safety," Hart Research Associates, 2015년 3월 16일 (http://www.coshnetwork.org/sites/default/files/FastFood Workplace Safety Poll Memo.pdf).

17. Sarah Kessler, *Gigged: The End of the Job and the Future of Work* (New York: St. Martin's Press, 2018), 12. (국내에는 《직장이 없는 시대가 온다》로 번역, 2019년 출간)

18. Rosenblat, *Uberland*, 5; 9.

19. Farhad Manjoo, "The Tech Industry Is Building a Vast Digital Underclass," *New York Times*, 2019년 7월 26일.

20. Kessler, *Gigged*, 9.

21. 같은 책, 19.

22. Aaron Smith, "The Gig Economy: Work, Online Selling, and Home Sharing," Pew Research Center, 2016년 11월 17일.

23. Kessler, *Gigged*, 103.

24. Ruppel Shell, *The Job*, 62.

25. Alex Rosenblat, "The Network Uber Drivers Built," Fast Company, 2018년 1월 9일.

26. 같은 글.

27. Eric Johnson, "Full Q&A: DoorDash CEO Tony Xu and COO Christoper Payne on Recode Decode," Recode, 2019년 1월 9일.

7장 | 전시와 감시의 장, 온라인

1. Joanna Stern, "Cell Phone Users Check Phones 150x a Day and Other Fun Facts," ABCNews, May 29, 2013; Jonah Engel Bromwich, "Generation X More Addicted to Social Media Than Millennials, Report Finds," *New York*

Times, 2017년 1월 27일.

2. Rina Raphael, "Netflix CEO Reed Hastings: Sleep Is Our Competition," *Fast Company*, 2017년 11월 6일.

3. Paul Lewis, "Our Minds Can Be Highjacked," *Guardian*, 2017년 10월 6일.

4. Cal Newport, *Digital Minimalism: Choosing a Focused Life in a Noisy World* (New York: Portfolio/Penguin, 2019). (국내에는 《디지털 미니멀리즘》으로 번역, 2019년 출간)

5. Katherine Miller, "President Trump and America's National Nervous Breakdown," BuzzFeed News, 2017년 3월 26일.

6. Brad Stulberg, "Step Away from the 24-Hour News Cycle," *Outside*, 2018년 12월 1일.

7. Nick Stockton, "Who Cares About My Friends? I'm Missing the News!" *Wired*, 2017년 9월.

8. Rani Molla, "The Productivity Pit: How Slack Is Ruining Work," Recode, 2019년 5월 1일.

9. John Herrman, "Slack Wants to Replace Email. Is That What We Really Want?" *New York Times*, 2019년 7월 1일.

10. John Herrman, "Are You Just LARPing Your Job?" Awl, 2015년 4월 20일.

8장 | 쉬면 죄스럽고 일하면 비참하고

1. "American Time Use Survey — 2018," 미국 노동통계청, 2019년 6월 19일.

2. Juliet Schor, *The Overworked American: The Unexpected Decline of Leisure* (New York: BasicBooks, 1993), 66.

3. 같은 책, 1.

4. Anna Weiner, *Uncanny Valley* (New York: Farrar, Straus and Giroux, 2020). (국내에는 《언캐니 밸리》로 번역, 2021년 출간)

5. Andrew Barnes, *The Four-Day Week: How the Flexible Work Revolution Can Increase Productivity, Profitability, and Wellbeing, and Help Create a Sustainable Future* (London: Piatkus, 2020), 2.

6. Bill Chappell, "4-Day Workweek Boosted Workers' Productivity By 40%, Microsoft Japan Says," NPR, 2019년 11월 4일.

7. Robert Booth, "Four-Day Week: Trial Finds Lower Stress and Increased Productivity," *Guardian*, 2019년 2월 19일.

8. Ex Parte Newman, 9 Cal. 502 (Jan. 1, 1858).

9. Judith Shulevitz, *The Sabbath World: Glimpses of a Different Order of Time* (New York: Random House, 2010).

10. Elizabeth Currid-Halkett, *The Sum of Small Things: A Theory of the Aspirational Class* (Princeton, NJ: Princeton University Press, 2017).

11. Noreen Malone, "The Skimm Brains," Cut, 2018년 10월 28일.

12. Kelsey Lawrence, "Why Won't Millennials Join Country Clubs," CityLab, July 2, 2018; "New NFPA Report Finds Significant Decline in Volunteer Firefighters," National Volunteer Fire Council, April 16, 2019; Linda Poon, "Why Americans Stopped Volunteering," CityLab, 2019년 9월 11일.

13. Putnam, *Our Kids*.

14. Klinenberg, *Palaces for the People*, 18.

9장 | 엄마처럼 살기 싫은 엄마들

1. Gretchen Livingston, "About One-Third of U.S. Children Are Living with an Unmarried Parent," Pew Research, 2018년 4월 27일.

2. Arlie Russell Hochschild, *The Second Shift* (New York: Penguin Books, 2003), 235. (국내에는 《돈 잘 버는 여자 밥 잘 하는 남자》로 번역, 2001년 출간)

3. Darcy Lockman, All the Rage: Mothers, Fathers, and the Myth of Equal Partnership (New York: Harper, 2019), 16. (국내에는 《은밀하고도 달콤한 성차별》로 번역, 2020년 출간)

4. Table 10: Time Adults Spent in Primary Activities While Providing Childcare as a Secondary Activity by Sex, Age, and Day of Week, Average for the Combined Years 2014-18, 미국 노동통계청, https://www.bls.gov/news.release/atus.t10.htm.

5. Kim Brooks, *Small Animals: Parenthood in the Age of Fear* (New York: Flatiron, 2018).

6. Elizabeth Chmurak, "The Rising Cost of Childcare Is Being Felt Across the Country," NBC News, 2018년 3월 8일.

7. Currid-Halkett, *Sum of Small Things*, 84.

8. 같은 책.

9. Caitlin Daniel, "A Hidden Cost to Giving Kids Their Vegetables," *New York Times*, 2016년 2월 16일.

10. Conor Friedersdorf, "Working Mom Arrested for Letting Her 9-Year-Old Play Alone in Park," *Atlantic*, 2014년 7월 15일.

11. Lockman, *All the Rage*, 15.

12. Brigid Schulte, *Overwhelmed: Work, Love, and Play When No One Has the Time* (New York: Farrar, Straus and Giroux, 2014), 45. (국내에는 《타임 푸어》로 번역, 2015년 출간)

13. Claire Cane Miller, "The Relentlessness of Modern Parenting," *New York Times*, 2019년 3월 26일.

14. Emily Matchar, *Homeward Bound: Why Women Are Embracing the New Domesticity* (New York: Simon & Schuster, 2013)를 참고할 것.

15. Schulte, *Overwhelmed*, 25.

16. 같은 책, 29.

17. "Raising Kids and Running a Household: How Working Parents Share the Load," Pew Research Center, 2015년 11월 4일.

18. Lockman, *All the Rage*, 25.

19. Claire Cane Miller, "Millennial Men Aren't the Dads They Thought They'd Be," *New York Times*, 2015년 7월 31일.

20. Lockman, *All the Rage*, 90.

21. 같은 책, 156.

22. Lockman, *All the Rage*, 33.

23. Anadi Mani, Sendhil Mullainathan, Eldar Shafir, and Jiaying Zhao, "Poverty Impedes Cognitive Function," Science 341, no. 6149 (2013): 976-80.

24. Malcolm Harris, "The Privatization of Childhood Play," *Pacific Standard*, 2017년 6월 14일.

25. Tamara R. Mose, *The Playdate: Parents, Children, and the New Expectations of Play* (New York: New York University Press, 2016), 144.

26. Lockman, *All the Rage*, 219.

맺음말 | 잿더미에 불을 지르시오

1. Sam Sanders, "Less Sex, Fewer Babies: Blame the Internet and Career Priorities," NPR, 2019년 8월 6일.

2. Makiko Inoue and Megan Specia, "Young Worker Clocked 159 Hours of Overtime in a Month. Then She Died." *New York Times*, 2017년 10월 5일.

3. Motoko Rich, "A Japanese Politician Is Taking Paternity Leave. It's a Big Deal," *New York Times*, 2020년 1월 15일.

4. Motoko Rich, "Japanese Working Mothers: Record Responsibilities, Little Help from Dad," *New York Times*, 2019년 2월 2일.

5. Tomoko Otake, "1 in 4 firms in Japan Say Workers Log over 80 Overtime Hours a Month," *Japan Times*, 2016년 10월 7일.

6. Philip Brasor, "Premium Friday Is Not About Taking a Holiday," *Japan Times*, 2017년 2월 25일.

찾아보기

- 가이 스탠딩 171,172, 235~236
- 건강보험 21, 44, 133, 151,185, 187, 190, 196, 202, 268, 274, 370
- 계급 불안 49, 86, 92, 110, 299, 360, 363
- 골드만삭스 208, 211
- 과로 문화 141, 377
- 구글 186, 216, 242, 250, 272
- 균열 일터 177, 185, 189, 203, 225, 229
- 근무시간 73, 141, 142, 144, 158, 170, 189, 190, 216, 220, 272, 287, 289, 305, 309, 327, 335, 351, 377
- 넷플릭스 85, 248, 250, 308
- 노동조합 43~46, 50~51, 92, 138, 170, 174, 178, 188, 191, 193, 195, 297
- 〈뉴스위크〉 61
- 〈뉴욕 매거진〉 42
- 〈뉴욕 타임스〉 6, 39, 187, 219, 268, 289, 298, 301, 377
- 늙다리 노랑이 스티브 38
- 다운사이징 174~175, 178~179, 210
- 대공황 4, 19, 24, 37, 43, 47~48, 51, 54~55, 192
- 대압착 45~46, 173, 175, 288
- 대입 106, 109, 112, 116~117, 119, 123, 125, 304, 353
- 대침체 4, 23, 33, 60, 91, 179, 206, 224~225, 228~231, 283
- 도널드 트럼프 42, 224, 243, 263~268
- 도어대시 229, 231, 233, 237
- 레딧 38, 214
- 로널드 레이건 57, 80
- 루이스 하이먼 46, 175~176, 178, 204~205
- 링크드인 109, 243
- 리버럴 아츠 칼리지 104, 113, 143, 147
- 마이크로소프트 215, 293

- 마크 저커버그 229
- 막스 베버 149
- 멀티태스킹 72, 173, 253~254, 261, 330, 337, 345, 353
- 맥도날드 189, 336
- 맥킨지 140, 204~205
- 모유 수유 333~334, 338, 345
- 바바라 에런라이크 49, 58~61, 122
- 버락 오바마 224
- 버즈피드 13, 151, 214, 264, 270, 282, 382
- 보육 230, 326~327, 329~332, 354, 363, 365, 372, 375
- 사모펀드 173, 181~183
- 401k 39, 54~55, 143, 180, 192~193, 226, 369
- 사회보장연금 45~47, 54~55, 170, 227
- 살로몬 스미스 바니 210
- 생산성 34, 88, 141, 192, 209, 211, 215, 217, 249, 274, 277, 286~287, 289, 291
- 성희롱 187, 189~190
- 세계보건기구 21
- 스냅챗 251
- 〈스킴〉 302
- 스티브 잡스 133~134
- 스파이어 스톤 219~220
- 슬랙 270~271, 273~275, 278
- 시티랩 354
- 실리콘밸리 139~140, 229~230, 272, 292
- 아마존 171, 182, 186, 210, 219, 233, 248, 252, 293
- 아이폰 248, 252
- 애프터스쿨 얼라이언스 329
- 애플 191, 248, 271
- 〈애틀랜틱〉 78, 136, 145
- 업워크 234
- SNS 19, 26, 29, 245, 249, 250~251, 254, 258~259, 261~262, 265, 270, 272, 284, 300~301, 306~307, 315, 339, 375, 380
- X세대 9, 22, 38, 40, 110
- NPR 241, 299, 374
- 여가 8, 19, 29, 82, 261, 272, 282~283, 285~290, 294, 296, 298~301, 303, 305, 307, 312~315, 341~343, 350, 375, 380
- 여피 60~62, 91
- 오케이 부머 39
- 〈와이어드〉 269
- 우버 21, 171, 179, 194, 212, 229, 230~236, 290, 292
- 〈월스트리트 저널〉 61
- 위대한 세대 45, 55
- 워드프레스 228, 248
- 워커홀릭 15, 19, 203, 271, 337
- 은퇴 25, 33, 42, 45, 47, 53~55, 145, 180, 227
- 인스타그램 241, 244, 248, 251, 253, 255, 257~263, 265, 272, 278, 283, 292, 313, 323, 339~340, 365, 380
- 인적 자원 104, 107~108
- 인종차별 7, 30, 46, 86, 263~264, 266~267, 383
- 인턴십 53, 109, 131, 136, 138, 142, 146~149, 151, 161

- 자본주의 24, 27, 46, 107, 109, 150, 176, 183, 192~193, 195, 227, 287, 298, 315, 366, 382
- 전문직 43, 59, 76, 91, 124
- 제이콥 해커 47, 51~52
- Z세대 9, 39, 238, 259
- 주목 경제 250, 315
- 주식 시장 191, 381
- 집중 양육 18, 71~74, 76, 78, 81, 87, 110, 131, 323, 371
- 캐런 호 192, 206~208
- 켈리 걸 169~170, 178
- 코로나19 4, 6~8
- 퀵트립 196~197,
- 〈타임〉 290
- 텀블러 115
- 토스트 228
- 토이저러스 182
- 투자은행 173, 205~208, 210
- 트레이더조 196
- 트위터 134, 241~244, 248, 251, 253, 259, 264~266, 272, 278, 312
- 틱톡 39, 244, 252, 300
- 틴더 308
- 파타고니아 365
- 페이스북 32, 242~244, 247~248, 251, 254~255, 264~265, 269, 272, 323, 333
- 〈포브스〉 233
- 퓨 리서치 센터 22, 32
- 프랭클린 D. 루스벨트 43
- 프레카리아트 170~173, 212
- 〈프로퍼블리카〉 268
- 피버 212
- 핀터레스트 253, 278, 342, 377

- 핏빗 219
- 하버드대학교 49, 101, 116, 118, 207~208
- 하향 이동 88, 93~95, 97, 112, 122, 323, 357, 360
- 학자금 17~18, 22~23, 25~26, 30, 32, 53, 63, 91, 104, 123, 126~127, 133, 145, 147~149, 154, 163, 330, 370~371, 373
- 핸드폰 218, 235, 241, 244~245, 248~250, 252~254, 260~261, 264, 271~272, 276, 287, 294, 327, 380, 382
- 핸디 229, 231, 233
- 헤어핀 228
- 헨리 포드 286
- 헬리콥터 육아(헬리콥터 부모) 26, 78, 80, 86~87
- 희망 노동 146~147, 152~154, 156

요즘 애들

1판 1쇄 발행 2021년 10월 25일
1판 4쇄 발행 2021년 12월 13일

지은이 앤 헬렌 피터슨
옮긴이 박다솜

발행인 양원석 **편집장** 박나미 **책임편집** 이정미
본문 디자인 남미현, 김미선 **영업마케팅** 조아라, 신예은, 이지원, 김보미

펴낸 곳 ㈜알에이치코리아
주소 서울시 금천구 가산디지털2로 53, 20층 (가산동, 한라시그마밸리)
편집문의 02-6443-8827 **도서문의** 02-6443-8800
홈페이지 http://rhk.co.kr
등록 2004년 1월 15일 제2-3726호

ISBN 978-89-255-7931-3 (03300)